发展人类学十二讲

潘天舒 ———————— 著

上海教育出版社
SHANGHAI EDUCATIONAL
PUBLISHING HOUSE

目录

上篇
人类学与发展研究

第一讲　发展人类学何为?

　　我从正面的和反面的教育里深刻地体会到当前世界上的各族人民确实需要真正反映客观事实的社会科学知识来为他们实现一个和平、平等、繁荣的社会而服务,以人类社会文化为其研究对象的人类学者就有责任满足广大人民的这种迫切要求,建立起这样一门为人民服务的人类学。这门学科的目的——请允许我瞩望着不应当太遥远的将来——应当是使广大人民对自己的社会具有充分的知识,能按照客观存在的社会规律来安排他们的集体生活,去实现他们不断发展的主观愿望。这门学科目前还只是一部分学者的奋斗目标。我愿意和在座的许多志同道合的朋友们一起,竭尽我的余生,向建立这一门人民的人类学而迈步前进。

——费孝通[1]

发展人类学与"针对发展的人类学"

　　在本书中,发展人类学是指一门融理论批评和应用实践于一炉的学科。就其涉及的内容和论题而言,这门学科体现了半个多世纪以来国际学界中发展研究领域所存在的两种相关却不尽相同的思路、模式和风格。首先,我们可以把发展人类学看作应用人类学的一

---

[1] 费孝通:《迈向人民的人类学》,《社会科学战线》1980 年第 3 期。

个主干分支。发展人类学者以田野工作为核心考察手段,判断、确认和分析不同场景中的文化与发展的关联程度,并在此基础上获取地方性知识和经验,从而提供可资决策者参考和借鉴的依据、信息和建议。这种强调"学以致用"的发展人类学,在英语语言中表述为"development anthropology"。作为应用人类学的积极实践者,发展人类学者受雇于包括欧美各国的基金会和世界银行在内的国际组织,通过发挥自身的学科专长,来研究和探讨社会及文化因素在项目实施过程中产生的制约性问题以及项目本身给当地民众带来的影响,从而帮助发展中国家和地区解决在经济建设中遇到的实际问题。

此外,发展人类学还可表述为"针对发展的人类学"(英语语境中有"the anthropology of development"之意)。在本书特定的语境当中,这种带有浓重学究气和后现代烙印的人类学是以发展领域本身、特定的发展项目、国际开发组织,甚至从事发展的专家作为观察、检视和评判对象的人类学。与应用导向的发展人类学不同的是,"针对发展的人类学"力求通过对"发展"话语的解构和发展项目过程的剖析,提供旨在对发展理论和实践进行反思的批评性文本。在欧美高校学术研究和日常教学中,以学理探讨为导向的发展人类学者大多有长时间田野工作的经历。他(她)们以撰写民族志(ethnography)的方式,借助具体的案例分析,揭示发展项目在实际操作过程中,是如何演变成为具有工具理性功能的官僚管理机器,使代表政府和国际组织利益的权力得以顺利地渗透和干预当地社会和经济生活,从而给本土文化、社会结构和关系带来不可预期的后果和影响。与受雇于特定组织和部门的发展人类学者不同,这些在象牙塔内进行"针对发展的人类学"研究的学者,以著书立说和教授课程为主业,具有独立观察者和批评者的身份。他(她)们一般是以本学科的专业期刊和专著出版为学术争鸣的媒介，来扩大在同行和学生中的影响力，对于自己的研究成果对经济发展究竟有什么应用价值，似乎并不特别在意。

为了向发展研究提供来自文化人类学的观察视角和分析工具，本书内容将涵盖上文论及的当代发展人类学的理论批评与实践应用两大层面。回溯人类学在过去一百多年的发展轨迹，我们不难发现，这门与启蒙运动、工业革命和殖民扩张有着千丝万缕联系的学科，在发轫之初就积极参与探讨人类社会和文明发展规律的学术争鸣，并且还构建了人类学学科对现代社会和人文科学最具影响力的理论体系——社会进化论。可以说，即便是在 21 世纪的今天，在国内外学界进入充满"反思发展"的后现代话语的时代，那蕴含在发展阶段论背后的学理假设，以及为衡量和分析发展程度而设置的标尺和框架，无不反映出社会进化论对于当代学界和决策部门的巨大影响力。另一方面，我们也应看到，以修正、批驳乃至颠覆社会进化论为目标的20 世纪人类学的各种理论流派和思潮，如新进化论、文化唯物主义、文化相对论、结构功能主义以及后殖民主义学说等，对于发展研究者在观察实际问题过程时，重新思考"进步"的意义，适时调整视角和思路，起到了不容忽视的作用。因而，以学术思辨为特征的"针对发展的人类学"，在全球化语境中成为欧美高校和学术机构中教研体系的重要组成部分，也可以说是一种历史的必然。

发展人类学者何为？

本书所述及的"发展人类学者"在不同的文化和社会环境中，从理论建构到实践论证各方面都发挥着各式各样的作用和功能。一般意义上的发展人类学者是以教书和发表论著为本业的学者和教师。而事实上，发展人类学者更可能是直接投身于发展实践的专家和能人。以参与式观察为标志的人类学学科的田野工作方法的日益普及，使发展人类学作为一门应用学科，得以在象牙塔外的现实世界生存下来并得到广泛认可。经过人类学专业训练的人，在对经济建设过程中所存在的实际问题进行观测、诊断并确认某一发展项目应用价值的时候，具有全然不同于经济学者和工程技术人员的视域。也就是说，发展人类学者在知识储备和研究方法论两大方面所拥有的独特优势，最终决定了人类学学科在应用实践中的价值和地位。

正是由于应用人类学者孜孜不倦的耕耘，才使得以田野工作为核心特征的质性研究方法得到了学界内外的关注。众所周知，美国前总统奥巴马的母亲邓纳姆（Dunham）生前就是一位在印尼等国从事经济人类学和农业发展应用研究的专家。邓纳姆于 1992 年获得夏威夷大学人类学博士学位。她在 14 年田野研究基础上写成 1 000 多页博士论文《逆境求生：印尼的乡村工业》（*Surviving Against the Odds*），经编辑后由杜克大学出版社于 2009 年出版。邓纳姆通过扎实的田野工作，在书中进行了印尼乡村手工业发展的民族志描述和分析。长时段参与式观察与大量的一手材料使此书的内容非常夯实，且不囿于学院派的理论条框。在对社会现实问题直观深刻的了解基础之上，作者展示了自己的洞见，表达了对乡村传统工业存续的深切关注，同时对 20 世纪 60 年代盛行的现代化理论、贫困文化等理论（见上篇中的有关论述）提出了基于丰富田野实践经验的质疑。笔者认为，即便邓纳姆不是美国总统的母亲，也是一位值得所有发展人类学者骄傲的同道者。

2012 年 3 月，美国时任总统奥巴马提名时任美国达特茅斯学院院长金墉（Jim Kim）为世界银行行长候选人，引起中外媒体的广泛关注。在常人看来，作为世行成立以来争议最大的掌门人，金墉缺少经济学和金融学的专业背景，还担纲主编过一部题为《为增长而死》（*Dying for Growth: Global Inequality and the Health of the Poor*）的"针对发展的人类学"批判论著。金墉虽然是一名对经济增长保持质疑态度的人类学者和医生，却能主导一个以促进发展为使命的国际组织达7年之久（见下篇中的有关论述）。笔者认为：这一小概率事件足以激励发展人类学者超越经院藩篱，将批判意识转化为实干的专业精神，在更高的层次上定义自身在国际发展领域中的角色和地位。

对于中国学界来说，费孝通无疑是具有全球视野、学术造诣和本土情怀的发展人类学者的杰出代表。首先，作为英国人类学大师马林诺斯基（Malinowski）得意弟子，费孝通在其青壮年时期完成的三次具有典范意义的田野研究，充分展示了人类学研究方法在具体实践中经过调整和变通所体现出来的学理价值。早在1935年，费孝通与其夫人王同惠一起在广西花篮瑶进行了具有民族学特色的田野研究，历经生死磨难，最终完成民族志作品。[①] 1936年费孝通赴英留学前在其家乡江苏吴江开弦弓村所进行的带有社会调查特性的田野研究，为他在伦敦政经学院完成的人类学博士论文《江村经济》提供了实证基础，该书出版后得到其导师马林诺斯基的高度评价，成为"人类学实地调查和理论工作发展中的一个里程碑"（Fei, 1939）。1955年费孝通以负责人身份领导一个多学科团队所进行的民族识别工作，则是一项直接服务于新中国民族政策和多民族地区社会经济发

---

① 费孝通：《花篮瑶社会组织》，江苏人民出版社1988年。

展的应用人类学研究议题。这要求研究者具有丰富的知识储备和调研经验以及出色的应变能力，并且在实践中完善收集不同来源的历史资料和田野讯息。费孝通在民族识别工作中因地制宜，对于田野方法的变通运用，为国内外发展人类学实践提供了具有前瞻性的范例。在改革开放初期，费孝通又不失时机地提出了"迈向人民的人类学"（参见本讲开篇引文），为具有中国特色的发展人类学学科建构，描绘了一张令人向往的美好蓝图。

在全球化和地方转型的语境中，终身投入国际发展实践的应用人类学者邓纳姆，有着人类学者和医生双重职业身份的国际发展组织领导人金墉，以及从学者起步最终成为国家领导人的费孝通，都代表着发展人类学者经过自身努力可以达到的专业水准和人生高度，并且不断地丰富着我们的发展人类学学科想象。

发展人类学的学理与应用价值

本书的主要目的在于：运用文化人类学和社会学的观察视角和研究手段，在评析国际发展人类学研究成果和实践经验的基础上，探讨在当代中国学界树立与时俱进的科学文化观对于践行和谐社会理想、促进社会认同的学理价值和现实意义。笔者在本书中倡导的科学文化观，是指以马克思历史唯物主义原理和以人为本的科学发展观为出发点，以费孝通的"中华民族多元一体格局"学说为立论依据，以人类学理论和田野案例为鉴，充分体现"文化自觉"的真谛和以弘扬人文理性精神为宗旨的思维方式、学术态度和价值立场。

近年来，具有人类学学科特色的科学文化观，在国际组织（如联合国和世界银行等）制定文化政策和选择发展模式的过程中开始发挥日益重大的作用。联合国教科文组织(UNESCO)于1995年发表的《我们具有创造力的多样性》报告，就已经采纳了法国著名人类学家斯特劳斯(Claude Lévi-Strauss)和美国人类学家萨林斯(Marshall Sahlins)所下的文化定义。在2001年联合国教科文组织关于世界文化多样性的全球宣言中，文化更被视作是与经济、生态和社会并列的发展四大支柱之一。此外，联合国还以"人文发展"为政策主旨，阐述它对提高包括健康、教育和人身安全等一系列议题在内的人类基本福利的主张。人文发展是一项与"增长为先"策略截然不同的发展模式，强调对人类福利的投入。根据这一模式所呈现的思路，人类福祉的全面改善将是国家和社会发展的重中之重。

人类学文化观之所以开始对国际社会的发展理念产生前所未有的影响力，是由于这一文化观已为近百年的田野实践所验证的学理价值。作为人类学学科显著特征的整体论全景视角(holistic perspective)，促使人类学者在研究过程中采用多元和多源的策略和方法，在关注地球上各色人等过去、现在和未来的生存条件和方式的同时，更着眼于人类经历和体验的方方面面。比如，人类学者在观察、描述某一特定群体时，通常都会论及其居住区域和生态环境、家庭组织、当代语言的普遍性特征、定居模式、政治和经济制度、宗教信仰、服饰和艺术风格。人类学者认为如将这些当地文化系统的组成部分视作一个个孤立的分析单位，那么田野研究将失去正确的导向，并且不可避免地产生偏差和谬误。

整体论全景视角要求人类学者既有全局观，也不放弃对细枝末节的重视。也就是说，只有在组成物质和社会生活的不同要素之间寻找互为关联的节点，研究者才有可能对文化有详尽和全面的了解。对于发展人类学者来说，整体论全景视角意味着研究者和决策者无法将发展单纯地理解为经济增长、技术进步、生活水平的提高和个人、社会财富的增加，而不考虑由于发展引起的文化变迁、社会转型以及生态环境所受到的一系列冲击和影响。必须看到，科学文化观是形成这一发展人类学共识的前提和基础。而人类学文化概念的科学性和包括文化相对主义、文化唯物主义在内的各类理论学说，在不同程度上奠定和加固了人类学学科的方法论根基，也大大夯实了科学文化观的学术内涵。

早在 20 世纪上半叶，由《科学》杂志创办人任鸿隽和蔡元培、胡适等有识之士倡导的科学文化观，曾经是中国现代化进程中弘扬科学精神和普及启蒙思想的一股中坚力量。21 世纪之后，中国作为一个在全球化时代成功崛起的政治和经济大国，正在世界格局中扮演着举足轻重的角色。为了在这一崭新语境中对日趋多元化的生活方式、价值观念以及由此产生的社会认同问题进行深入考察和细致分析，当代中国学界亟须一整套与科学发展观和建设生态文明相辅相成，并能顺应国际学术潮流的新型科学文化观，以期在发展研究实践中获得思辨和论证的最佳基点。

费孝通在生前提出的"中华民族多元一体"和"文化自觉"理论，已经为构建与新时代中国国情相适应的科学文化观，定下了强有力的基调。然而带有人类学和社会学学科印记的科学文化观，尚未对当代中国人文和社会科学研究视角及方法的运用，产生应有的启迪和引领效应。笔者认为，其原因首先在于学界外的普通公众很难摆脱传统的汉语使用习惯和表达方式。在日常用语中，文化显然有雅俗、高低、繁简之分。"没有文化""文化程度低下"和"文化素质差"已经成为人们脱口而出的惯用语。在短时间内要让学界以外的民众接受、理解和认同人类学对文化所下的专业定义，绝非易事。

然而,本书所推崇的人类学和社会学意义上的文化观,并不在于纠正早已在民间流传的有关"文化"的日常话语。笔者注意到,在过去的一二十年内,源自某些西方政客学者的伪科学文化观,不停地左右我们的一些人文和社会科学学者(尤其是国际政治领域)的学术研究导向,这是值得学界内外有识之士关注和担忧的一个现象。美国政治学家塞缪尔·P.亨廷顿(Samuel P. Huntington)的"文明冲突论"可以说是传播伪科学文化观的一个重要源头。在《文明冲突和世界秩序的重建》(*The Clash of Civilizations and the Remaking of World Order*)一书中,亨廷顿以预言家的口吻,大作惊世之语,以新瓶装旧酒的方式"重装上阵",将一种早已为人类学界和社会学界唾弃的伪科学文化观,堂而皇之地搬上冷战后的国际政治舞台。必须看到,亨廷顿的"文明冲突论",尤其是他出于维护自身意识形态的需要,对国际社会科学理论发展的成果视而不见,在其著述中一如既往地将"文化"看作某一文明中自成一体、一成不变且几近僵化的信仰传统和价值体系——这种不加思考地对文化或文明随意贴标签的做法,由于简便易行,对于任何意欲寻求治学捷径的学者来说,有着无法抵御的蛊惑力。在国内权威和核心期刊的一些论文中,亨廷顿的"文明冲突论"常被引为立论依据,而不是质疑的对象。运用人类学和社会学的文化研究成果和相关洞见,对这类极有可能将发展研究引向歧途的文化观加以评判是有必要的。

为了在当今中国创建新型的科学文化观,我们有理由对学界精英话语产生的不良后果保持警觉。本书中所论及的精英话语在不同的历史阶段、社会环境中有着不同的表现形式和理论来源。构成19世纪和20世纪初发展研究的精英话语体系源自社会进化论的一系列学说,如社会达尔文主义、种族科学论和为殖民过程提供合理化解释的"白人负担论"。在 20 世纪中叶，以罗斯托（Walt Whitman Rostow）的"经济增产阶段论"为代表的现代化理论，无疑是主导国际发展领域的霸权话语。而在冷战结束后全球化语境中出现的精英话语更是五花八门，令人目不暇接。除了迷信市场力量的新自由主义和亨廷顿的"文明冲突论"之外，还有后现代条件下产生的极端环保主义、极端女权主义、反全球化和后结构发展批判话语等。为了抵消精英话语及其学术自恋意识对发展研究不必要的消极影响，为构建和谐社会提供可靠扎实的学理依据和田野资料，我们必须借鉴和利用发展人类学的研究成果，将人类学者对于文化生存发展的人文关注贯彻始终。只有这样，才能使我们在全球化语境有关发展和持续性的讨论中，不断获得独特的视角和新颖的思路。而这也正是笔者写作本书的初衷。

发展人类学的研究导向

在由宏观理论述评、实践案例分析和反思质疑批评构成的大致框架内，本书分为"人类学与发展研究""人类学与发展实践"和"世界体系中的发展人类学"三篇。上篇各讲所论及的议题包括：社会进化论与 19 世纪"科学"发展观、社会进化论与发展研究、文化与发展，以及文化相对主义与发展实践；中篇包括：田野研究与发展人类学、发展实践中的文化和社会因素、"男性偏见"与发展实践中的性别问题，以及农业"绿色革命"得失谈；下篇包括：人类学视野中的资本主义世界体系、对于发展的人类学反思、"可持续发展"之辩。最后论述践行费孝通"迈向人民的人类学"的理念。

在现代人类学学科长达一个多世纪的成长历程中，社会进化论一直是被附属于不同理论流派和政治倾向的人类学者批驳、解构的标靶。然而极具讽刺意义的是,在人类学学科之外,社会进化论是影响最为深远的人类学经典学说之一。长期以来,社会进化论几乎是为学界内外各类学者和专家最为重视(或者说是珍视)的一项历史遗产。人类学家泰勒(Edward Burnett Tylor)、摩尔根(Lewis Henry Morgan)和斯宾塞(Herbert Spencer)是这一遗产的三位极具代表性的馈赠人。本书的第二讲以这三位人类学家的研究为评述基础,对19世纪"科学"发展观的形成和确立进行批评性的回顾和总结。笔者认为,社会进化论这一西方社会科学传统范式,就其预设前提、研究角度和立场而言,对于我们深入理解第二次世界大战以来主导国际发展领域的经济增产阶段论(stages of economic growth)、技术决定论以及经济新自由主义(neo-liberalism)的学理基础,不无裨益。

在21世纪的今天,我们无意也无法否认社会进化论作为一股前所未有的改革动力,在工业革命时代的欧美各国和五四运动前夜的中国,曾经起到启蒙思想和推动社会进步的政治及历史作用。与此同时,我们也必须看到:产生于殖民扩张语境的所谓单线进化和社会分类模式,直接催生了一大批社会进化论的衍生产品,如以适者生存为信条的"社会达尔文主义"、为判断文明优劣而产生的种族科学论[①],以及带有经济新自由主义色彩的"发展主义"等理论流派。本书第三讲以社会进化论对于20世纪发展研究的示范意义为评述重点,力图促发我们对罗斯托"经济发展阶段论"和亨廷顿"文明冲突论"之类"欧洲中心论"的深度反思。同时,本讲也以新进化论代表人物萨林

---

① 种族科学论对现代中国人类学学科有一定的影响。如在一些英汉词典中,anthropology(人类学)和 ethnology(民族学)仍被译作"人种学"。而所谓"人种",在国际人类学界早已被公认为是过时的伪科学概念。

斯和文化唯物主义者哈里斯(Marvin Harris)的洞见为例,显示进化论库存中的科学和理性思维,一旦为后人发扬光大,仍将体现出无与伦比的魅力。萨林斯直言:贫穷并非史前小康社会的普遍现象,而是文明社会的一大发明(Sahlins,1974)。在冷战结束后西方学界的一片鼓噪声中,哈里斯坚称:柏林墙之所以倒塌,是因为东欧和苏联国家领导人在社会主义建设中忽视马克思主义唯物论,导致生态环境极度恶化、经济基础日益薄弱和能源危机频仍,最终丧失了民心和执政的合法性(Harris,1992)。哈里斯的直言对于国内学界正在进行的科学发展观的讨论具有一定的警示意义,尤其是当见诸报端的有关雾霾、矿难、蓝藻暴发和水土流失等新闻已使我们见怪不怪之时。著名经济学家阿玛蒂亚·森(Amartya Sen)多年前就当地特殊语境中的所谓发展水平、生活水准以及 GNP 精确性所进行的缜密推断和质疑,也是本讲所赞誉的科学和理性思维的最好注脚(Sen,1984 & 1987)。当我们在经历了 2008 年罕见的天灾人祸之后,再度领略来自人类学和相关学科对于发展代价、生活品质和人类生存环境的冷峻思考,定会有醍醐灌顶之感。

本书的第四讲,笔者结合自己的读书心得和教学体会,探讨了人类学的文化观对研究社会发展和决策服务的意义,希望借此揭示人类学视野中的"文化"作为该学科特有的标签概念或分析工具,与实现和谐社会理想的内在关联性。这一讲所涵盖的论题包括:泰勒所下的第一个"文化"的科学定义、文化与自然人性的构建过程、文化与世界观和价值体系的形成、文化符号的象征意义、"贫困文化"和"小农意识"的认识误区、文化资本与阶级社会中无所不在的"符号暴力"。可以说,这是全书中对人类学文化观的学理基础阐述得最为详尽的部分。相信来自人类学和社会学的真知灼见,能为我们在进行以精准扶贫和振兴乡村为核心议题的田野考察时，提供可靠的知识背景资料。

围绕相对主义和发展实践的关系这一主题，笔者在第五讲的讨论重点是文化相对主义的历史价值、田野困境以及际遇。一方面，作为在学科内部形成的方法论和伦理准则，文化相对主义是对付种族主义和族裔中心主义的思想武器。文化相对主义强调研究者以平等的态度对待异文化，在田野实践中时刻意识到：研究者本人所持的任何固有偏见，都有可能影响研究过程和研究结果。另一方面，如果我们一味地以维护文化传统为由，舍不得摒弃阻碍变革和进步的陋俗恶习，那么我们所信奉的相对主义势必会蜕变成一种文化决定论，成为发展的绊脚石。如何对文化相对主义这把双刃剑的复杂功能保持清醒的认识，是发展人类学者长期面临的难题。文化相对主义告诉我们，通过 GNP 之类的标准来衡量发展程度和水平，不过是以科学的精妙话语，重复社会进化论时代以简单归约的方式将社会加以分类和排序的做法，缺乏能够真正开启民智的实际价值。任何有关"生活质量""先进"或者"落后"的说法，都是特定地方语境的产物。经济发展项目的意义，在很大程度上取决于设计者和执行者对社会及文化差异的敏感度、应对意识。类似风土人情和"地方性知识"等非经济或非技术因素的重要性，在项目的具体实施过程中不断地凸显出来。应该说，来自发展实践的这一挑战为人类学者进入国际组织施展身手提供了难得的契机。

笔者在本书中篇的第六至九讲中，着重阐述了人类学研究方法与经济发展日益密切的关系，并且试图评估应用人类学者在发展实践中的作用和影响。第六讲以二战后布雷顿森林体系下国际开发产业的形成为背景，对人类学者以参与者的身份，主动介入发展中国家和地区的经济建设,在包括世界银行和美国国际开发署(USAID)在内的发展机构中扮演的角色和所起的作用,进行审视、辨析和评判。首先,由马林诺夫斯基所创立的"参与观察法",为当代人类学田野研究的定位找到了一个理想的基准点。一般来说,在方法论方面经过专业训练的人类学者,比其他社会科学学者更擅长"换位思考",即在实地研究中主动缩短与被研究者之间的距离,尽量从被研究者的角度来观察他们所处的物质和精神世界。人类学者在研究视角和方法论方面所具有的优势,使他们在进入各类国际组织之后,对发展实践产生了意想不到的影响力。对于发展项目实施过程来说,人类学者所带来的最大变化,莫过于将主导中心从技术专家转向当地社区的普通民众,最大限度地挖掘本土知识(local knowledge)和传统智慧的潜在价值。实践证明,人类学者完全有能力在探讨发展路径和发展模式的过程中贡献才智,在发展项目周期中扮演更多的重要角色。与此同时,在项目的具体实施过程中,人类学者因地制宜,对传统的"参与观察法"在形式上做了调整,使之更具变通性和操作性。

发展人类学者抛弃可笑的精英意识,积极投身于象牙塔外的经济建设、农业生产和文化资源管理活动,其意义不亚于当年马林诺夫斯基走入帐篷,进入特罗布里恩岛民的生活空间,以"参与观察"这一新颖别致的研究手段,彻底宣告了"扶手椅人类学"时代的终结。在本书的第七讲,笔者通过例证,对在发展实践中人类学者出谋划策和解决问题过程中所显现的功能和效应,进行概述和评说。得天独厚的整体论全景视角,使人类学者几乎一眼就洞晓症结:早期国际组织资助的经济援助项目之所以事倍功半,甚至无功而返,其根本原因在于项目的设计者和执行人笃信"技术至上论",对项目实施地的社会结构和文化模式不是一知半解就是视而不见。而从雪地摩托对萨米人生活方式的影响、大兴土木对原住民生存环境的冲击,到盲目推广配方奶粉所造成的始料未及的后果,都让我们清醒地看到:在发展实践中,文化本身所具有的适应性、整合性和可塑性三者间存在着复杂的互动关系。在国际开发产业中,发展项目的社会影响研究(social impact studies)已成为人类学者在实践中施展才能的保留阵地。其中最为经典的案例之一,就是莫瑞(Gerald F. Murray)创造性地运用田野研究成果,重新设计符合当地农民实际需求的发展项目,不但帮助当地民众成功地应对发展过程中引发的恶性涵化(acculturation)后果,也使海地政府和美国国际开发署恢复植被的联合努力不至毁于一旦(Murray,1987)。

第八讲,笔者凭借人类学的深邃洞见和女权主义理论的敏锐观察力,探讨和辨析发展实践中长期存在的"男性偏见"和"性别不平等"问题。必须看到,无论是由男性主导的学术传统,还是体现"欧洲中心论"特色的女权主义话语,都受制于研究者的精英意识和阶级局限性,难以从被研究者的角度来思考困扰女性与发展的一系列难题。例如,在观察和诠释"世界工厂"中的打工妹现象时,源自欧美性别研究领域的所谓后现代范式,除了制造一堆让同道艳羡不止、令外行眼花缭乱的字眼之外,并没能使普通读者领略到立足于田野的思考。这些看来对于"血汗工厂"剥削本质充满愤激之情的学术作品,都过于强调社会结构和其他外部因素对于女工的压迫性及约束力,而忽视了在发展实践中普通妇女自身的能动性和为了改变命运而采取的应对策略。正如《华尔街日报》记者张彤禾(Leslie Chang)所描绘的那样,打工妹在工厂流水线日夜劳作、忍气吞声的同时,并没有拒绝经济全球化给她们带来的改善自身境遇的机会(Chang,2008)。而孟加拉乡村银行创办人、诺贝尔和平奖获得者穆罕默德·尤努斯

(Yunus)所倡导的社会企业理念，不但有助于改进妇女组织的运营机制，还以小额贷款模式，力图使创业致富成为为贫困妇女排忧解难的不二出路。尤努斯的成功经验，无疑是我们在寻找符合中国国情的女性赋权途径之时，值得认真借鉴的他山之石。

就持续时间和影响程度而言，农业"绿色革命"也许是迄今为止由国际开发组织、政府、科技和产业界合力介入发展中国家农业生产过程最为彻底、最富争议的一次发展的实验。在第九讲，笔者以来自田野的视角，对农业"绿色革命"和由此引发的一系列问题进行审视和思考。这场始于20世纪中期以"科学种田"为名义而推出的农业变革，其宗旨是传授有关高产作物品种、化肥、农药和各类农业机械设备的知识和技术，实现在世界范围内消除饥荒和贫困的终极目标。本讲论述的焦点是这一农业发展的"希望之歌"是如何在实践中由于理想与现实条件之间的落差而变调、失色的。对于发展人类学者来说，这场曾席卷发展中国家和地区的农业"绿色革命"，其产生的震荡不仅是让世人意识到在推介新技术过程中维护社会公平均衡的必要性，而且还将进一步促发对农业的企业化经营和生态效应的思考。在转基因技术大行其道的今天，生物多样性的前景正在经受空前的考验。只有对农业"绿色革命"的得失进行批判与反思，才能使当前有关农业可持续发展问题的论争以史为鉴，不至于成为不接地气的精英话语。

本书的下篇，笔者以田野案例为基础，阐述全球化时代的发展问题以及发展人类学学科对于中国学界的现实意义。第十讲试图以沃勒斯坦(Wallerstein)的资本主义世界体系为分析框架，考察发达国家和发展中国家之间发展水平差异的历史根源，并且讨论人类学视野中"世界体系"的现实意义。世界体系学说在呼应马克思政治经济学理论、充实依存理论对后殖民时期欠发达状态的诠释、拓宽人类学田野研究视域以及揭示全球经济中南北不平等的结构性因素方面，为我们提供了难得的研究路径。然而，必须指出的是，以"欧洲中心论"为认识论基础而建构的资本主义世界体系，对于判断全球化语境中日趋复杂的国际发展趋势，尤其是中国崛起后世界经济的重新布局，显然缺少令人信服的解释力。

笔者在第十一讲以"针对发展的人类学"为评述核心，对发展问题进行质疑、反思和批判。本讲所论及的对发展实践持批评态度的人类学家如埃斯科巴（Arturo Escobar）和弗格森（James Ferguson）以各自的田野观察为基础，以后现代批判精神为动力，针对国际组织控制下发展机构的产业化、专业化和制度化倾向，展开毫不留情的解构。他们通过剖析包括世界银行在内的权威组织的官方文献，生动地呈现了发展话语构建和"重新发现"发展中国家的过程。"针对发展的人类学"作为一种风格独特的发展人类学模式，对于昭示发展话语的文化霸权特征进行了无情的揭露，显现出后现代人类学鲜明的思辨本色。然而，他们在著述中不同程度地怀疑在贫穷地区进行经济发展的必要性和可能性，这种"不干涉"哲学与19世纪社会进化论所代表的"干涉"哲学一样，都是典型精英意识的反映。如果说，国际组织在向经济不发达国家实行经济援助时，还加上诸如接受市场经济模式、改革传统价值体系等先决条件的话，那么，后现代发展人类学者则是走向了另一极端，也就是说，要求生活在贫困中的人们维持现状，珍惜"传统"，并压制任何革新的冲动。与后现代发展人类学者所显露的"反发展"倾向不同的是，政治学家斯科特（James C. Scott）对发展实践不但进行评判，还竭力寻找其症结之所在（如决策者对现代主义的高度崇拜）。笔者认为，斯科特在分析过程中将个人叙事与宏大历史有机结合，同时将自下而上的"弱者武器"与自上而下的"国家视角"纳入人类学的审视范围。与此同时,梅伯里-路易斯(Maybury-Lewis)和金墉这两位哈佛人类学者在日常实践中将学术研究的热忱付诸改造世界的行动,使得"针对发展的人类学"既保持人文情怀,又接地气,避免陷入后现代虚无主义和怀疑主义的泥潭。

第十二讲中,笔者延续了对第九讲议题的讨论。相对于农业"绿色革命"来说,如今充斥国际政治舞台和主宰发展论坛的"可持续发展"话语,有可能沦为发达国家以环保为名影响发展中国家经济走向的武器,也有可能成为官商结合掠夺有限资源的保护伞。对于发展人类学者来说,"可持续发展"最终能成为与经济增长导向模式、均衡分配模式和人文发展模式平起平坐的新型模式,这自然是皆大欢喜的结局。然而来自田野的现实不尽乐观。最令人担忧的是,处在"第四世界"的原住民,已成为殖民主义、工业化浪潮和后现代环保主义的多重牺牲品,其生存空间和生活方式受到了前所未有的威胁。而一旦文化多样性受损,生物多样性的存在价值也会大打折扣。如何在环保运动和维持生态平衡的国际努力中,加入来自原住民部落和普通民众的声音,维护他们的生存权益,是将"可持续发展"从虚幻的图景转为实在的生活选择的第一步。

笔者在本书结尾部分,围绕践行费孝通"为人民服务的人类学"的崇高理念这一主题,与读者分享建设具有公共性、前瞻性的当代人类学学科的思路与心得。自 2006 年返回母校复旦大学之后,笔者就着手进行以发展人类学为核心,以医学人类学和商业与技术人类学为导向的学科重组工作,这不啻是一次具有长远意义的尝试。笔者和同道们将以费孝通"迈向人民的人类学"理念为指导思想,顺应国际化和专业化的潮流,依托上海独特的地理和人文环境,全力打造面向 21 世纪的复旦人类学学科。

第二讲　社会进化论与19世纪"科学"发展观

> 在19世纪的西方，进化论者主张进步，因而不仅曾经推动过西方现代化的进程，而且到后来还启蒙了非西方民族的自觉，然而……当时的进化论思想家和人类学家，都将西方当成是全体人类未来发展的方向，也就是将西方放在文明阶梯的最顶端。在运用进化论思想的过程中，西方人类学家经常为了满足他们自己的理论需要，将非西方文化的各种类型排列为一个特定的时间上的发展序列，好像所有的非西方文化都是在成为西方世界的"文化残存"（cultural survivals）。
>
> ——费孝通①

作为启蒙思想的总结和延续，社会进化论对于在19世纪尚未成型的现代人类学学科来说，具有毋庸置疑的指导意义。社会进化论者普遍认为存在于地球上任何地方的文化，都会以步调一致的方式向前和向上发展或演进。多数社会在演进过程中会历经数个阶段，最终走向共同的目标。在社会进化论者看来，文化演进的源泉来自文化本身，因而内部的动力对发展的走向起关键作用。可以说，社会进化论不但构成了早期人类学的主要理论体系，也为后人分析社会发展规律、寻找社会进步的催化剂，提供了框架和思路。包括现代化理论在内的各种学说，在不同程度上主导了20世纪西方学界的发展

---

① 费孝通：《人类学与21世纪》，载《费孝通九十新语》，重庆出版社2005年，第160页。

研究。就预设前提、观察角度、话语表达和意识形态导向而言，从著名的经济增产阶段论到冷战结束后风靡一时的经济新自由主义，都可以归结到社会进化论的基本信条。

　　本讲以社会进化论代表人物泰勒、摩尔根和斯宾塞为例，通过审视他们学说产生的历史政治背景，来论述社会进化论理念在西方社会发展观形成过程中所起到的举足轻重的作用。启蒙运动、工业革命和殖民扩张是决定现代世界历史走向的三大标志性事件，构成了泰勒、摩尔根和斯宾塞著书立说的特定语境。首先，现代人类学是在18世纪启蒙运动的浓烈思想氛围中孕育而成的。从达尔文的进化论到以科学和理性为基础的对于社会进步的信仰，都是人类学学科逐步走向专业化的主要推力。而欧洲启蒙运动的一大革命性成果就是以科学实证的态度和方式，解答了一系列多年来困扰众多知识界人士的疑问：人类是从哪里来的？人类究竟为何物？人类为什么来到这个世界？人类在宇宙中间占据什么样的位置？人生的目的是什么？人死后会发生什么事？针对上述有关人类起源和生命的问题，以生物学家为代表的科学家与宗教人士展开了一场对解释话语权的争夺战。深受进化论思潮熏陶的人类学家，由此开始了他们对文化和社会差异的学术探索之旅。

　　启蒙思想和强调实用性的新知识体系二者一经有机融合，就为科学领域的划时代变革创造了不可多得的契机。当然，促成欧洲科学革命的许多设想和技术，其实在古代中国、印度、中东、非洲和美洲等地的文明国度中，都有过萌发、酝酿和尝试的先例（Frank，1998）。以科学革命为先声的工业革命，在18世纪的欧洲大陆率先展开，并通过经济工业化实现了从传统向现代社会的转型。以归纳和演绎推理为基础的科学方法和商业利益间的密切关系，是引发这场历史性变革的重要力量。工业革命使人类社会进入了现代化的发展阶段。技术的不断进步，带来了经济、社会、政治和宗教领域的一系列深刻变化。在西方社会的现代化进程中，除了科学方法的运用和技术创新之外，资本的高度集中和由国家扶植的重商主义，也是不容忽视的推动力量。而重商主义的迅猛发展，显然是以西方列强在全球范围内的殖民扩张和掠夺为依托的。殖民扩张为工业革命提供了几乎是取之不竭的原材料和廉价劳力。在控制和镇压殖民地人民的同时，殖民者却力图在意识形态方面为他们主宰殖民地政治和社会生活的强盗行为提供一套合理的说辞。其中较有代表性的是英国诗人吉卜林（Kipling）的"白人负担"（white man's burden）论。[①] 所谓"白人负担"，在殖民扩张的历史语境中可以理解为：由于大英帝国殖民地的属民缺乏自治和自我管理能力，只能接受来自宗主国占领者的指导，使殖民地开始所谓"文明化"的进程。与此同时，白人统治者也得以将文明的"高级"形式带给"低等"民族。而白人的这一"高尚"努力，却似乎有点吃力不讨好，反倒成了困扰殖民当局的"白人负担"。现在看来，"白人负担"论这一荒诞无稽的说法，背后蕴含的却是一种干涉哲学的思维方式。而干涉哲学在今天的具体表述方式，便是为西方经济学界所接受的通过工业化来实现社会发展和进步的信念。在本书的中篇和下篇中，作者将通过案例分析，来论述这种一厢情愿的信念是如何在实践中主导发展中国家经济发展的决策过程，从而给当地人民的社会生活带来了难以预测的后果。

启蒙运动、工业革命和殖民扩张这三大事件，对 19 世纪人类学者所进行的发展研究产生了决定性的影响。人类学者所处的特定历

[①] white man's burden（白人负担）是吉卜林作于 1899 年的一首诗歌的标题。该诗表达了作者当时鼓励白种人"为和平进行野蛮战争"的心态。

史和政治语境促使他们产生了强烈的"问题意识",并孜孜不倦地为发现文化和社会发展规律而苦苦探究、著书立说。他们关注的问题可以简要地概括为：是什么原因导致处在地球不同地域且形态各异的人类社会最终经历相似或不同的进化、发展阶段？在迈向"文明"和现代化的过程中为什么有些社会处于领先地位而有些社会却长期处于一种"滞后"状态？有无决定先进和落后的标尺？有没有衡量社会发展程度的科学手段？本章论及的三位社会进化论代表人物，可以说是现代发展人类学理论的最早探索者。[①] 尽管他们的专业背景、社会地位和政治抱负不尽相同，在回答上述问题时却具有极为相似的思维方式和观察角度。如下文所述，社会进化论者的任何理论假设和基本思路的形成，终究无法脱离工业革命和殖民扩张这两大结构性的主导力量。

单线进化模式和社会发展阶段论
——以泰勒和摩尔根的研究为例

泰勒是首位在牛津大学出任正式教职的英国专业人类学家。他于 1871 年出版了《初始文化》(*The Primitive Culture*)一书，在学术层面上对"文化"这一概念做出具有开创性的科学定义（参见第四讲"文化与发展"有关论述）。值得我们注意的是，泰勒这部文化进化论代表作问世之时，适值大英帝国在全球实行殖民扩张政策。而泰勒也正是通过与旅行家、探险家、传教士和政府驻外官员的接触，才获得对非西方社会风土人情的描述性资料。他不像后来的人类学者那

---

① 限于篇幅，笔者在本讲中略去对人类学家弗雷泽(J. G. Frazer)和社会学家孔德(Auguste Comte)的社会进化论思想的评述。

样,先亲历田野,然后再进行研究探讨。以 19 世纪哲学和达尔文学说为立论基础,泰勒将收集到的二手文字材料作为数据进行处理和分析,试图提出一套有关社会进化的理论。他的基本假设是,人类与生俱来的理性思维能力使社会始终处在不断更新演化的状态之中。也就是说,处在简单和复杂的社会形态当中的文化是互相平行的,都有实现进步的可能。为得出相关结论,泰勒利用西方观察家的文字记录,对来自不同社会的文化因素如技术、家庭、经济、政治组织、艺术、宗教和哲学等进行比较。

与本讲论及的另外两位社会进化论者摩尔根和斯宾塞不同的是,泰勒对于宗教问题不但没有采取回避和鄙夷态度,而且还对不同社会形态中的精神生活和信仰方式表现出浓厚兴趣。他在《初始文化》一书中对宗教的起源和发展进行了认真考证,提出了著名的"三段论"。他认为宗教发展也依照社会进化的序列,经过万物有灵论(也称泛灵崇拜)、多神崇拜和一神教的演化过程。在初始阶段,泛灵崇拜源自人们对自然现象中精神魂灵成分的认识。泰勒这一认识存在着明显谬误,然而它却是基于这样一种逻辑推断:早期人类常常以为人死后魂灵会依附在生前所处环境之中,依附在山石或动植物的身上,而且那些在睡梦或幻觉中出现的魂灵是实实在在的物体,不是虚幻的产物。随着文化的演进,人们开始认识到有些魂灵上升到更高的境界,成了太阳神、月神、雨神、太空神、地神、动物神、战神和农业神等,多神崇拜也随即开始。直到最后,唯一神逐步代替其他诸神在人们心目中的地位,一神教成为唯一的宗教信仰。

值得注意的是,由于一神教占据当时西方宗教的主导地位,泰勒做出这样的假设并不足为奇。而泰勒如能多活 100 年,亲眼目睹始于 20 世纪 60 年代的"新时代(宗教)运动"得到英美社会中上层人士争相追捧的情形,不知会作何种感想。因为由全球化和多元文化环境孕育出的"新时代(宗教)运动",其重要特征就是摒弃以教堂为中心的一神教的组织模式(Heelas,1996)。在日常生活实践中,"新时代(宗教)运动"的追随者们刻意地从非基督教信仰和教义(如克尔特人的占卜术和美国印第安原住民信仰)、萨满教、亚洲神秘主义信仰、风水说以及禅宗冥思等东方文化传统中吸取智慧结晶。而被泰勒认为是最为"原始"的万物有灵论恰恰是"新时代(宗教)"体系中的基本信条之一。有意思的是,万物有灵论对于那些以维护生态平衡和生物多样性为己任的环保主义者来说,不啻为一种宝贵的精神源泉。

泰勒以宗教为考察重点提出的文化演进假说,表达的是"欧洲中心论"(Euro-centrism)的要义。"欧洲中心论"在本质上说是一种认定西方社会是文明世界中心,而非西方社会从文化、种族和社会形态来说都处在落后愚昧阶段的偏见。在美国奴隶制度和欧洲殖民体系崩溃之前,"欧洲中心论"代表了西方学界对人类种族差异的主流看法。与其他19世纪思想家一样,泰勒认定"原始人"终将经过野蛮人阶段,并成长为像英国绅士和淑女那样体面的文明世界的公民。这是多数19世纪社会进化论者与后来的种族主义者在理念上的重大区别。然而,在泰勒的时代,笃信社会进化论的人们都一厢情愿地认为,为了达到"更上一层楼"的发展目标,落后和原始的社会一定会需要来自文明社会的援助。即便在20世纪,国际开发组织的头头们也不愿放弃这一信条:发展中国家只有依靠来自发达先进国家的技术和资金支持,才能摆脱落后受穷的命运(见第三讲有关述评)。

19世纪的另一位举足轻重的社会进化论代表是美国人类学家摩尔根。摩尔根的本职工作是银行家和律师,自小就对美国印第安原住民社会有着浓厚兴趣。他利用自己的律师身份帮助当地印第安人争取和维护他们在保留地的权利,最终被易洛魁部落接受,成为其中一员。摩尔根收集了居住在纽约上州的易洛魁语系印第安部落的包括风俗和语言习惯在内的丰富调查资料。为摩尔根这一新颖独创的田野研究提供重要信息来源的,是一名叫派克(Parker)的赛讷卡印第安人。摩尔根精通易洛魁语和英语,曾在格兰特总统任期内担任政府官员。摩尔根后来进一步拓展了其研究领域。在著名的史密索尼安学会(Smithsonian Institute)的资助下,摩尔根向遍布全球的传教士和旅行家发放调查问卷,收集有关非西方国家和地区的民族学材料作为他进行跨文化比较的主要数据来源,他成为拓展人类学亲族和家庭研究领域的第一人。

与泰勒相比,摩尔根是一位更加多产的社会进化论学者。他于1877年出版的《古代社会》(*Ancient Society*)一书,其影响已经超越人类学领域,不但成为运用19世纪进化论考察社会发展的经典之作,也为马克思和恩格斯的历史唯物论提供了重要佐证。摩尔根在探讨家庭历史沿革的同时,还考察了与此密切相关的技术以及经济和政治条件从古至今在世界各地的变化过程。摩尔根特别在意有关"采集术"(arts of subsistence)的提高对于社会形态演化的作用。"采集术"一词的提法,对于后来"生产方式"成为人类学研究经济活动的重要概念具有明显的启示作用。摩尔根认为亲族制度是非西方社会中的主要权力组织制度,这一观点为后来研究政治文明进程的学者所引用。有意思的是,摩尔根刻意回避了使泰勒着迷的在社会进化过程中的宗教信仰这一涉及精神领域的话题。但同泰勒一样,摩尔根坚信人类社会发展进化过程中存在"野蛮"与"文明"的等级差别,而私有财产正是"文明"社会与"原始"社群和社会的关键区别所在。摩尔根的成果为马克思和恩格斯在建立他们自己的社会发展模式时提供了民族志素材。同时，摩尔根的单线进化阶段论也是苏联人类学和民族学界的主导范式之一，对1949年后中国民族学的理论研究和实践也有相当深远的影响。

《古代社会》得以流传于世的最重要原因，还在于摩尔根提出的充分体现19世纪西方学界发展观的人类社会发展阶段论。摩尔根在《古代社会》一书中，对于人类社会从"蒙昧"开始、经过"野蛮"阶段、最终走向"文明"世界这一直线向上和向前的发展趋势，进行了详尽的描述和分析。虽然他的发展阶段论不过是理论预设的产物，但事实上为当时考察、判别文化和社会差异提供了不可或缺的依据。从表面上看，历史和考古发现带来的似乎无可争辩的客观事实，印证了摩尔根和泰勒的某些假说。而旅行日志和其他二手材料所记录的有关异域风土人情乃至"落后愚昧"的社会方式，更是当时欧洲人了解自己祖先在未开化阶段日常生活的一条"捷径"。尤为重要的是，在欧洲人眼中，处在正从茹毛饮血转向启蒙文明的发展阶段的非西方社会，似乎为他们的研究提供了不可多得的"活化石"，或者说是颇具生命力的"活古董"。现在看来，这种假说的可笑程度，已无须我们用科学发现来加以实证。然而我们将对社会进化论在观察方法上的谬误，统统归咎于"欧洲中心论"而一言以蔽之，也未免有失偏颇。

单线进化阶段论的提出和社会进化分类模式的建立，对于早期文化人类学和相关学科方法论乃至20世纪的发展研究，起到了可以说是决定性的作用。首先，19世纪社会进化论者为了实现将人类学科发展成一门文化科学，常常会效仿物理、化学和生物学领域的专家，采用科学方法和科学术语来描述社会科学研究过程，分析研究数据。因此早期人类学者亟须一套可靠的分类模式，以帮助他们以科学和客观的态度来比较不同社会类型的异同，辨析人类社会的发展趋势。他们通常将异域与西方社会在社会生活各层面的歧异看成是未开化民族所特有的"缺陷"。这些所谓的"缺陷"包括缺少国家政府系统、发达的生产技术和有效的宗教组织等。我们不难看出,以摩尔根为代表的社会发展模式建立者显然是从西方资本主义工业社会的角度出发,来制定社会分类和衡量发展程度的标尺。尽管这种模式的科学价值十分有限,但对于众多西方观察家、政客乃至普通民众来说,其所蕴含的说服力和逻辑性是毋庸置疑的。

另外,从操作层面来看,在19世纪很难再找到比这一社会进化分类模式更紧凑和简单的社会分类框架。依照这个模式,观察者常常会有意无意地将以渔猎采集、农耕和工业等生产方式与摩尔根所预想的"蒙昧—野蛮—文明"的社会进化过程一一排序,并"对号入座"。在研究某个特定社会的习俗和信仰时,社会进化论者会依照生产技术程度的高低来判定这一社会处于何种文化发展阶段。若问太平洋群岛上的斐济人和澳洲原住民有何差异,社会进化论者会说澳洲原住民仍处于蒙昧的发展时期,斐济人则已进化到野蛮时代。而若想了解现代"文明人"祖先的历史,除了考古挖掘之外,最好的办法就是去研究北美易洛魁印第安人或斐济人。

在社会进化论者的有限视野里,人类文明发端于地中海盆地和亚细亚西南部(含美索不达米亚地区和埃及),其承继者是希腊和罗马。他们也认可包括中国和印度在内的非西方社会在历史上所取得的文明程度,然而,欧洲自古以来所经历的社会变化是其他文明(尤其是那些已衰落的文明)所难以企及的。西方文明的代表大英帝国对印度的殖民统治,也似乎证明了由于这些非西方文明跟不上先进社会发展的步伐,其衰落是不可避免的。而最能体现人类单线进化必然规律的社会进化论思潮,莫过于大力推崇"适者生存"规则、后人所称的"社会达尔文主义"。

社会达尔文主义与科学种族主义

远在达尔文着手撰写有关物种起源和自然选择的论文之前,西方思想家就已经开始提出各种社会进化论的假说。而在论述中最早使用"社会达尔文主义"和"适者生存"等说法的,是社会进化论代表斯宾塞,而非达尔文本人。当然,与摩尔根、泰勒不同的是,斯宾塞的理论假设得益于当时生物学家的研究成果。然而用今天的科学标准衡量的话,他对生物学只不过是一知半解罢了。也就是说,作为生物学家的达尔文,未必会同意斯宾塞用他的名字来推销一种可以说是伪科学的观点。

斯宾塞在研究中喜欢采用类推法,将生物世界与人类社会进行比照分析。他深信要让社会学作为一门科学为世人所完全接受,其研究者就必须树立一种社会秩序服从于自然规律的信念。因此他坚决主张"社会学研究应该是对最复杂的演化形态的研究"(Spencer,1904:385)。他认为社会是一个"超级有机"整体,其言下之意就是研究者应将社会有机体的各个部分联系起来,而不是将这些部分抽离它们所处的特定环境作孤立的研究。比如说,作为社会构成的行政和经济的部门,就像一个生命体的心肺,是互为依存或者共生的,对于生命体的存在具有重大意义。他这种将社会比作一个有机生物体的看法对后世学者影响极大。当代中外学界中将社会视作由诸多部分构成、以维持稳定为目的的动态和谐系统的,仍大有人在。

在斯宾塞看来,社会结构的演化历程对于人类生存状况的研究具有决定性的意义。斯宾塞的想法,一方面是他终身追求政教分离和科学理性的必然反映；另一方面是他在实践中为社会不平等提供合乎逻辑和"适者生存"法则的借口：任何贫穷和饥饿，不管看来是如何残酷无情，应该理解为是社会的一种合情合理的安排，就像一种自然现象，应让其自生自灭，任何试图改变这一社会结局的努力，有逆于社会进化潮流，必将自取灭亡。受此思路影响，社会进化论者倾向于认为竞争是进化的驱动力量，而且社会进化过程如不受干扰的话，世界将会越变越好。旨在扶贫济弱的社会福利制度，显然也是不必要的，因为任何社会改革都是对自然进化过程的一种干涉，于事无补。斯宾塞式的观点用今天的标准来看有点奇怪、可笑，然而令人难以置信的是，这一观点在当时学界内外都颇有市场，并且迎合了那些坚信人类社会由简而繁发展规律的精英人士的口味。

最能体现斯宾塞"适者生存"的"自然法则"的，莫过于被后人归纳为"社会达尔文主义"的说法。按此说法，较之非西方社会，西方的"种族"、社会和各阶级不但更具备适应人类生存环境变化的能力，而且已经进化到更高和更发达的阶段。尽管这一说法在达尔文时代的生物学家眼里已显得荒谬绝伦，在事实上它却成为西方大国统治者为其奉行对外殖民扩张、对内拒绝或缓行对少数民族倾斜的福利政策的"科学"依据。在殖民主义者的眼中，社会达尔文主义的论断无疑具有难以比拟的价值。它不但在意识形态上迎合欧洲殖民强权实现其政治和经济野心的需要，也间接印证了吉卜林的"白人负担"论。

斯宾塞有关社会竞争和适者生存的理论对于生物决定论的产生起到了催化剂的作用。生物决定论最终成为19世纪人类学者用来划分种族范畴的理论基础之一。作为与社会达尔文主义平行发展的一股思潮，生物决定论在别有用心的政客们的推波助澜之下，最终演变成了臭名昭著的"科学种族主义"。我们完全可以说，科学种族主义是 19 世纪社会进化论的最大污点。然而现代种族论绝非凭空产生的奇思怪想。首先，以"科学"方法划分人种的尝试和努力，在欧洲由来已久。1758 年瑞典博物学家林奈(Carolus Linnaeus)参照动物分类的方法，根据肤色把现代智人(Homo sapiens)分为四类：欧洲人(白种人)、北美印第安人(红种人)、亚细亚人(黄种人)和非洲人(黑种人)。然而他的这种貌似科学的人种分类标准，并不是实证研究的结果，而是依据古代和中世纪理论以及种种欧洲至上论的观点制定的。比如，按林奈的分类说明，红皮肤的美洲印第安人脾性易怒且暴躁，需要由习俗来加以规范；黑皮肤的非洲人懒散松懈，缺乏责任心，而且喜欢心血来潮；而白皮肤的欧洲人则被描述为温文尔雅、灵敏且富于创造力、遵纪守法的文明社会的一员(Lieberman,1996)。1781 年德国科学家布鲁门巴哈(J.F. Blumenbach)也创立了一个种族体系。他根据肤色、面部特征、下颌形状和头发颜色，将人类分为五大种系：高加索人(白种人)、蒙古人(黄种人)、马来人(褐种人)、埃塞俄比亚人(黑种人)和亚美利加人(红种人)。在这个体系中，高加索人比非高加索人有更大的脑容量和更高的智力水平(Lieberman，1996)。

美国的早期政治领袖如杰弗逊和富兰克林等人，深受欧洲启蒙思想家(如曾对非洲种族做过研究的康德)的影响，对种族的看法也与科学种族主义的主张大同小异。因而 19 世纪社会进化论者对社会类型和发展阶段的"科学"划分，其实已经隐含了对种族优劣的判定。优胜劣汰的"自然法则"终被用于解释奴隶制和其他政治压迫现象的合理性与必然性。在一个多世纪之后，社会达尔文主义(或者说科学种族主义)的信徒在西方社会还大有人在，只不过这些人用另一套话语和看似不同的思路来表述白人至上主义和维护美国霸权的重要意义。最有代表性的,莫过于试图以"文明冲突论"影响决策层和国际学界的亨廷顿之流(详见第三讲评述)。

19世纪社会进化论在解脱宗教伦理对人们思想的长期束缚、传播科学知识(如达尔文的物种起源和进化理论)以及西方社会的自身解放和发展上,具有积极向上的划时代意义。同样,生物进化论和社会进化论在20世纪初传入中国之后,经本土知识分子和政治领袖选择性地吸收、改造和利用,在不同的程度上成为包括洋务运动、戊戌变法、推翻帝制和五四运动在内的一系列变革的动力。与马克思主义一起,社会进化论的思想大大加快了中国的现代化进程。

作为启蒙运动的产物,社会进化论表达的是一种对整个人类社会"进步"前景的乐观和自信。的确,早期人类学者大都倾向于接受这种文化发展和演进的普世论观点。然而,必须指出的是,就观察角度和研究方法而言,社会进化论的"科学"观点是矛盾和不可信的。用于支持社会进化论立场的关键论据,也主要来自带有偏见的二手记录(传教士和旅行者的游记)。社会进化论背后隐含的假说,无法解释人类历史上的社会蜕变、退化乃至消亡的现象。其次,社会进化论具有明显的目的论倾向,其研究成果势必成为西方中心论的学术传声筒。在《东方学》(*Orientalism*)一书中,萨义德(Edward W. Said)就殖民语境中西方学界对"东方"文化的想象和构建过程做了深刻揭示。在西方中心论的视野中,所谓的"东方"和"东方人",被完全放置在西方(文明和理性的代表)与非西方(落后和非理性的他者)的二元论框架中进行比较分析,成为高度刻板化和概念化的研究对象。于是在西方文化霸权的基础上,东方主义成了一种跨学科的学术传统和强势话语。同时,在观察异文化时,社会进化论者特有的思维方式也得以继续延续(Said，1978)。

在本讲论及的三位社会进化论代表人物中，泰勒和摩尔根可以说是英国与美国现代人类学的主要创始人，其学术影响力要大于缺少专业教育背景的斯宾塞。然而作为极端社会进化论的代表，斯宾塞的社会达尔文主义思想在学界的影响也同样深远。社会达尔文主义信徒以他们对生物进化论的曲解或误读为出发点，解释不同社会制度和文化模式的差异，为殖民条件下弱肉强食的不合理秩序找寻"自然"的逻辑，同时进行辩护并提供所谓"合理"的解释。在人类学和生物学界，社会达尔文主义也间接催生了后患无穷的科学种族主义。至此，我们不难看出，社会进化论是以科学和实证话语来表述的19世纪"科学"发展观。就其本质而言，它是一种在经济和政治霸权支持下的西方中心历史观和世界观。如第三讲所述，诞生于冷战初期英美学术界的现代化理论，在很大程度上是这种充满种族、文化优越感的历史观和世界观的延续。在20世纪中期后殖民的语境中，现代化理论的推崇者仍然不忘肯定和美化其殖民遗产：欧洲在历史上率先经历了一系列的经济增长阶段，并以殖民管理的方式使"落后"地区摆脱了经济停滞的局面。因此殖民被视作一种正面的过程：被殖民者从西方人那里学到了在资本主义社会生存和发展的有用技能，这对于他们在获得独立之后建设富足的"现代化"工业社会是一笔宝贵的财富。到了20世纪末，在现代化理论作为发展中国家经济发展路线图的功能行将失效之时，亨廷顿适时推出"文明冲突论"，虽然博得一时口彩，但说穿了也不过是代表西方中心历史观和世界观的一种蜕变而已。

第三讲　社会进化论与发展研究

　　70 年以来,我以社会科学的方法,包括 20 世纪以来的实证
主义方法,对农业文明、工业文明进程中的文化变迁进行了力所
能及的调查和思考,得出的看法并非单线进化论。单线进化论
的观点认为,人类历史的发展、人文世界的变化有一个单一的、
直线上升、台阶式的阶段性。这一点恐怕不能完全排斥,但我们
同时应当看到,在文明进程中,不同文化走过了不同的道路,文
化发展并非都是单线式的。好的东西不断地积累在共同的文化
中,不适宜的被淘汰了。文明进程是一个能去旧创新、有选择、
新陈代谢的过程。这种过程是必然的。其中很妙的现象在于,
一时认为没有用的文化,沉默一个时候又会出现,发扬起来,还
很解决问题。因此,任何过于武断的结论,都不适宜于文化问题
的讨论。

——费孝通①

　　自启蒙运动和工业革命以来,欧美人类学者对于不同历史文化
条件下社会演化、“进步”和发展规律的思辨,形成了早期人类学的主
要理论体系,即社会进化论。然而如第二讲所述,作为社会进化论立
论根基的单线进化假说,却有着致命的缺陷。首先是它只能在有限
的条件下描述而非解释社会形态的变迁过程,它既没能也不可能提

---

① 费孝通:《进入 21 世纪时的回顾和前瞻》(第七届“现代化与中国文化研讨会”上的讲
　话),载《费孝通九十新语》,第 112 页。

供任何可信的证据来说明为何地球上所有的人类社会都必须按西方的模式演化。其次是社会进化论者所依赖的"科学"数据来源多为二手文字记录,可靠性极差。因此,难怪在 20 世纪初期,当注重实地观察和收集第一手数据的田野研究在人类学界蔚然成风之时,社会进化论作为一种理论模式就受到越来越多人的质疑和挑战,以致丧失了在学术界的主导地位。新进化论和文化唯物主义成了社会进化论在人类学领域的仅存硕果。

尽管如此,在一个多世纪之前曾风靡一时的社会进化论,还是为我们考察日后发展理论的孕育和实践提供了不可多得的学理背景。人们不无惊讶地发现,即便是在 20 世纪,在阐释有关人类社会演化和进步程度时,现代化理论的信徒的逻辑和思路与其 19 世纪的社会进化论前辈如出一辙:以西方科技高度发达的工业社会作为"文明"进化的终极目标;人类社会的发展必将沿着从低级到高级、从落后到先进、从"传统"到"现代"的直线和单向的轨迹;技术和经济基础在发展过程中起决定作用;与此同时,文化的进化也将是一个由简朴到繁杂形态的发展过程。诞生于二战之后的现代化理论,其实就是在新的历史背景中提出一套高度公式化和概念化的话语,以解释和说明如何通过发展工业资本主义来改变社会,使处于不同文化形态及经济阶段的国家和地区"殊途同归",最终走上现代化的必由之路。所谓"现代化",也就是通过一系列经济、社会和文化层面的改变,完成从前现代化到现代化的成功转型。现代化理论对于 20 世纪下半叶美国政府的外援计划的设计和制定,起了极大的激励作用。正是在现代化理论的指导下,低收入发展中国家开始得到大量的资金、专家顾问和技术。当然美国企业借此在这些国家投资建厂。

对于现代民族国家的决策者来说,现代化理论其实是一种主张完全以市场为导向的经济发展学说。这一学说得以成立的假设是：只有个人在不受到任何形式的政府约束的情况下，自由独立地为自己做出经济决策，才能够最大限度地引发最好的经济产出。在过去的二三十年里，以市场为导向的现代化理论在经济学领域受到了新自由主义者的拥戴和追捧。尽管二者是不同历史时期的产物，却有着对于市场经济（或者市场自由所带来的活力）的共同信仰：只有让资本主义全面发展，不受政府规章的羁绊，才能找到经济增长的坦途；对于该生产什么物品、如何定价，或者说工人该拿到多少报酬，政府官僚机构不应插手；全球化的自由贸易能使世界上所有的国家走向致富的康庄大道。其言下之意就是，低收入国家的政府部门对经济发展的任何指令，任何最低工资标准和相关的劳工法规，以及来自环保机构的干预，都是无形的贸易壁垒，也将成为发展中国家实现现代化的障碍。二者都毫不掩饰将自己的意志强加于人的企图，并且坚持认为低收入国家如认真仿效欧美高收入国家，就会取得长足进步。然而，发生在 2008 年的那场源自华尔街、席卷全球的金融危机，已经让欧美高收入国家的普通民众对新自由主义大失信心。世人也更加有理由质疑现代化理论对于发展中国家究竟有多少示范作用。

本讲首先试图通过审视以经济增长阶段论为代表的现代化理论和"文明冲突论"，来评价 19 世纪社会进化论对于 20 世纪发展研究的影响。值得我们重视的不仅是这两大有关进步和文明的话语在基本论调上对于社会进化论的呼应，而且还有冷战和后冷战时期世界政治经济格局为二者的理论构建所营造的特殊语境。然后，将论述重点转向新进化论和文化唯物主义。就理论重构的角度而言，这两大学说都是社会进化论经过一番脱胎换骨和去芜存菁的改造之后，在人类学界得以重生的典型例子。由于新进化论和文化唯物主义抛弃了 19 世纪社会进化论的思维定式和基本主张,其学术内涵得到进一步的丰富和充实。必须指出的是,尽管新进化论和文化唯物主义在学界外的影响无法与社会进化论同日而语,但我们必须肯定这两大学说在弘扬人类学科学精神方面做出的贡献。在本讲的结尾部分,作为对现代化理论的进一步反思,笔者以萨林斯和阿玛蒂亚·森对于发展和生活品质极具前瞻性的研究为例,试图引发我们对于发展代价、国民生产总值和社会公正的理性思考。

现代化理论和"文明冲突论"

可以说,现代化理论是建立在与 19 世纪社会进化论完全平行的一种假设之上的学说。这种假设可以表述为:世界上不同的国家和地区,虽然并不处在同一起跑线上,然而经过不断发展,最终将向一个基本相似的社会类型靠拢,也就是说,走向现代化的工业社会。如今的西方发达国家在两三百年之前,还处在相当初级的前工业化经济发展时期,然而由于这些国家的现代化步伐相对较快,在较短的时间内创造了生产力水平较高的经济模式,同时也促进了生活水准的大幅度提高。与此同时,那些发展中国家的现代化速度显得尤其缓慢。因而发展的差异其实是现代化程度不均衡的结果;当"现代化"特质从发达国家传向发展中国家时,后者自然会依照工业化的唯一路径,发展成富足和进步的现代社会(Rostow,1960;Moore,1979)。这种代表二战结束之后欧美政治和经济精英层一厢情愿的想法,在当时东西两大阵营对立的情形之下,几乎成了维护市场经济和遏制共产主义的灵丹妙药。

在 20 世纪五六十年代,众多摆脱殖民统治的新兴独立国家领导人对带领本民族人民走出贫困、迈向富强之路充满希望和憧憬。新生国家的年轻一代政治精英对那种认为殖民地人民急需"文明化"教育的白人偏见，大多嗤之以鼻。由于他们中的大多数人具有在殖民阶段接受欧美学校教育的背景和阅历，都坚信"发展"和"现代化"是建设工业化新型社会的重要途径。这种在发展中国家领导高层有一定代表性的看法，也自然得到了众多西方经济学家和政治学家的呼应、赞同。于是，在冷战的特殊语境中，以摩尔根式的思维逻辑和分类方式为基础的一种单线性增长和发展阶段学说，不断受到精英阶层的追捧，使所谓的"现代化理论"逐渐成形。在现代化理论的影响下，非西方国家的知识分子同他们的领导人一样，都不由自主地参照社会进化阶段论的划分和排序原则，也就是说顺着从低至高和从简至繁的思路，力图创造和摸索出尽可能适合本国情况的经济发展模式。

除了 19 世纪社会进化论这一思想渊源，现代化理论还受益于著名社会学家马克斯·韦伯（Max Weber）有关文化与发展关系的开创性研究（参见第四讲有关论述）。韦伯在研究中认识到文化价值和信仰对于某一社会的技术和经济条件的变化，具有极其重要的影响（Weber，2002/1992）。韦伯对于文化价值与经济行为之间相关性的观察，大大激发了现代化理论拥护者的思维能力。在他们看来，处在前现代和前工业化时期社会的人们，受制于代代相传的传统世界观；而处在现代工业资本主义社会中的人们，则崇尚理性和客观的生活方式。传统社会的人们为人处世的原则，离不开情感、信仰和直觉；而在现代社会，人们必须运用包括科学方法在内的各种理性策略，采取有效和实用的方式，以求实现某一特定的目标。现代化理论家们于是预言，当社会的现代化达到一定程度，理性化过程将涤荡传统的文化信仰模式。而社会的理性化，是主导人们思想和行为的传统世界观不断转向科学和理性这一历史过程中的必然产物。

至此，现代化理论与 19 世纪启蒙运动和社会进化论之间在思想和实践层面的传承关系，已经彰显无遗。在二战结束之后，现代化理论成为当时世界银行和国际货币基金组织主导受援国经济发展的首选模式。处在冷战时期的苏美两个超级大国，为了争夺经济资源和政治霸权，展开了长达数十年的角逐和较量。二者在各种阵营推行代表自身意识形态的社会和经济发展模式。现代化理论为如何通过发展产业资本主义来改造传统社会提供了重要的知识武器，因而与社会进化论相比，其政治意义要远远超过学理价值。

在冷战时期宣扬现代化理论最为得力，同时也对国际经济开发产业产生过重大影响的一位人物，当数在 1966 至 1969 年间担任过美国国家安全顾问的罗斯托。秉承 19 世纪社会进化论研究风格，罗斯托坚信西方社会已率先进入了现代化阶段。在某种程度上，罗斯托可以算得上是摩尔根在 20 世纪的代言人。与摩尔根坚信所有形态的社会都会走向文明之巅一样，罗斯托认为一旦条件许可，现代化可以在地球上任何地方实现。当然，处在低收入水平的发展中国家为了提高经济效益，尽早成为发达国家的一员，必须以放弃传统思维方式和社会制度为先决条件，同时，建立现代经济体系，引入先进的技术和相应的文化价值观（如韦伯所说的新教伦理）。在其代表作《经济增长阶段》(*The Stages of Economic Growth: A Non-Communist Manifesto*)中，罗斯托描述了任何国家在完成从传统非工业化向现代工业化社会转型过程中，必定要经过的发展阶段（Rostow, 1960）：
(1) 传统阶段。传统主义的存在使得现代化在前现代化社会（如农耕和畜牧业社会等）几无实现可能。在这里，传统主义代表的是一套成为经济和政治发展障碍的价值观及态度(如宿命论和所谓的"小农意识")。由传统主义形成的那种"文化惰性"使得前工业化社会始终处于落后和欠发达的状态。由于传统主义坚决维护家庭和社区关系,压抑了个人自由以及人们发展大规模企业的积极性和主动性。(2)文化变迁阶段。在传统阶段的任何社会,经济起飞的合适条件和时机远未成熟,这是因为实现现代化的一大前提是文化和价值观的变化,发展和进步是有利于社会及个人的关键通道。而对进步的坚定信念是与那种强调个人奋斗和愿意承担经济风险的创业精神联系在一起的。现代化理论的信徒认为,统治国家的精英可通过教育改变人们的价值观,从而达到瓦解传统主义的目的。(3)经济起飞的准备阶段。随着传统主义的不断弱化以及投资和储蓄率的增加,发展产业资本主义的经济环境日益成熟,1783年的英国以及1840年的美国就处于这样的一个起飞阶段。而在20世纪,只有通过国际援助以及工业技术转移,才能使前现代化社会进入起飞阶段。处在这一阶段的国家和地区,应该投入资金,推行控制人口增长的计划和项目,并争取获得低利率的贷款来发展电气业,加快道路和机场建设,同时发展新兴产业。以美国为首的西方大国在这一阶段,应该扮演说教者的角色。(4)独立持续增长和技术日益成熟的阶段。进入这一发展阶段的国家和地区如同一架飞机,在来自高收入国家和地区的资金和其他形式的援助之下,顺利滑入跑道,加速,从而实现经济起飞。此时的一大要务是广泛使用成熟的工业技术来大力推动经济进步。为了使起飞之后的经济攀升至一定的飞行高度,要持续不断地对现代技术投入资金,并将新增财富进一步用于开发高新产业。与此同时,旨在普及先进技术和灌输现代化理念的教育也尤为重要。因为人口的教育程度越高,传统主义的影响就越弱。(5)经济的高速增长和高消费阶段。处于这一阶段的国家和地区都应已具备大规模生产的能力，并且达到高消费的物质生活水准。国民付出的努力得到回报，并能享受到经济高速发展带来的果实。进入这一阶段的国家和地区包括 20 世纪 20 年代的西欧、美国以及 50 年代的日本。

罗斯托提出的上述现代化理论模式，在划分处于不同发展阶段的社会类型时，使用的是近似于社会进化论的那种简单划一的标准。同时，由于受到马克斯·韦伯的启发，罗斯托将文化价值观这一非经济因素与个人主义和企业行为等经济因素，共同视作实现现代化的重要前提。例如，在第二个发展阶段，文化观念和态度的改变被认为是消除传统主义及产生实现自我价值的成功模式，是向现代化迈出第一步的必要条件。在现代化理论倡导者的眼中，文化价值尤其是"传统主义"观念必定是经济发展迟缓的病根。其言下之意就是，落后国家在接受国际经济援助之前，必须首先改变传统的思维模式，在意识形态方面做好进行现代化的准备。

现代化理论模式的一大暗示是：发展中国家可以通过考察发达国家来展望美好的未来；只要借鉴英美等工业大国的成功经验，脱胎于殖民地的新兴独立国家也可走向富强和自足。在这种一厢情愿的设想背后隐藏着的潜台词却是不言而喻的，即发展中国家必须通过在内部进行政治、教育和其他方面的变革，同时从外部吸收资金、技术和国际援助，加快现代化进程。这一设想表达的是一种 19 世纪社会进化论者特有的、对人类发展前景的乐观态度，然而却根本无助于人类学者及其他社会科学学者辨析由经济全球化而带来的文化和社会层面的变化。自问世之日起，现代化理论便在人类学界遭到强烈的抨击。这一权威理论之所以受到如此质疑和批评，主要原因在于现代化模式在运用实践中并没能在发展中国家的技术和经济发展方面产生积极作用。许多发展中国家接受了来自西方大国的经济支持和国际组织(如世界银行)主导的各种发展项目与计划,却仍旧摆脱不了贫穷落后和停滞不前的状态。其次,由于资本主义社会本身存在的一些顽疾,如经济收入的两极分化以及家庭和社会关系的不断弱化,也使学者对于现代化模式在非工业化社会的适用性产生了疑惑。

自20世纪七八十年代起,那些接受国际组织经济援助的发展中国家在生活品质方面与发达国家之间的差距,不但没有缩短,反而还在进一步扩大。颇具讽刺意义的是,多数接受世界银行等国际组织经济援助的发展中国家领导人,在意识形态方面与西方大国保持一致,都在指导思想层面力图摆脱落后和过时的传统思维,并且逐渐成为新自由主义市场决定论的信徒。如何公正地看待这一问题?首先我们得承认,与现代化理论倡导者的乐观预期相反,发展中国家与发达国家不但不在同一起跑线上,而且在发展初期也根本没有欧美诸国在工业化初期所具备的得天独厚的条件。比如说,土地广袤、资源丰富、易于管理的人口规模和相对独立的内生经济给了新生的美国足够的发家本钱,使其在极短的时间内取代英国成为资本主义世界的翘楚。如果说美国是"龟兔赛跑"中几乎没开过什么小差的"兔子"的话,那么,众多发展中国家由于受到人口多、资源少的困扰,在激烈的经济竞争中是占尽下风、无后发优势可言的"乌龟"。事实上,绝大多数发展中国家都是由于遭到列强侵略和殖民掠夺,被迫成为全球化网络结构的一部分(详见第十讲有关资本主义世界体系的论述)。包括英国、法国、西班牙、葡萄牙、比利时、荷兰和德国等在内的欧洲国家,根本无意在自己的殖民地建立独立的经济体系,相反,殖民地只是被当作一个为欧洲工业化服务的原料产地和被掌控的产品销售地而已。

就像 19 世纪社会进化论者的文化单线进化模式和社会进化分类法根本无法归纳人类文明发展进程一样,罗斯托的现代化理论模式不但无法解释发展中国家落后的根本原因,而且在考察包括日本和东亚"四小龙"等顺利进入现代化阶段的工业化社会时,也缺乏足够的解释力。哈佛大学著名东亚问题专家傅高义(Ezra Vogel)在其畅销书《日本第一》(*Japan as Number One*)和《四小龙》(*The Four Little Dragons*)中指出,在以日本为首的东亚现代化经济体的发展过程中,所谓的传统文化价值观更多是起促进和推动作用,在实践中并没有阻碍社会进步(Vogel, 1979 & 1992)。傅高义的研究,其实也否定了现代化理论的一个基本假设:传统文化价值观必定是技术和经济发展不可逾越的障碍。

当然,在向其他发展中国家推销日本经验和强调所谓"亚洲价值观"的同时,现代化理论者会忽略一个重要的历史事实,即冷战为东亚工业化进程所提供的得天独厚的环境。比如说,为了对付中华人民共和国这一社会主义阵营中的生力军和抵消苏联在东亚的影响,美国及其盟国为日韩和我国台湾地区提供了慷慨的经济、军事援助。不夸张地说,冷战达到高潮之时,也是该地区经济起飞之日。首先,直接的经济援助和贷款使得半导体、电子器件行业的资金投入大大增加,有力地促进了日本等地的产业发展。在 20 世纪 50 年代至 70 年代中期,由于经济的不断增长,欧美为东亚这一服装、鞋类和电子产品的输出地提供了广阔的市场。随后,由于欧美经济阶段性调整和消退,发生了制造业向廉价高质劳力集中的东亚地区转移,从而揭开了"外包"的序幕。正是由于这些超越文化层面的结构性变化,才使得东亚经济发展进入了快车道,甚至弯道超车,创造出脱贫致富的神话。

现代化理论无疑是欧洲中心论的产物，也是社会进化论者留给发展经济学和相关领域（如始于冷战的"发展主义"学派）的某种馈赠。然而社会进化论留给后世的遗产中，不只是以单纯的经济发展程度来划分社会类型的"标签"做法，还有"社会达尔文主义"这一远未寿终正寝的思维模式。作为一种极端的社会进化论观点，社会达尔文主义为殖民强权和为富不仁等不平等事实提供了貌似"科学"和"客观"的解释，也成了种族主义合理化的极好借口。据笔者观察，社会达尔文主义在冷战后最有影响的代表非亨廷顿莫属。在亨廷顿《文明冲突和世界秩序的重建》(*The Clash of Civilizations and the Remaking of World Order*)一书中，他重谈 19 世纪社会进化论的陈词滥调，指出呈单向发展的"西方文明和文化"与"伊斯兰文明和文化""印度教文明和文化"以及"儒教文明和文化"在本质上是格格不入的。按他的思路，受伊斯兰和亚洲文化观念影响的社会，因为缺乏发展公民民主社会、个人主义、自由市场等的机制，难以发展成为与西方文化和平共处的文明社会。并且，在他描绘的政治版图上，生命力旺盛的非洲和拉美大陆文明却无一席之地。在人类学者看来，亨廷顿的谬误数不胜数。其中最致命的错误是，他在论述中将"文化"视为长期存在于某一文明中一成不变的信仰价值体系。这种老掉牙的文化观在当代人类学和社会学界早已失去了市场（参见第四讲有关文化与发展的专述）。

亨廷顿和他在不同场合发表的"文明"冲突高论之严重危害，不仅在于错用和滥用"文明"概念而导致的低劣错误（Herzfeld，2001：28），而且在于充分利用其政治影响，制造出一种专家话语，通过对当今国际文化和社会状态进行合理解释，来掩盖其作品蕴含的文化种族主义气息。在 2004 年春的《外交政策》(*Foreign Policy*)杂志中，他发表的《来自墨西哥裔的挑战》("The Hispanic Challenge")一文直言自己对美国种族政治版图变化的看法：源源不断、纷至沓来的墨西哥裔和其他拉丁族裔移民，已将美国分成两类人、两种文化、两种语言。使亨廷顿忧虑和不满的是，墨西哥裔和其他拉丁族裔的移民不但没能够融入美国主流文化，而且还形成自己的政治和语言势力范围。他断言墨西哥裔和其他拉丁裔移民与盎格鲁人之间的文化差异已取代黑白种族矛盾，成为美国社会的主要断裂带。在亨廷顿眼里，只有在以盎格鲁人为主导的新教社会中，由白种人创造的"美国梦"才是纯粹的"美国梦"(Huntington, 2004: 35)。亨廷顿此文可以说是"文明冲突论"的美国国内版。当然，他也许知道来日无多，所以用语更加直露，立场也从一般意义上的西方中心主义（来自基督教文明的优越感）上升到了白人至上主义的高度。如果亨廷顿还健在的话，他必定是特朗普总统在美墨边境筑墙的坚定支持者。

必须看到，亨廷顿之类带有名人光环的学者或大师，已经无暇或无意从实证角度来思量自己"文明冲突"假设的理论基础。对亨廷顿来说，文明或文化不过是遮羞的面纱，而实际上他始终坚守冷战以来的基本立场，并未与时俱进。值得注意的是，他的这种貌似新鲜的"文化"话语，在 20 世纪 90 年代，尤其是美国惨遭"9·11"恐怖袭击事件之后，颇得哗众取宠之效，其"文明冲突论"在国内学者中也有一定市场。在 20 世纪 90 年代，亨廷顿利用各种场合（包括应邀来国内名校的讲演），不失时机地推销其伪科学文化观。他所制造的霸权话语，对国内学界产生了扰乱视线的效果。相当一部分学者在学术论文中，只要提到"文化"，似乎非得以亨廷顿的"文明冲突"作为出发点，才能使自己站得高和看得远。在当今中国学界普及科学文化观，当务之急就是要消除此类精英话语的影响。

新进化论和文化唯物主义发展观

进入 20 世纪之后,社会进化论在人类学界已经雄风不再。在渐渐失去理论主导地位的同时,社会进化论者重视经济基础和技术因素的唯物论导向,仍然为致力于研究社会发展规律的人类学者们提供了极有价值的思路。在 20 世纪五六十年代,以怀特(Leslie A. White)为代表的新进化论者及其同道(文化唯物主义者),立足于历史材料和田野经验,彻底改写了 19 世纪社会进化论者构建的社会进化模式。一方面,他们完全放弃了前辈们的理论假设,即来自世界上任何地方的文化模式会顺着同一方向直线进化、遵循同样的发展规律的错误看法;另一方面,他们也不赞同有些人类学家的极端做法,即把"婴孩"(进化概念本身)和"洗澡水"(19 世纪社会进化模式)一起倒掉。他们主张在文化和社会研究中继续将"进化"作为一个有说服力的概念和分析工具来使用。在《文化的进化》(*The Evolution of Culture*)一书中,怀特以近一个世纪的考古发现和田野记录为依据,重新检视 19 世纪的单线文化进化论,力图辨析出其中的可取之处(White,1959)。他发现,如果在研究过程中将技术看作文化进化的主要动因,那么我们不难发现在经历几百年的岁月洗礼之后,人类文化的某些方面的确得到了发展和提高。同时就整体而言,文化也变得越来越复杂。因为即便在史前社会,技术进步也从未有过停顿。怀特将技术定义为一个从自然环境获取能量的系统,是一个由能量、工具和产品构成,与能量储存、转变和释放有关的物质形式。他力图摆脱族裔中心主义的影响,对文化的复杂性做出不偏不倚的假说。

在他看来,社会形态的"复杂性"取决于人口和占地面积、职业分工程度及其社会功能之强弱,以及等级制度等诸多方面。按此标准,古代埃及、中国和印加文明显然要比以渔猎为生计模式的因纽特(旧称爱斯基摩)文化模式更为复杂和丰富多彩。所以说技术进步和文化演化是人类发展密不可分的两个方面。使用技术进行生产和创造的能力越高,社会的复杂程度也就越高。

受到这一"技术决定论"的影响,多数新进化论者认为所谓"价值观念"无助于解释不同社会中技术发展水平的高低。因而人类学者必须把技术本身看作是一种人为设计的用来适应特定环境的方式。这样,居住环境的差异就能有助于我们理解因纽特人(旧称爱斯基摩人)和澳大利亚原住民之间的文化差异。在新进化论者看来,以渔猎为生的群体由于必须从野外获取资源,机动灵活也就自然成为这类小型团体的社会特征。在这样的社会组织中,共同享有的财产和食物也相当有限,其领导者只拥有微弱的权力。农业技术使人们的生存方式有了根本性的改变。村庄的出现和财富的相对集中,为强势领袖的产生创造了客观条件。然而仅仅从使用技术的复杂性来说,古埃及人的文化发达程度已经远远胜过游牧社会中的因纽特人。技术决定论的信徒承认社会意识形态甚至情感因素都会对技术发展起一定的制约作用。然而对于整个社会文化系统来说,这些因素的重要性根本无法与技术所扮演的主导角色相比。

遗憾的是,在描述人类文化演进过程时,怀特还是采用了摩尔根和泰勒的理论假设,即:文化演进完全受制于内部因素(主要来自技术方面),而不是环境、历史或者心理层面的影响。这样,他的解释也就不会比 19 世纪社会进化论者更有说服力。比如,他无法令人信服地从本质上回答为何有些文化在持续演进,有些处于停滞状态,有些泯灭沉沦,有些还凤凰涅槃、死而复生(见本讲开篇所引费孝通语)。当然怀特似乎还回避了另一个关键问题,即:为何只有一部分文化有实力增加其能量的摄取量以获取演进的持续推动力。

文化唯物主义的出现,在很大程度上弥补了新进化论的在视野和解释力方面的不足。此学派的代表人物是哈里斯。他在1979出版的《文化唯物主义》(*Cultural Materialism*)一书中,通过吸收技术决定论的观点,将人类社会结构分成三大层:首先是经济基础、技术、经济和人口因素,也是任何文化的核心部分;然后是社会结构,包括社会关系、亲族形式以及经济再分配和消费模式;最后才是上层建筑,包括宗教、意识形态和戏剧之类的文艺创作形式等文化生存最次要的因素。一如马克思主义者和新进化者,哈里斯坚信经济基础决定上层建筑这一社会发展规律。最能体现其文化唯物主义理论导向的是哈里斯对犹太教和印度教食物禁忌的案例分析。人们通常在解释犹太教禁食“不洁食物”(以猪肉为主的一系列食品)和印度教禁食牛肉的教规时,都会从宗教文本中寻找线索和答案。但是哈里斯独辟蹊径,认为要解开任何饮食禁忌的谜团,必须从考察文化生态环境中的经济基础入手(Harris, 1985)。在出版于1985年的《好吃:食物与文化之谜》(*Good to Eat: Riddles of Food and Culture*)一书中,哈里斯认为:中东地区的特殊物候条件使饲养生猪成为经济代价高昂的一种行当,故而当地人利用犹太教义来禁食猪肉就是一种一举两得的理性选择。同样,如果印度人有朝一日决定破戒,开始食用牛肉来补充饮食结构中的蛋白质成分,那么其庞大的人口压力和有限的环境资源(如草地等)之间的原有平衡会被打破,生态灾难将难以避免。所以印度教的神牛崇拜在表面上看似乎造成了牛群(其中不乏病老瘦牛)在街头巷尾闲庭信步,以致阻断交通的尴尬局面,而实际上这是利用宗教信仰来维持生态平衡的理性策略。从这个意义上来说，印度圣洁的神牛和中东地区遭人唾弃的脏猪一样，在帮助人类寻找适应不同生态系统需要的生存路径时，起到了一种媒介作用。

哈里斯的文化唯物主义见解，对于当前国内学界有关科学发展观的讨论有一定的借鉴意义，尤其值得我们注意的是哈里斯于1991年美国人类学年会上所做的特邀主题报告（Harris, 1992）。由于柏林墙倒塌以及东欧社会的巨变，加剧了当时西方学界对马克思主义经典理论的实践意义的怀疑态度。然而哈里斯在他的主题报告中，坚持从唯物主义角度出发，指出东欧政权易手完全是由于这些国家的领导者运用了违背马克思唯物论原则的苏联经济发展模式，导致生态环境日益恶化和经济基础不断弱化的严重后果：由于以煤炭和石油生产为基础的基本能量供应系统超负荷运转，发电设施陈旧老化，因而停电和停工事故频仍；不合理的农产品生产、分配和销售制度，造成了严重的食品短缺、供应不足、私自囤积和被迫定量配给等一系列不良后果；与此同时，工业污染所带来的问题以及为环境污染所付出的代价，对于原本已不景气的国民经济来说更是雪上加霜。正是由于东欧社会主义制度中经济基础层面的这些致命伤危及了广大人民的健康、安全乃至生存处境，才使得这些领导者付出了惨痛的政治和生命代价。哈里斯这一报告可谓恰逢其时。他的文化唯物主义不但是人类学界内后现代主义学派的死敌，更是当时意欲唱衰马克思主义的政客学者们的煞星。对于任何急于寻求发展模式的转型期社会领导者来说，哈里斯研究中所体现的理性和实证精神有着不容低估的警示作用。

在衡量经济技术发展对于人类社会和生态环境的后果方面，新进化论者和文化唯物主义者所持立场与19世纪社会进化论的代表人物截然不同。首先,新进化论者在面对人类社会未来所可能遭遇的种种危机之时,全然不见一个多世纪前社会进化论者对于全人类走向"文明"世界的乐观情绪。人类学家博德利(John Bodley)力图从能量消耗对生态环境影响方面来反思人类为发展尤其是高速的经济增长所付出的昂贵代价。他在《人类学与当今人类问题》(*Anthropology and Contemporary Human Problems*)一书中,对不同文化类型中的能量消费做了下列比较:在队群和部落社会中,能量消耗在每人每天4 000到12 000卡路里左右;在前工业化社会,是每人每天26 000卡路里;在早期的工业社会,是每人每天70 000卡路里;在20世纪70年代的美国,是每人每天230 000卡路里(而到了1990年这一数字升至175 000卡路里)。博德利着重指出,高度的工业化促使人们不再依赖可循环利用的资源,而是以一种无法持续的超高消费水平,贪得无厌地挥霍石油等不可再生能源(Bodley, 1991)。

显然,博德利对人类为盲目追求速度、效益而不计后果的发展模式提出质疑,并不是意在提倡我们回到生态相对平衡、和睦的旧石器时代。他的真正意图是警告后人:人类正在为没有计划、不受制约的社会经济发展政策付出巨大代价。在题为《进步的牺牲品》(*Victims of Progress*)一书中,博德利一针见血地指出:作为"进步"的代名词,经济发展给人类社会带来的生活品质、生态和医疗层面的巨大变化,其变化强度和速度之大令人难以预测。而处于世界发展边缘的原住民,常常不幸地沦为这种进步的牺牲品。博德利认为,人类为所谓"进步"付出的惨重代价将包括:新型疾病的发生和流行、生态环境恶化,以及由于经济变化而带来的无法估量的损失(Bodley, 1999)。在21世纪的今天,人类学者的首要任务再也不是像 19 世纪的社会进化论前辈那样，以拍脑袋和想当然的方式来盲目绘制人类社会的发展蓝图。人类学者应该和能够做的，是不断地提醒人们对自己的选择和决定负责，慎重地对待任何可能影响人类未来生存条件的经济发展项目。

对于经济发展与生活品质的反思

在经济学家眼中，生活在以渔猎为生的前工业化社会的"原始人"，多半过着食不果腹和饥寒交迫的日子。然而田野研究和历史资料告诉我们，在所谓的渔猎采集社会，多数人的"工作"时间比在现代化大都市的上班族要短，劳动强度也并不如我们想象的大，还有足够的闲暇时光放松、交友和进行愉悦身心的娱乐活动。萨林斯在其名作《石器时代经济学》(*Stone Age Economic*)中，将渔猎采集社会描述成人类"最早的富足小康社会"。他写道："由于情形所迫，渔猎采集者在客观意义上的生活水平是低的。但就他们的生活目标和合适的生产方式而言，要满足所有人的物质需求，不是件难事……世界上最原始的人群没有什么财产，但他们并不贫穷。贫穷既不是微不足道的物品数量，也不只是手段和目标之间的关系；归根结底它是一种人与人之间的关系。贫穷是一种社会地位。因而贫穷是由文明发明的。"(Sahlins, 1974：36 - 37)若断章取义地看萨林斯的这段话，我们也许会觉得这是一种美妙的"人类学想象"：前工业化时代的人们，远离尔虞我诈的市场社会，生活在不受钱财困扰的桃源仙境。萨林斯此段论述表达的不是怀旧情感，而是一种难得的历史洞见。他不但突破了最初的新进化论框架，也为社会科学学者对困扰 20 世纪的发展问题作进一步的理性反思打开了通道。

阿玛蒂亚·森在认真分析史料和案例的基础上,对如何衡量经济发展程度、生活水平和生活品质提出了独到见解。他认为GNP增长本身未必能真正显示某一地区的发展水平(Sen, 1984 & 1987)。阿玛蒂亚·森早在孩提时代就饱受食不果腹之苦。发生在1943年的一场大饥荒,夺走了300万印度人的生命。作为经济学家,阿玛蒂亚·森将饥荒作为自己的一个研究课题。他发现:饥荒未必一定是由食物短缺引起的;导致饥荒的最主要因素通常来自市场(Sen, 1981)。正是由于市场力量的作用,食品费用才会不断增加,导致维持开销的家庭收入被压低到无法保证一日三餐的程度。就像饥荒未必是食物短缺的必然后果一样,光靠增加国民生产总值,未必能带来富足和安康。也就是说,某一国家尽管国民生产总值连年增加,真正从中受益的可能只有极少数人。

阿玛蒂亚·森同时对于以收入来衡量生活水平的常规方法提出了有力的质疑。他以印度的喀拉拉邦为例,指出光凭人均收入数目本身,我们并无法测算某一地区民众生活品质的优劣(Sen, 1987)。位于印度西南海岸的喀拉拉邦,占地仅14 914平方公里,人口倒有3 300万之众。喀拉拉邦以农业经济为主,在印度国内属标准的欠发达地区。喀拉拉邦的年人均国内生产总值(GDP)为1 000美元,比印度平均水平低200美元,仅为美国同年人均GDP的1/26。如果仅仅按照经济标尺来看,喀拉拉邦的居民似乎是生活在一条相当低的生活水平线之上。然而,如果我们在观察中加入健康、教育和其他社会因素时,喀拉拉邦所呈现的景象,却足以让人大跌眼镜。

在健康指标方面,喀拉拉邦的纪录比印度其他地区也明显高出一筹,甚至还超过了一些高收入国家的水平。与其他发展中国家相比,喀拉拉邦在保持低婴儿死亡率的同时,其人均预期寿命却达到了

72岁,比印度平均预期寿命多11岁,比美国仅少4岁。喀拉拉邦在教育方面所取得的成就更加令人瞩目,设施良好的学校遍布全邦,邦内实行全民义务教育,高达90％的识字率使喀拉拉邦居民的教育程度接近新加坡和西班牙的水平。在维护社会公正方面,喀拉拉邦也领先于印度其他地区。早在19世纪中叶,喀拉拉邦就爆发了反对种姓制度的抗议运动。该邦的种姓意识(印度传统歧视的一大源头)也是全国最为薄弱的。尽管该邦有大量信仰伊斯兰教和基督教的民众,却很少有重大的宗教冲突发生。

而喀拉拉邦与印度及世界其他地方的真正不同之处,在于它拥有一套确保邦内居民的收入和机会相对平等的机制。邦政府在20世纪60年代便废除了地主特权,将土地分给150万佃农家庭。喀拉拉邦还保持着相对较高的最低工资水平。一方面,邦政府大力推行的最低工资政策确实不利于对地方工商业的持续发展,该邦的失业率高达25％。另一方面,由于邦政府通过法律确保大多数家庭"耕者有其田",因而使得自给自足的小农经济模式不但没有成为当地发展的绊脚石,反而起到了遏制饥饿和贫困的作用。

阿玛蒂亚·森的开创性研究,为新进化论和文化唯物主义者对于发展代价的理性思考,从经济学的角度进行了旁证和补充。更重要的是,阿玛蒂亚·森在20世纪80年代提出的有关社会公平机制、发展程度和生活品质之间相关性的议题,不仅适用于发展中国家和地区,而且对于研究发达国家所面临的问题,也有相当的启示意义。威尔金森(R. G. Wilkinson)在他的《不健康的社会:不公平的苦恼》(*Unhealthy Society: the Affictions of Inequal*)一书中,就对阿玛蒂亚·森的观点有某种程度的呼应和发展。威尔金森认为最富裕的国家未必能造就最健康的社会。通过分析来自全世界的实证数据,威尔金森发现死亡率和收入分配模式之间存在着一定的相关性。社会越健康，收入分配就越均衡，社会整合度也越高（Wilkinson，1996）。例如：日本和北欧诸国的国民在医疗卫生方面得到的福利和服务，以及国民的健康状况，要明显高于美国的人均水平。尽管从经济层面来说美国是全世界最富有的社会，且医疗技术也最发达，然而就维护社会公正的努力而言，它却大大落后于其他的发达工业国家。贫富差距的扩大，会大大地削弱社会凝聚力，使社会成员难以应对来自疾病和痛苦的风险。在威尔金森看来，社会孤立感的加剧和处理压力能力的缺乏会在健康指标中得到明显的反应。因此，社会的健康程度取决于社会契约关系的强度、国民的安全感和社区内部纽带等综合因素。

值得我们注意的是，阿玛蒂亚·森和威尔金森是在不同的时间和地点，运用不同的方法和角度，对发展和社会公平问题进行反复思索和探究。然而，他们的结论都印证了一个正在成为社会学和人类学界共识的观点：社会的健康程度并不取决于经济发展的速度和财富的积累，而社会成员的生活品质与社会公平之间却有着密切的相关性。

19 世纪进化论者力图以简约归纳的科学手段，对庞杂无序的文化和社会世界进行系统、客观的考察及研究。这种做法由于无法合理解释历史上发生的社会退化和文化消失的现象，从一开始就遭到人类学和社会学者不同程度的质疑和唾弃。此后，人类学界文化相对主义和结构功能主义学派（见下文专述）的出现，其实就已经否定了社会进化论的预设前提和学理价值。然而在 20 世纪，对于某些出于维护本身利益集团主导地位的政治需要，力图通过总结人类文化和社会演化规律来实现话语霸权的罗斯托和亨廷顿来说,社会进化论的理论假设和研究路径仍然具有无穷的吸引力。

一如19世纪的社会进化论,以罗斯托的经济增长阶段论为标志的现代化理论,在本质上也是一种目的论。二者都采用了循环论证的方式,都无法从实证的角度来回答究竟是现代化导致或者有助于发展,还是其源自发展;或者说发展和现代化可能就是同一个过程。当我们以历史唯物主义的眼光来重新审视现代化理论,其始作俑者试图以"文化价值观"的术语来掩盖资本扩张和强权争夺之事实真相的用意,可谓一目了然。从这个意义上来说,发展中国家现代化发展的最大障碍恐怕还是与殖民遗产脱不了干系的依存性问题。同样,如果脱离冷战这一极为重要的国际政治背景,光以儒家伦理的人文魅力和精神价值来解释二战后日本和东亚"四小龙"的崛起,也未免贻笑大方。

20世纪新进化论和文化唯物主义的学术影响虽然有限,却给我们带来一种理性的发展观和与之匹配的科学的文化观。尽管这两种学说还未能完全摆脱欧洲中心论的思维特征,但其基本的出发点与罗斯托和亨廷顿的立论基础大相径庭。二者间最大的区别在于:新进化论和文化唯物主义学派的代表人物把"文化"作为一个科学概念来阐发自己的主张,强调以实证的研究过程对待每一个学术问题,而经济增长阶段论和文明冲突论的始作俑者刚好相反,从一开始就很清楚自己所代表的意识形态,对通过著书立说为维护国家利益和政治霸权服务这一终极目标从无半点犹豫和动摇,因而"文化"不过是他们拿来说黑道白的一个玩意儿罢了。

在全球化程度日益加剧的今天,人们只要一谈到发展,就会不由自主地想到经济发展问题。对于多数决策者和学者来说,要测量某一国家或某一地区的经济发展水平,不是件难办的事情。只要算一下国民生产总值和人均收入,便能立马使不同国家和地区间在发达程度和经济能量方面分出高下。然而国民生产总值是否为衡量发展成功与否的唯一标尺?同时,单凭人均收入,我们是否一定就能对社会生活水平的高低与否做出准确判断?从萨林斯到阿玛蒂亚·森和威尔金森,他们以历史事实和实证经验对这些问题的合理性和本身存在的认识论方面的误区做了深刻的揭露。他们的研究和发现,将有助于中国的社会科学工作者在新形势下全面质疑社会进化论、经济增长阶段论以及新自由主义学说,重新审视文化与发展的关系,树立与科学发展观相辅相成的科学的文化观,为和谐社会建设提供可靠和可行的理论依据。

第四讲　文化与发展

　　文化是什么？就是共同生活的人群在长期的历史当中逐渐形成并高度认同的民族经验，包括政治、文化、意识形态、价值观念、伦理准则、社会理想、生活习惯、各种制度，等等。这是在千百年的历史中形成的民族经验，具有相当的稳定性。拿现在的中国来说，我们固然在科技、经济等方面与世界其他地区的交往更加频繁，共通之处越来越多，但我们的老祖宗经过几千年积累下来的文化遗产却不会随着这种"全球化"的发展而全部消失。实际情况恐怕正相反。

——费孝通①

　　几百年来，主导世界的西方文化大量地传播到其他文明中，随着时间的推移，世界已经越来越紧密地联系在一起，这种传播也变得越来越快了。然而，文化交流是双向的，在西方文化快速传播的同时，西方社会也大量地汲取了其他文明的文化，而且这种文化上的交融，每时每刻都在发生着。这些被吸取的"异文化"，经过"消化""改造"之后，成了各自文明中新的、属于自己的内容，并从宗教、政治和意识形态等方面反映出来。可以说，今天世界上不同文明之间已经是"你中有我，我中有你"。今日之世界文明，已非昔日历史文献、经典书籍中所描绘的那种"纯粹"

---

① 费孝通：《进入 21 世纪时的回顾和前瞻》（在第七届"现代化与中国文化研讨会"上的讲话），载《费孝通九十新语》，第 176 页。

的传统文明了。因此我们必须改变过去概念化的、抽象的、刻板的思维方式，以一种动态的、综合的、多层面的眼光，来看待当今世界不同文化和文明之间的关系。

——费孝通[1]

"文化"是人们在日常生活中不时使用的一个词语。为了提高"文化"修养和素质，感受所谓高雅艺术的熏陶，我们会流连于画廊和博物馆，或者成为古典音乐会的常客。我们会在报章上读到精英们对于电视娱乐节目、武侠片、电脑游戏或者摇滚乐等"低级庸俗"的流行文化进行鞭挞的檄文。我们也许会被某位文化大师的作品感动，并以此为标准来评判其他作品的"文化"趣味和风格。而国际政治专业的学者也会着迷于亨廷顿名噪一时的"文明冲突论"，以此作为观察冷战后世界格局的出发点。如只看上下文语境，以上这些有关"文化"的说法似乎顺理成章，完全能够站得住脚。但在当代人类学者和社会学者看来，任何代表精英意识的"文化"话语，无论从理论或者实践层面，都体现了一种片面狭隘的文化观。

的确，"文化"作为人类学学科的一个标志性概念，与那些人们耳熟能详的"文化"话语相去甚远。与动辄就拿"文化"或"文明"说三道四的大师或政客相比，人类学者在运用文化概念时要小心谨慎得多，更加注意不同语境中"文化"含义的明显或是微妙的差异。首先，人类进化对于人性和社会最为深远的影响就是文化的出现，这已成为人类学界的一大共识。而文化的产生使得人类能适应和改造周围的世界。文化还使人类成为最独特的生物群体。与其他动物相比，人

---

[1] 费孝通：《"美美与共"和人类文明》（2004年8月"北京论坛"发言），载《费孝通九十新语》，第319、320页。

类更加依赖群体的力量，而不是个体本能来寻找食物充饥和居住空间。也就是说人类更善于使用大脑来向社会其他成员学习和锻炼自己的生存能力。文化是人类得以学习、分享、适应和表达沟通不可缺少的手段。对于人类学者来说，文化便是用来解释和分析人类行为的重要工具。

为了便于讲清问题，人类学者会用单数来表达"大写的文化"——Culture，即一种全人类共用的能创造和模仿行为、想法以促进自身生存和发展的特性。当然，人类学者也会用复数来表述"小写的文化"——cultures，即那种属于特定社会、团体和族群的行为、想法和传统。这是因为不同的国家和民族在不同的历史阶段有不同形态的文化，而且即便在同一国家内部，还有与不同社会、经济群体和组织相关的不同文化。如果我们接受这一用法，"文化"就不再是"文明"的同义词。在当代人类学者看来，使用"小写文化"的复数形式，不但有助于分析研究对象，而且还代表着一种多元、开明和进步的政治理念。由此看来，我们若对代表"阳春白雪"的高雅文化和代表"下里巴人"的低俗文化进行区分，对于人类学学者来说，既缺乏学理上的意义（详见下文有关"文化"科学定义的论述），还显得徒劳无功。

很少有人质疑"文化"作为一个学科的核心概念本身，对于人类学认识论的成熟和完善以及研究社会发展的重要意义。一百多年来人类学者对"文化"所下的定义可谓五花八门，不胜枚举。在 20 世纪 50 年代，人类学家克洛伯（A. L. Kroeber）和克拉克洪（Clyde Kluckhohn）在《有关文化概念和定义的回顾》（*Culture: A Critical Review of Concepts and Definitions*）一书中便收有 164 种有关"文化"的定义，其中还不包括另外一百多种相当琐碎的概念和说法。如果加上人类学以外学者对于"文化"所下的定义，那情形就更复杂了。

难怪文化研究权威威廉姆斯(Raymond Williams)在其名作《关键词》(*Keywords: A Vocabulary of Culture and Society*)一书中将"文化"称作"英语语言中最复杂的词汇之一"(1983：87)，这可谓一语中的。文化人类学的历史可以说就是一部"文化"概念被反复定义的历史。尽管"文化"是在大众媒体中的频繁出现的一个词语，人类学者和社会学者在运用这一概念时却慎之又慎，唯恐出错。

由于篇幅所限，本讲讨论中将引用范例来论述"文化"概念的使用(或者误用)对于研究社会经济发展实践的意义和教训。自以泰勒、摩尔根和斯宾塞为代表的社会进化论者以来，传统的人类学者常常认同这样一种假设，即：文化是一个自成一体的系统，是"传统"和"现代性"对立二元论中不可缺少的因子；文化从表面上看是变革的阻碍，而且文化一旦发生变化，它会按照一定的规律和模式来进行。本章将以此假设为出发点，通过评述已有人类学文献中有关文化和发展(尤其是以经济增长为主要导向的发展)的有代表性观点，力图使读者更清楚地了解到无论是作为一种学说还是分析工具，人类学意义上的"文化"与发展的理论和实践之间的内在关联。

本讲将从英国首位任职于高等学府的专职人类学家泰勒对"文化"所下的第一个科学的定义开始。在 21 世纪的今天，很少会有人否认泰勒在 1871 年所下的有关"文化"的定义的划时代意义。从某种程度上来说，泰勒的定义使"文化"成为人类学的标志性概念，也为这一在当时尚属年轻的学科在随后一百多年的专业化进程中留下了无限的发展和重构空间。审视文化在人类赖以生存的基本生理活动中的建构功能，使我们对文化的科学性有了更鲜明的直觉体会。马克斯·韦伯对于宗教伦理与社会变迁过程所做的探索，可以说是首开西方学界研究文化与发展风气之先声。以格尔兹（Clifford

Geertz)和道格拉斯(Mary Douglas)为代表的人类学者在 20 世纪六七十年代独辟蹊径,深刻地揭示了"文化"作为符号在日常社会生活中的象征意义,为我们从事发展研究和实践提供了不可多得的认识和分析工具。与此同时,刘易斯(Oscar Lewis)的"贫困文化论"让人清楚地看到,将文化等同于人格和日常行为模式的研究导向,不但会使一位天才人类学家在学术上陷入自设的陷阱,而且还会使其自己的学说成为那些别有用心的政客用作删减社会福利项目的所谓"理论依据"。通过对"文化(符号)资本"这一概念的阐发,布尔迪厄(Pierre Bourdieu)使我们在思考诸如"富人之所以为富"和"穷人之所以受穷"的问题时,终于有了比以往学者更贴切的观察角度和更锐利的分析工具,因而对导致社会资源不公平分配的结构性因素也能有更清醒的认识。新马克思主义学派代表人物葛兰西(A. Gramsci)对于文化霸权的历史洞见,则有助于我们明辨在阶级社会中,统治精英所掌控的"发展"话语体系(如正流行于国际政治外交舞台的"软实力"说法)在维持日常生活中的权力关系的过程中发挥的巨大作用。

文化概念的科学意义

按当今标准,泰勒《原初文化》一书的学术价值并非其所归纳的宗教进化三段论,而是作者在书中提出的下列主张:"文化"作为人类行为和思维的系统有其自然规律,是可以当成科学研究对象的一个人类学概念。也就是说,像语言、习俗、技艺、仪式等文化现象,其实是可供观察、分析和测量的物质现象。泰勒以科学家的口吻对"文化"下了在今天看来仍颇具创意的定义:"文化或文明,是一个复杂的整体,包括知识、信仰、艺术、道义、法律、风俗和任何其他可供人学习掌握以成为社会一员的能力和习惯"（Tylor，1871/1858：1；笔者译文）。这一科学定义将"文化"的外延大为扩大，包括了人类在精神和物质领域的一切活动。对于当今的发展研究者来说，比起当今的某些大师和精英对于文化的狭隘理解及阐释，泰勒对于"文化"的定义要高明得多。泰勒的定义让人们清晰地认识到：文化既可以是"阳春白雪"，也可以是"下里巴人"；文化既是普通百姓的日常行为，也是专家能人的技术创造；在实践中，文化是一种规划、技巧、设计和策略。

当然，从 20 世纪开始，"文化"和"文明"在用法上再也不是可以互相替换的同义词了，人们在引用泰勒的说法时常略去"文明"一词。虽然未能对"文化"与"文明"做出严格区分，但泰勒将"文化"与"文明"置于同一观察水平线上在当时的西方学界已属不易。据此定义，我们可以认为，即使是所谓的"原始人"，也有值得西方人尊重的"能力和习惯"，即文化。针对西方世界存在的对于非西方"未开化"社会的偏见，泰勒之后的人类学家博厄斯（Franz Boas）和马林诺夫斯基以各自的研究证明，西方人眼中的"原始人"不但是有逻辑、有理性的"经济人"，也是才艺高超的"文化人"和受道德约束的"社会人"。

人类学传统意义上的社会是指，特定区域内的特定动物群体以及在此区域内形成的群体关系模式。泰勒的定义中"可供人学习掌握"这一遣词造句，说明"文化"不是通过生理基因遗传，而是通过在特定社会群体中生活、成人获得。在今天，我们或许会觉得这一说法过于宽泛，似乎包容了人这一特殊个体本身从"知识"到"习惯"的方方面面。但当代人类学者在使用经过修正后的"文化"概念时，仍受益于泰勒的定义所定的基调：文化首先是指人自身在特定社会或群体中成长发展的一个学习过程；文化同时为这一特定社会或群体中的广大成员所分享；文化差异会导致人类各种社会或群体在思想和行为方式等方面的差异；文化对于个人心理成熟和社会化过程的作用如此巨大，所以任何"没有文化"却心智正常的人对于其他社会成员来说都是不可想象的。正如多年前哈佛人类学教授克拉克洪在其名作《人类之鉴》(*Mirror for Man: A Survey of Human Behavior and Social Attitudes*)中所言："只要有人性，就会有文化。"

在某种程度上，文化人类学的历史就是一部"文化"概念被反复定义、质疑乃至扬弃的历史。在出版于1999年的《文化：人类学家的说法》(*Culture: the Anthropologists' Account*)一书中，学科史专家库珀(Adam Kuper)生动地讲述"文化"这一特定历史产物是如何被塑造成为在当代人类学者看来不很靠谱的学术概念的。促使库珀写作此书的动因来自象牙塔外的所谓"文化战争"——时不时拿"文化"说事的市场研究专家，以及高唱"文明冲突"论的政客学者亨廷顿之流。在过去的几十年间，被人类学者玩腻（或者说玩坏了）的"文化"，一下子成为可以解释从内战到金融危机和离婚率的屡试不爽的灵丹妙药。然而，当学者们谈到"文化"，他（她）们究竟是在说什么？意欲何为？这正是库珀希望通过审视"文化"概念和话语的历史成因来回答的问题。在书中库珀对围绕"文化"概念的欧美知识谱系进行了细致入微的考察：从20世纪早期法、德、英等国知识分子围绕"文化"和"文明"的论证，到帕森斯时代美国社会科学界对"文化"概念的采纳和吸收(Kuper, 1999：23-72)；紧接着就是有关"文化"在美国人类学学科内安家落户并且成为特殊研究对象的故事。在库珀看来，理论导向迥异的学者以各自不同的方式将"文化"概念置于繁琐的实证研究中进行锤炼，"文化"对于格尔兹来说是宗教和大剧场，对于施耐德来说是生物，对于萨林斯来说是历史。库珀以幽默笔调厘清了现代学术史发展过程中不容忽视的"文化"篇章。他毫不掩饰对学科发展中存在的"文化至上"倾向的疑虑之情,清晰无误地表明了自己的立场:如果人类学者试图对人的思维和行为做出完整的解释,既要靠"文化"说事,也要正视政治和经济权力、社会制度和生物过程。

文化与自然习性的构建

长久以来,人类学者为了探究人类行为和思想的生理和社会基础,一直对文化在人的自然习性形成过程所起的作用有着浓厚的兴趣。在肯定人的生物本性在塑造和与文化互动之间有某种相关性的同时,人类学者更倾向于强调文化在构建人们习以为常的所谓本性时,扮演了不可或缺的角色。然而,如何避免将文化与人的自然习性混为一谈?最容易的办法是通过揣摩文化规范的差异,观察人类是如何采取种种不同的方式、方法来满足看上去最基本和最自然的生理需求,如吃、喝、拉、撒、睡。我们首先得承认:文化始终在影响着我们对食物和进餐方式的选择,以及与吃有关的一系列想法(吃相和饮食戒律等)的形成。为了生存,人体需要补充相当数量的营养素。而食素者即便排斥营养丰富的肉类食品,也不至于愿意过忍饥挨饿的日子。由于文化而造成的人类对食品的口味偏好、差异就更为明显了,所谓"青菜萝卜,各有所爱"。在法国人见人爱的奶酪,就根本没法吊起普通中国人的胃口。

此外,选择生吞活剥还是屠宰后烹饪的食用方式,是人类饮食文化的一大差异。在一些文化环境当中,食用生猛海鲜和活体牲畜,是美食家的必然选择,如在东南亚国家就有品尝待孵化鸡仔的食俗。

在渔猎社会，人们非常在乎食品（尤其是捕捞物和猎取物）的新鲜程度。食用罐装的午餐肉或沙丁鱼，对他们来说就好比是以死鱼烂虾果腹。尽管人类学家和科学家经过跨文化研究已经发现甜、酸、苦、咸是四种最基本的味道类型，实际上不同文化语境中的实际口味种类要繁杂得多。如何吃也是饮食行为的另一个不容忽视的方面。在学习和熟悉异文化时，人们所掌握的第一个规矩往往都与吃有关。在印度，决定吃相正确与否的关键在于，是使用右手还是左手进食？只有右手才是真正洁净的用餐工具（左手在如厕时才能派上用场）。而其他餐具如杯盘器皿之类，由于已经过人手使用，清洗次数再多，也不会变得真正纯净。

有关喝的文化规矩几乎同吃的一样复杂。几乎每一种文化都对喝什么、怎么喝、何时喝以及和谁一起喝，有着繁文缛节的约定和限制。法国人进餐时会饮用相当数量的葡萄酒，美国人通常喝水，而印度人一般是在餐后饮水。饮用饮料的种类也多因人而异。在酒文化发达的国家和地区，酗酒者多为男性。无论饮用的饮料是咖啡还是啤酒或伏特加，聚众畅饮这一行为的社会意义是显而易见的（所谓 social drinking，或者如古人所说的"酒逢知己千杯少"）。美国大学兄弟会形形色色的啤酒"仪式"，更是一个充满戏剧性的例证。有一部名为《蜥蜴》(*Salamanders: A Night at the Phi Delt House*)的民族志电影，就描述了美国东北部一所大学的男生在兄弟会内设立的一个又一个"啤酒站"接力豪饮，在啤酒下肚时他们还生吞蜥蜴，最后一醉方休，倒地不起(Hornbein & Hornbein, 1992)。

如果说文化在饮食方面具有无可争议的塑造力量，那么，对于常人不便提及的拉撒睡这些人们必须每天进行的正常生理活动，是否也有所作用？答案是肯定的。就以睡眠为例。的确，不论人身在何处,似乎只要闭上双眼就能满足这一与文化最搭不上边的基本生存需要。其实不然。文化传统和习惯对睡眠方式和时间有着几乎决定性的作用。跨文化的比较研究发现,婴儿和孩童的睡眠模式至少有三种:与母亲同睡,与父母同睡,或者独自在卧室睡。在许多地区,如南美亚马孙流域,婴儿出生后与母亲同寝达数月之久,以应不时之需(如啼哭时喂奶等)。文化也影响着人的睡眠时间。在印度农村,妇女比男子一般要少睡一两个小时,原因是她们得每日早起,生火做早饭。在金融"海啸"爆发之前,华尔街和其他世界工商业中心的那些"A型男性"(Type-A males)也以少睡为荣,似乎多睡一两小时就会显得懒散无用,缺乏上进心和苦干精神。

不仅是睡眠,就是如厕这一不宜启齿的话题也与文化习俗有密切的关系。我们在国外旅行时要真正做到入乡随俗,弄清楚在哪里如厕是必备条件之一。这一私密行为所显现的,其实是不同文化语境中公共空间的区分规则。如在某些国家,大街上的公厕只供男性使用,不对女性开放。在印度乡间,多数农户没有室内卫生间,妇女们每日的开门第一件事便是成群结队去田地方便。① 而男性村民得另寻处所解决问题。如厕时每人左手拿着盛满清水的小铜锅,供冲洗之用。印度村民们的这一文化习俗具有一定的生态意义。因为,这一则是为农田施了有机肥,再则又不留一丁点儿废纸屑。习惯使用卫生纸的西方人觉得这种如厕习惯不卫生,而印度村民则认为用纸的清洁效果远远不如清水。在许多文化中,粪便是令人作呕的肮脏之物,弃之唯恐不及,更别提有意藏匿了。而在南太平洋的巴布亚新几内亚,当地人会小心翼翼地掩埋自己的排泄物,唯恐被仇人用来

---

① 最近上映的印度影片《厕所英雄》通过一个爱情故事,表达了印度平民百姓希望通过建造现代化的厕所设施来改造村庄的传统陋习,提高生活质量的强烈愿望。

施行巫术而惹祸上身。另外，在有些文化里粪便却又被视作有用之物。太平洋西北部的美洲原住民就认为妇女的小便是"生命之水"，具有药用和洁身属性(Furst，1989)。在某些葬仪上，"生命之水"被洒向尸体，意在激活死者。当地人还将尿水藏于木盒内，供仪式(如婴儿出生之后的首次沐浴)专用。

笔者无意在此冒离题万里之险与读者分享来自异域的奇风异俗，文化对于人的生物本性和自然习性形成的作用，早已通过我们习以为常的生活方式和身体语言得以清晰地体现出来。也就是说，人类学意义上的"文化学习"与汉语语言中的"学文化"意义不尽相同。在前文述及的泰勒的定义中，"文化学习"是指个人如何通过熟悉一整套的规矩和经验，获得从"生物人"转向"社会人"所需要的能力和习惯。在这个被人类学者和社会学者分别称为"濡化"(enculturation)和"社会化"(socialization)的过程当中，个人要掌握的不仅仅是读书写字的本领，而且包括从吃喝拉撒睡等最自然不过的生理习惯，到主宰日常行为的规范准则，也就是下文所论及的世界观和价值标准。

文化作为世界观和价值体系

作为知识的来源，文化在人类学和社会学意义上可以理解为一种价值体系，即特定社群中人们对于其理想生活方式和世界观的信仰。文化作为价值观对人的行为有着深刻却又不为人知的作用。人生目标的制定和对美好生活的向往(如大同社会理想和"美国梦"等)都会受到文化价值观的影响。价值标准因而主导我们的行为方式和处世哲学，是判断善恶美丑、圣洁与污秽的红线。在特定文化语境中，人们将价值观视为道德操守的唯一准则加以维护，甚至为此付出生命的代价。

在很大程度上,包括罗斯托在内的众多现代化理论信徒对于文化价值观与发展的思考,都源于马克斯·韦伯的开创性研究。在韦伯看来,宗教在常人眼中也许是一股保守势力,但其在实践中却可以对社会变迁起到激励作用。这种旨在揭示思想伦理与日常行为之间关联性的做法,在他的时代几乎是闻所未闻。韦伯在《新教伦理和资本主义精神》一书中对价值观和产业资本主义社会形成之间历史意义的探讨,对于此后几十年学界对于现代化和全球化的研究,具有极其深远的示范效应。在该书中,韦伯以阐释文本的方式论述了早期新教领袖所授教义对于资本主义传播的意义。主导的基督教意识形态是有关救世和来世重生的说法。然而,由于多数新教派别并不具有像罗马天主教那样的等级结构,教士的角色也相对较弱,这使得教徒靠自身修行也可获拯救。不论社会地位高低,新教教徒都能获得通向天堂的途径。新教对个体的重视也拉近了资本主义与美国文化间的距离。韦伯观察到源自欧洲的美国新教教徒比天主教教徒更擅长理财和经营。他将这二者间的差异归结于各自所属宗教价值取向的不同。天主教注重现时的快乐和安定,而新教则强调禁欲、创业和开拓进取的精神。伴随着资本主义的发展,在一定程度上代表乡村社会的天主教传统态度会发生转化,最终被建筑在资本积累之上的具有工业社会经济特征的价值观取代(对有些人类学者来说,这似乎能解释工业革命为什么会率先在英国而不是法国这一深受天主教文化熏陶的国度发生)。

早期新教的教义强调苦干、禁欲和逐利,教徒将现世取得的成功归于神灵佑助和可能获得拯救的兆头。根据有些新教的信条,个人通过努力工作就能得到主的恩惠;而有些新教教派则宣扬只有少量人才能获得拯救而永生的命定论。但不管如何，由勤奋工作获得物质成功，可能是教徒能否灵魂得救的一种强烈暗示。韦伯还认为理性的商业组织要求工业生产从农业社会的背景中分离出来。由于强调个人主义的作用，新教使这一分离成为可能。在韦伯眼里，上帝和个人的关系是最重要的，家庭因素次之。按韦伯的思路，新教，尤其是清教，是现代西方资本主义思想的精神源泉，其时的企业活动家也多属加尔文教派，他们为成功而奋斗的动力成为经济发展的一种助力。而这种动力，恰恰来源于为上帝服役的欲望。物质上的成功，便是主恩显灵的迹象。在当今的北美社会，具有不同宗教背景和世界观的企业家获得经济成功的范例比比皆是，早期新教重视诚实和苦干的价值观似乎与现代经济的运作没有必然的关联。但是，新教对于个人价值的肯定与产业主义要求割舍土地和亲族纽带是一脉相承的，这一价值观在某种程度上反映了大多数美国人的宗教背景。

在观察新教对于西方社会发展作用的同时，韦伯也将目光进一步投向在不同文化语境中宗教对于社会和经济生活的影响。通过对东方宗教的分析，韦伯得出的结论是，像印度教和儒教这样的信仰系统是产生西方式的工业资本主义不可逾越的障碍，但这并不意味着这些非西方文明就一定落后，问题在于这些文明所代表的是与西方不同的价值取向。韦伯注意到传统的中国和印度社会在某个时期曾经历过商贸、制造业和城市化令人瞩目的发展，然而却缺乏导致西方工业资本主义兴起的那种社会激变的模式，宗教在社会发展过程中的作用显然不容忽视。比如说，像印度教这样的"来世"宗教，它所强调的最高价值在于逃遁物质世界的苦行，从而在更高的精神层次升华。印度教所产生的宗教情感和动力并不在意如何控制和塑造物质世界。相反，印度教徒倾向于认为物质世界对于人类的精神关注只是一层遮盖的面纱而已。同样,在西方人眼中,儒教所倡导的德行与经济的进步发展也可说是南辕北辙。儒家宣扬与世界和睦共处,而不是改造和掌握世界,因而尽管中华文明在很长一段时期内曾经辉煌灿烂,其宗教价值观却难以对经济发展起到促进作用。为此,许多华裔学者和汉学家对于韦伯片面强调新教伦理对于资本主义促进作用的"西方中心"倾向颇不以为然,并且以不同历史时期的"儒商"案例来修正韦伯理论。笔者无意否定这种努力对于研究中国传统价值观与个人或群体逐利行为之间关系的现实意义,但我们必须看到,韦伯的初衷是想对"历史唯物论"中片面强调物质因素或经济基础的观点加以修正,指出价值观对于人类实践活动的指导意义。

格尔兹的早期田野研究深受韦伯理论的影响。在完成于1963年的题为《农业的内卷化》(*Agricultural Involution*)一书中,他从经济和生态的角度,就荷兰殖民统治对印尼农业发展的过程和前景的影响进行了详尽分析(Geertz, 1963)。在同年出版的《小贩与王子》(*Peddlers and Princes*)一书中,格尔兹通过对爪哇岛的一个穆斯林集镇与巴厘岛的一个印度教徒和佛教徒聚居城镇进行比较,来展示和阐释不同人群的文化和宗教信仰对于经济发展的作用,他认为在某些穆斯林企业家中盛行的文化价值观,在实践中已经产生了类似于韦伯所总结的"新教伦理"的结果(Geertz, 1963)。

然而在肯定韦伯对于文化传统与经济发展之间关联性研究的价值的同时,我们应清醒地意识到这位大师以文本阐释为主的研究方法在实践中的局限性。譬如,如何分辨"言行不一"的问题,也就是说学者的研究对象(包括新教徒和其他宗教信徒)所说的并不一定是他们实际上所做的。就不同宗教对于社会实践的不同作用而言,哈佛大学人类学家华琛(James Watson)提醒他的研究生特别注意宗教实践的两种倾向，也就是他所称的 orthodoxy（"正确的认识"）和 orthopraxy（"正确的做法"）之间的重要区别。华琛在田野研究中发现，在犹太文化区生活的教徒相当拘泥于文本说教，在日常饮食和婚姻选择中扼守教规，强调"正确的认识"对人生的意义；而在儒教文化区，孔孟之道的说教固然重要，但对于目不识丁的普通百姓来说，在日常的婚丧嫁娶等社会实践中，更重要的是遵循一套"正确的做法"（可以是口头流传的规矩和习惯，而不是以那种学究式的引经据典来作为他们的行动指南）。

总之，如果我们不假思索地套用韦伯的方法来对文化价值观与经济发展之间的相关性进行探讨，就难免会得出经不起推敲的价值判断（亨廷顿已经为我们提供了极端的例子）。韦伯留给我们的最具人类学意义的教训就是，如何在实践中区别"理想文化"（ideal culture）和"实际文化"（real culture）。在论及特定语境中有关价值观、信仰和理念的问题时，任何有田野工作经验的人类学者都会避免将"理想文化"和"实际文化"混为一谈。自马林诺夫斯基以来，众多人类学者发现"理想文化"（即人们所说应该做和应该发生的那些现象），哪怕看来是当地人耳熟能详的常识，往往会跟"实际文化"（即人们的真实行为）极不一致。在美国的国际学生对此体会良多。初来乍到的留学生一般都会为美国社会中来自不同阶层、族裔、宗教背景甚至地域的人，在日常生活中所受到的不平等待遇而惊讶不已，因为这一严峻现实与他们来美前所知晓的崇尚人人平等的美国式普世价值观相差甚远。

另一个同样令人深思的例子来自笔者的任教经历。笔者在霍普金斯大学高级国际研究院（SAIS）的同事道格拉斯（William A. Douglas）教授（时任该院国际发展部主任）曾不止一次地提醒我们,不要被有关"理想文化"的话语蒙蔽,哪怕这些话语是当地人亲口所说。道格拉斯本人在 20 世纪 60 年代任职于韩国时,不时听到当地人抱怨他们经济落后的根源在于儒教思想的禁锢,是封闭保守的观念使国家难以跟上现代化发展的步伐(当时现代化理论正盛行于该地区)。而当 30 年后他故地重游,当年旧友在谈到韩国成为东亚"四小龙"的内因时,却时时不忘强调儒教伦理对于经济腾飞的巨大作用。道格拉斯所谈到的韩国人在不同语境中对发展成因所做的似乎自相矛盾的解释,绝非个别现象。这不但让我们注意到人类学者强调的"理想文化"和"实在文化"间的距离。更重要的是,这些"文化"话语体现了儒教文化在 20 世纪韩国的不同发展阶段对于当地民众的不同象征意义。也就是说,在社会实践中,文化不但可以是行为规范,更可以是一套内涵丰富的符号象征系统(见下文详述),从而供动机不一的人们在不同的场合和语境中灵活使用。

文化作为符号和象征体系

这是一个笔者在读博时听说的发生在 20 世纪 70 年代的故事。一批美国和平队队员在南美某国某部落当义工。这些美国人与当地原住民交往时遇上了意想不到的沟通上的麻烦事。只要和平队队员在工作之余想独处歇息,总有热情的原住民围上前来搭讪。这些和平队队员对此颇感纳闷,然后开始觉得厌烦,最后就想方设法躲避当地人的"纠缠"。在西方人看来,个人独处冥思是不容他人干扰的私密性极高的事情。而根据当地的习俗,人的日常生活绝对离不开在社区与他人的交往,只有巫婆和疯子才会独自一人生活,既然这些美国人既不会行巫也非神智不全,那么他们的"孤独行为"只能说明当地人还不够好客。随着和平队队员土话水平的日益提高，双方终于领悟到这一由于文化差异导致的误会。问题的症结就在于：在当地人的眼中，独自下地干活和独自沉思这两种行为表达的是两种截然不同的象征意义。

即便在单一文化传统中，哪怕像眨眼睛这样单调的行为也会因语境或场景不同而具有不同的含义。在《深描》（"Thick Description"）一文中，格尔兹曾就两个男孩互相间眨眼睛这一动作进行了一番抽丝剥茧般的描绘和分析，揭示出其中传达出的丰富意义（Geertz，1973）。在他看来，眨眼这在常人眼中再简单不过的动作表达的意思却是多层次的：作为一般生理反应的眨眼和使眼色的眨眼在意义表征上的差别既显而易见，又难以言传（Geertz，1973：6）。格尔兹的精辟论述承继了韦伯研究符号象征意义的学术志趣，并加以极富想象力的拓展和阐发。格尔兹视野中的文化是一个模式化的整体，是一个符号意义系统，而这一符号意义系统是通过客观事物和人物的行为得以公开展示。人类学田野研究的一大挑战就是如何将类似于男孩互相眨眼所传递的各种不同意义（是生理反应引起的动作，还是模仿、暗示、假装眨眼，或是具有反讽意味的动作重复），在一个"深描"的过程中表达出来（Geertz，1973：5-10）。由此可见，文化就是层层叠叠的文本，充满了人们的各色话语。要掌握"深描"的本事，人类学者就得学会在特定的文化语境中阅读这些"文本"（这显然不是普通文本）以寻找地方性知识，而不仅仅是揣摩当地人的行为，因为没人有能力知道他们脑袋里到底在想些什么。所以，在以格尔兹为代表的人类学者看来，文化的主要构成部分是诸如符号、动机、情绪和念想之类相当主观的东西，而不是一般意义上的行为。

格尔兹的文化观在人类学界内外产生了深远的影响。文化，尤其是地方性文化,开始被看作是一种供当地人阅读和研究者阐释的意义丰富的"文本"。人类学者可选取文化中任何他们感兴趣的方面,通过"深描"获取细节以达到阐释文化意义的目的。而文化意义在任何公开表达的符号形式如言语、仪式和习俗当中都可找到。格尔兹对巴厘岛斗牛的精彩阐释(Geertz,1973:412-453)表明,游戏和体育运动与宗教仪式和节日一样,是解读社会关系和文化理想的极好素材或文本。这些文本既是表述基本理念的文化模式,也是为了在特定文化语境中灌输理念和价值观的社会化过程而存在的模式。比如说,我们可以把美式橄榄球视作美国文化的重要象征加以解读,以"破译"隐藏在这一高度仪式化的事件中的符号的方式来获得对现代生活本质特征的认识。阐释人类学意义上的橄榄球赛是一个文本,赋予了我们文化阅读的机会,得以领会以专业化为基础的社会分工特征以及贯穿其间的团队精神,也加深了对工业社会企业文化的理解。

从严格的意义上来说,转向符号和象征人类学研究之后的格尔兹,已经不是那位曾经借鉴韦伯的综合分析手段,在传统实证考察的基础上对文化与行为之间的互动性做出因果相关判断的田野工作者了(见上文专述)。马克思主义人类学家沃尔夫(Eric Wolf)对此评论道:格尔兹的贡献在于指出人们对于社会行为的了解是载于符号之中的。然而问题在于:我们如何来领会这些符号载体的意义?就权力运作而言,是否有些载体比另一些更重要呢?是否有些载体更具抗压韧性,而另一些却转瞬即逝呢?这些符号载体是被谁以何种方式"带入"社会生活的?在何种语境中这些载体得以登堂入室、重复生产和扩展放大?其"文化"隐喻已不是互为关联的变量系统,而是一种极为松散并随时脱节的章鱼状物(Wolf,1998:60)。

另一位对文化符号系统做过深入研究的是英籍人类学家道格拉斯。在其《洁净与危险》(*Purity and Danger*)一书中,道格拉斯从文化和社会层面重新定义了"尘土"(dirt)一词,指出这一英语常用词的语义丰富程度远远超出了生化和公共卫生常规意义的范畴。为了使大家对道格拉斯的文化观有更深的体会,笔者在课堂教学中曾尝试让乔治城大学和SAIS研究生院的学生写下他们自己对"尘土"一词的定义。这一办法很有成效。由于这两所学校的学生来自美国和世界各地,所以当他们写下对"尘土"一词的定义时,就等于两位互相眨眼的男孩一样,发出了有关自己的文化背景和价值取向的信号。果不其然,学生们对"尘土"一词的定义可谓五花八门,有的充满了科学性,有的显现出了道德评判的意味。

这一"实验"结果也许正是道格拉斯所希望看到的。她在《洁净与危险》中强调:在包括西方在内的所有社会中,人们对洁净的关注不但是出于卫生的考虑,更重要的是对于秩序的维护。在她看来,在人们日常生活的世界里,并不存在像尘土这样绝对肮脏的东西;尘土之所以脏,是因为它没在它应该在的地方。打个比方说,鞋子本身不脏,但如被置于铺着洁白台布的餐桌上,看来就很刺眼;如果我们在厨房里看到属于卫生间的物品,或者发现衣服上沾了遗留的食物,肮脏的感觉就会油然而生(Douglas,1966:48)。通过对一个简单词汇进行人类学解析,道格拉斯巧妙地让我们看到了符号在人们的分类中扮演的角色。在特定语境中,人们定义"尘土"一词的过程其实就是在按照某种约定俗成的社会和文化秩序进行价值判断。比如,由于猪肉无法在早期犹太教规有关洁净食品的范畴中找到合适位置,难以归类,也就进入了禁忌食品的行列,成了某种意义上的"尘土"。而在纳粹德国,犹太人在希特勒的种族学分类系统中被视作"尘土",

不幸沦为种族清洗对象。出于同样的原因,在北美和南非的黑人以及印度的低种姓族裔和贱民,都曾被统治层视作其所在社会的"尘土",是一种文化和政治意义上的"污染源",受到隔离、歧视和迫害。同样是以解析文化符号为研究特色的人类学家,道格拉斯的文本阐释要比格尔兹更为有效,因为她更直接地让我们看到文化作为象征系统和在社会中无处不在的权力之间的关系。

"贫困文化"的误区

如果仅从财政层面考虑,在西方资本主义社会消灭绝对贫困现象并非难事。在 20 世纪 60 年代的美国,脱贫的直接费用与当时全国烟民一年的买烟花销总和大致相当。事实上,如果把这样一笔脱贫费不经过联邦和州一级的机构而直接交到穷人手里,贫困人口的平均收入将远远超出贫困线。那么,为什么这一在常人看来用财力即可解决的问题,反而成了困扰世界上最富裕国家的一大顽症呢?其中的主要原因在于决策者在解释贫困现象时通常采用两种思路:一种是将贫困归咎于个人;另一种则是从社会结构中存在的个人所无法抗拒的力量中找原因。尽管明眼人都知道第二种思路与实证观察所得的结论大致吻合,在制定具体政策时占上风的却是第一种思路。这是因为认为穷人应为自己的悲惨境遇负责的看法,在西方社会由来已久。诸如 19 世纪济贫院之类解决贫困问题的机制,是建立在一种认为贫困是缺乏个人努力或由于病态所致的想法之上的。现代化理论的支持者们也倾向于认定工作伦理、成功欲望和强烈的个人主义情绪是发达社会的象征,而缺乏个人奋斗意志、拒绝面对现实的宿命论倾向则是传统社会难以摆脱的痕迹(见第三讲有关现代化理论的述评)。

由于受到"社会达尔文主义"的影响,西方社会的决策者通常会对穷人有这样先入为主的假设:缺乏技术知识和向上的动力,学习和工作能力均低于常人,而且道德涣散、体质羸弱,故取得成功的可能性微乎其微。支撑这种假设的是一种所谓的"常识",即人的社会地位是其才能和努力程度的必然反映,能者成功而无能者失败就是我们所不得不接受的活生生的事实。这种常识在20世纪七八十年代的英美社会中是相当一部分精英的共识。可笑的是,这些精英从未领过分毫福利补助,对穷人缺少必要的了解,自然对贫困现实一无所知。在当时执政者开始实行"劫贫济富"的大环境下,许多学界内外人士开始从穷人的生活方式、生活态度和他们对生活的期望,而不是不合理的社会制度本身来探讨贫困的原因。而为这种偏见提供部分理论支持的,是人类学家刘易斯(Oscar Lewis)建构的"贫困文化论"。

如果说像韦伯那样的学者是通过论证发展与文化价值观的相关性来探讨有无"苦干致富"的捷径,那么刘易斯想回答的基本上就是一个"穷人之所以受穷"以及贫穷如何塑造穷人人格的问题。他将贫困和与贫困相关的一系列特征统统视作一种自成一体的亚文化,以及一种代代相传的生活方式(Lewis,1968)。尽管他对造成"贫困文化"的政治背景(如种族歧视和隔离政策)有所揭露,其主要的研究目的则在于通过阐发和运用"贫困文化"这一概念,阐释穷人的人格行为以及持续性贫困的原因。他将穷人,尤其是居住在北美的以墨西哥裔为主的拉丁裔移民,刻画成挥霍无度、缺少时间观念和行事规划,以及充满旺盛性欲的"特殊人群"。正是由于穷人的这种特殊心理行为特征,使之陷入穷困的恶性循环而难以自拔。而今,绝大多数在以墨西哥裔为主的拉丁裔社区做过田野研究的人都会毫不犹豫地指出：刘易斯用于阐发"贫困文化论"的理论框架实在过于简单，难免会犯认识论方面的低级错误。城市人类学家布儒瓦（Philippe Bourgois）根据自己在纽约东哈莱姆波多黎各移民居住区历时三年的实地调查经验，对刘易斯的"贫困文化论"有如下中肯的评价："刘易斯的方法植根于弗洛伊德式的文化以及在 50 年代主宰人类学的人格范式。他没能注意到个体的生活是如何受制于历史、文化和政治经济结构的。30 年之后，我们以一种后见之明，不难对他的这一过于简单划一的理论框架进行批评。在刘易斯对一贫如洗的波多黎各移民所做的简约归纳式的心理描述中，看不见有关阶级剥削、种族歧视，当然还有性别压迫，以及特定语境中文化意义的微妙之处。"（Bourgois，1996：16）

　　刘易斯的观点不但难以摆脱 20 世纪西方资本主义发展特有语境的影响，甚至还在某种程度上迎合了现代化理论追捧者的说法。在自由市场条件下，所谓"成功人士"，多有积极进取的精神和冲劲，具有充分利用一切可以利用资源以及将工作效益最大化的价值观。而与此相左的行为准则和价值观，通常被看作是穷人特有的消极特征以及穷困之源。虽然刘易斯本人深受马克思主义思想的影响，并一度向往社会主义，他在研究穷人的生活方式时却很少强调社会结构和主观能动性的作用。刘易斯成书的 20 世纪 60 年代适值美国政府调整制订一系列"向贫困宣战"的福利政策，而旨在消除贫困的任何来自决策层面的动议都面临一个两难选择：要么是以经济制度这一失业和未充分就业的源头为目标加以攻克；要么是以改变穷人的价值观和行为为目的。最后，多数反贫困的福利改革都是以改变穷人的"落后"价值观和"不良"行为作为扶贫的最终目的。由此可见刘易斯的"贫困文化"这一原本为人类学家所错用的文化概念的"无心之过"，对福利政策的制订和修改的确产生了不利于维护穷人福祉的副作用。

社会学家默里(C. Murray)通过阐发刘易斯的观点,形成了他的"依存文化"理论:在福利社会,老弱病残孤寡者属于一个特定范畴,以政府救助而不是进入劳动力市场自谋出路为生存手段(Murray,1984)。这一不断成长的"依存"亚文化起到了削弱个人奋斗的意志和自我救助的能力。也就是说,长期享受福利救助的人已经过惯了饭来开口的日子,缺乏自谋出路和自食其力的动力和斗志。一些通过问卷访问得到的数据,似乎为"依存文化"的说法提供了有力注脚。在美国前总统里根执政期间相当得势的保守势力也不断通过传媒,企图向纳税人传达这样的信息:接受福利救助者由于缺乏自身努力,理该受穷。

然而在穷人社区做过深入研究的学者,都会毫不犹豫地告诉你,这一说法充满了有钱人特有的偏见,而且与事实相距甚远。社会学家瑞安(William Ryan)对将贫困原因归罪于穷人本身的说法(英语的表述为 blaming the victim)提出了警告。他指出只看到穷人的不足之处,而对造成贫困的社会力量熟视无睹,无助于贫困问题的解决(Ryan,1976)。当然这并不意味着贫困全都是社会的错,穷人对自己落入潦倒的境地也应负有一定的责任。然而贫穷也好,富贵也好,都是个体与社会环境复杂互动的一种结局,因而人类得以一代接着一代在一个又一个社会当中,延续种姓和阶级制度。美国的社会分层制度,也是特定历史和社会条件的产物。用萨林斯的话来说,贫穷是一种由文明发明的社会地位(参见第三讲有关论述)。

如何避免滑入"贫困文化论"的泥沼?笔者认为,研究者完全可以发挥社会学家米尔斯(Wright Mills)所说的"社会学的想象力",使自己获得一种将存在于个人生活层面的细枝末节与宏大的社会力量相联系的能力,培养自己对于个体经历和外部世界之间关系的敏锐反应。米尔斯认为不管个人的行为是如何私密和琐碎,如果将其放在一个大框架内研究,必定能加深我们对自身和周边现象的了解(Mills,1959)。作为普通人,我们的视线难免会局限在由家庭、亲朋好友和同事构成的微观世界里。这不但使我们有坐井观天之虞,更有无法认清自身所处环境及其特征的可怕后果。而社会学的想象力恰恰能使我们摆脱井蛙之见,清晰地看到个人的生命轨迹与社会事件的结合点。当社会进入工业化阶段,农民进入城市打工,多半是一种不得已的选择。当一个国家卷入战争(如以巴冲突和美国发动的伊拉克战争),或者发生百年难遇的汶川地震,孤儿寡母和背井离乡的惨景不是仅靠个人力量就能控制住的。当2008年的华尔街金融风暴袭来,从底特律汽车城到东莞工业区,都会有工厂倒闭,工人失业。无论你是多么勤恳的员工,无论你的业绩多么出色,你都难逃由经济大趋势带来的这一厄运。

社会学的想象力给予我们的其实就是这么个平实的道理:人的行为时刻受制于他(她)所属的社群以及其中发生的社会互动。人的行为方式、人格、生活选择和社会阅历是他(她)所处的特定时空条件决定的。然而包括刘易斯在内的学者都会在实践中忽视这一显而易见的社会事实。如果无法得到实证支持,任何诸如"文明冲突"和"贫困文化"的精英话语,其价值都不过是让浅薄的媒体人进行炒作的辞藻和标签而已。

"小农心态"之辩

加州大学伯克利分校(UC - Berkeley)著名人类学家福斯特

(George M. Foster)1965 年发表于权威学科期刊《美国人类学家》(American Anthropologist)的经典论文中,提出一个与当时流行于学界的"贫困文化"呼应的观点,即:不管是墨西哥还是南欧的小农生产者,其世界观与地球上其他地方的农民极为相似,可以用一种"有限物品的意象"模式来加以概括。身处物品稀缺情境中的农民大都深信:生活中的美好事物不光数量有限,而且始终是在一种供不应求的状态。福斯特认为:在农民的信仰体系和想象空间里,诸如富裕、爱情、健康、血缘、地位、财产、荣誉和友谊这类道义和物质层面上的东西有着固定不变的存量(Foster,1965)。也就是说,在特定的区域范围内,任何个体或者家庭通过勤劳苦干来改善自身经济福利的努力没有太大的意义,因为你一人或一家致富的所得,是建立在邻家或其他村户损失的基础之上的。如果某人发财并因此得以呼朋唤友,他就有受到攻击的危险(如俗语所说"人怕出名猪怕壮")。因为在特定社会群体中能获得的财富和资源必定有限的情况下,某人获取的好东西越多,其他人得到的就越少,也就是说他的成功也必定是以其他人的失败为代价的。这种看法与平分蛋糕的逻辑相似。一块蛋糕切成八份在八人中平均分配,每人一份。如果有人得了两份,那么其他七人就只能瓜分余下的六份。原先的均衡秩序也就被打破,麻烦也就会找上门来。

在福斯特看来,这种"有限物品的意象"显示出农民社会中存在着高度的个人中心主义思想。农民对合作经营缺少意愿,他们通常采取保守主义者的态度来反对和阻挠变革与进步。在宿命论世界观的影响之下,农民更愿意将地下埋藏的宝贝或者彩票抽奖视作向上流动的资源。因为那种资源存在于农民社会之外,属于纯粹的命运大礼(不在"有限物品"的范畴之内),而不是劳动所得。在福斯特看来,与"有限物品的意象"相关的人格特征还包括嫉妒、怀疑、被动和消极等。与此相连的是前工业化时代普遍存在的一种情愿维持现状的"小农心态",足以使人打消发家致富的念头。

福斯特的"有限物品的意象"模式是曾经风靡一时的文化人类学心理和认知学派的产物。遗憾的是,他试图在民族志文本中描写农民心理肖像的努力,终究还是加深了普通读者对农民这一群体的文化成见和刻板印象。必须看到的是,福斯特在加州大学伯克利分校人类学系显赫的地位,他教授过的包括华琛在内的年轻博士生们不得不带着认知人类学理论范式和研究方法指南去世界各地进行有关农民心态的田野研究。有意思的是,华琛本人在香港新界田野研究不到一周,就发现文化人类学心理和认知学派的研究套路可能只能使用于墨西哥农民,对于研究香港地区的普通村民毫无作用。他必须"重新发明"(reinvent)研究方法。一旦放弃了单纯寻找华南农民"心态"(mentality)的意图,华琛很快就从当地人日常生活结构中找到两大田野着眼点,即国际移民和亲族实践,而没有为事先预设的"问题意识"和认识论框架所困扰。

在 20 世纪 60 年代,美国学界对农民问题(从农民革命战争到农民心态和日常生活)显示出浓厚的研究兴趣,跨学科探讨风气浓厚。这使得福斯特的"有限物品的意象"模式与前文提及的刘易斯的"贫困文化"理论一起成为理解农民社会的文化逻辑起点。然而,这一模式在多大程度上反映了农民的理性意识和"小农心态"? 他这个明显的客位视角(etic perspective)到底有多少启发意义? 福斯特田野描述中的农民社会或多或少是一个封闭的体系。而实际上那个时代的农民社会,早已是沃勒斯坦所说的资本主义世界体系的一部分了(参见下篇相关论述)。

文化资本与"符号暴力"

在个人主观能动性和强大的社会结构力量之间，还有没有其他方法可以用来解释持续性贫困这一阻碍发展的全球现象呢？布儒瓦通过田野研究发现，他所结识的那些波多黎各移民的后代，并非一开始就选择从事贩毒这条致富"快车道"（Bourgois，1996）。与罗斯托和亨廷顿之流的臆测相反，这些毒贩都曾经像白人族群中的多数人一样，努力地追求主流社会所认同的"美国梦"。然而他们最终未能成功的原因，并非缺乏主观能动性，而是他们在美国族裔分化的社会结构中的固定位置。强大的结构性力量使他们无法从现有资源中获得"文化资本"——一条能使他们通过接受教育来改变自身社会地位的主要路径（Bourdieu，1984）。

通过阐发"文化资本"这一概念，布尔迪厄将特定阶级拥有的经济力量和与之紧密相连的特有文化资质加以区分。在他看来，阶级差异不仅存在于经济生产和交换过程中，而且还在物质和文化消费领域得到充分体现。职业和收入是经济资本的来源，而生活方式和高雅品位的形成，必须依靠文化资本的积累。而布尔迪厄想了解的是，文化资本经过代际传承之后，如何影响各阶级在日常生活中社会地位的高低以及在阶级对抗中的势力消长。在对 1 000 份调查问卷分析的基础上，布尔迪厄和他的研究小组力图考察阶级差异对消费模式和趣味爱好的影响（Bourdieu，1984）。调查结果显示，属于不同阶层的人群对于喜好的画家和音乐作品有着明显的差异。而这差异常常同被调查者的受教育程度和其父亲的职业有一定的关联性。对于中上层人士来说，与他们心目中属于最低档次的生活必需的消费保持距离,便是体现阶层差异的最好方式。比如说,欣赏抽象美术、文学和各类充满"智慧性"的闲情逸致,便是上层人士与劳工阶级在文化消费上保持显著差异的手段。在布尔迪厄看来,教育是下层人士学会上层人士擅长的这种"体现差异性"的游戏规则,进而获得文化资本的极佳途径。我们在中文语境中常常使用的"没有文化"或者"缺乏教养"的说法,用布尔迪厄的话来讲,无非就是由于阶级出身而导致的"文化资本"匮乏。缺少文凭或学术职称的一些企业老总们,要将自己充足的经济资本转换为文化资本,除了重返校园苦读,还可通过购买网上文凭或捐资担任大学的名誉博士这一捷径实现。

文化资本的传承是决定社会地位的关键因素,一般通过家庭教育和学校教育来完成。有时文化资本像是带有某些"遗传"特征,如人们的吃相和对所谓高雅艺术的品位。那种在特定的家庭环境中耳濡目染、积累文化资本所形成的"惯习"(habitus),在不经意间成为自身生活实践的有机部分,变成一种身体语言。除了穿着打扮和举止投足之外,我们在各种场合说话时的遣词造句也在显示自身的社会地位,这可以说是一种微妙的运用文化资本的方式。在20世纪的英国,这种文化资本表现为一种"贵族气"的口音、腔调和优雅的谈吐,能够显示说话人的教养和教育程度(也就是说,文化资本的拥有量)。来自平民阶层的人士为了在劳工市场获得理想的职位,就得通过教育培训改变自己的方音和"不规范"的用语,以求获得可以转化成社会和经济资本的文化资本。而各级学校、政府组织、教会和老牌媒体等正式机构的存在,有效地维护了这种显示规范优美用语的文化资本的权威性。布尔迪厄将这种语言实践看作是出身卑微人士获得文化资本成为上层精英的重要途径。那些平时不能或不屑使用这种拿腔拿调的贵族式语言的平头百姓,事实上也默认了这种特殊语音所代表的"象征性的主导地位"（Bourdieu，1984）。

　　在布尔迪厄看来，教育制度的存在实际上是这种"符号暴力"的延续：上层人士的优雅口音是一种象征其地位并在有意无意间体现其阶级（或种族）优越感的语言符号，从而在精神上压迫来自劳工阶层的那些所谓"没有文化教养"的下等人。据笔者观察，在北美社会，屈服于这种"象征暴力"的不仅仅是黑人和墨西哥裔等传统少数族裔，更多或许是来自大中华地区的华裔移民。他们由于语言和文化差异原因，在日常生活中不免有"二等公民"的感觉。为了使在美国出生的下一代免受其苦，他们在添置房产时特别注意选择好学区。而谁都知道，好学区往往就是房价居高不下的中上收入阶层的居住区。

　　依照马克斯·韦伯的说法，我们可以说这些新华裔之所以为了后代受到高质量的教育宁愿付出高昂的经济代价（即承受住房按揭贷款的压力），是深受中国传统文化尤其是儒学价值观的影响。然而，如借用布尔迪厄的洞见，我们便可看到问题的另外一面：这些新华裔正是通过经济投入，力图在教育方面为后代挣到自己所缺乏的文化资本。在这里，"文化资本"是指将来自良好家庭的文化优势通过教育传导给后代，从而维持阶级间差异的过程。当然，布尔迪厄或许会认为这种新华裔的努力是徒劳无功的，因为经济资本的多寡往往限制了其积累文化资本的能力。在笔者曾居住过的美国马里兰州的蒙郡和马萨诸塞州波士顿地区，华人一到周末就急着送孩子去主要由华人开办的中文学校、舞蹈音乐班或数学补习班。而一些白人或犹太人开办的久享盛誉且"贵族气"十足的芭蕾学校和马场，却因收费昂贵鲜有新华裔光顾。包括新华裔在内的北美少数族裔，为了实现"美国梦"，拼命积累经济和文化资本，实际上已经成了受制于某种意识形态的牺牲品（见下文有关葛兰西"文化霸权"的评述）。

"文化霸权"与"软实力"

　　有关文化作为意识形态的马克思主义经典学说已广为人知。本节重点评述由意大利共产党领袖葛兰西首创、旨在补充和发展马克思主义文化观的"文化霸权"论。由于投身共产主义运动，葛兰西曾被墨索里尼当局投入牢狱。受到疾病劳累、同志误解和法西斯暴政迫害多重打击的葛兰西仍然保持着其过人的思维分析能力，在令人难以想象的条件下坚持阅读写作，其文字经后人整理成传世名作《狱中札记》(*Selections from the Prison Notebooks*)，对西方马克思主义理论乃至整个社会科学领域产生了巨大影响。

　　葛兰西在其短暂的职业革命生涯中，一直在苦苦思索的问题之一就是：为什么共产主义运动是在工业基础薄弱的俄国取得成功，而在资本主义世界的核心地带却难有真正建树？按照马克思主义的一般解释，这是因为在资本主义社会，受压迫的劳工大众的阶级意识尚未觉醒，无法摆脱代表统治集团的主流意识形态的束缚。在实践研究中，这一将普通民众仅仅看作是被动接受统治阶级思想灌输的受害者的看法，并不能完全令人信服。葛兰西提醒我们注意到权力构成的两个层面。首先是来自经济和军事层面的物质性权力，通常表现为统治阶级在维持其绝对主导地位时使用的强制暴力手段。依赖物质性权力的做法显然是代价高昂且难以持久有效。其次是在文化层面通过产生认同和共识来控制民众，提供一定的物质回报，以及利用学校和其他机构（如教堂和大众传媒）作为平台传播代表主流意识形态的理念，从而劝导被统治者接受其统治的合法性。这种趋向怀柔的统治方式显然比使用军队和警察血腥镇压要高明得多。如果统治者以此种方式运作权力取得成功，也就是说，当被统治者对统治者在文化精神领域占据的高地难以构成威胁时，葛兰西所说的"文化霸权"就开始发挥作用，稳定和维持阶级关系的现状。能否有效控制属于意识形态的信仰和价值体系，是统治者能否对被统治者（如劳工阶层或少数族裔）实现霸权的关键。在美国，代表18、19世纪新教信仰理念及盎格鲁-撒克逊移民利益的统治集团，将自己的语言、文化信仰和习俗强加给被征服的北美印第安原住民，使之驯服和开化，是施行文化霸权的典型案例。

必须指出的是，在日常社会和政治生活中体现的这种霸权，往往不是绝对的。文化霸权自建立之日起就随时有被挑战的可能。比如说，前文所论及的以罗斯托"经济增长阶段"论为指南、深得现代化理论精髓的新自由主义经济学说，在包括拉美国家（冷战时期国际组织的主要受援对象）在内的发展中国家形成了足以主宰发展实践话语权的文化霸权，最终引起了该地区知识分子和底层民众的反弹，导致马克思主义流派风靡拉美学术界和"依附文化"理论的产生（见下篇专述）。

或许是从葛兰西的"文化霸权"论中获得了灵感，哈佛大学肯尼迪政府学院院长约瑟夫·奈（Joseph Nye）自20世纪90年代初以来，通过著书立说，并结合自己参与处理美国外交事务的经验和体会，提出"文化软实力"（soft power）理论（Nye, 1990 & 2004），一时语惊四座。如果说葛兰西关注的是文化形式和社会结构如何互相联系，通过"霸权"来维持国家内部的政治秩序，那么奈急于回答的是美国如何在炫耀军事和经济实力之外，运用柔软却更为精巧的"软实力"，以和颜悦色的方式向世界各国和地区（包括美国的敌国）推销其民主立国和市场自由理念。葛兰西认为，统治者为了达到掌控被统治者的目的，通常会选择使用比绝对暴力更有效的杀手锏。同样，面对冷战后国际政治复杂形势,奈认为,时任总统小布什仅靠武力征服伊拉克,恐吓伊朗和朝鲜,而不善于利用软实力解决问题,其结果自然是不尽如人意了。如何制定软硬兼施的外交政策,是新任总统奥巴马的当务之急。在奈看来,美国的文化和价值观应该是奥巴马的软实力之源。

尽管奈的"文化软实力"说大有重拾葛兰西牙慧之嫌,我们得承认它比亨廷顿的"文明冲突"论还要棋高一着。其根本原因在于两人对于文化本质的不同理解以及在拿文化说事时所采取的不同方式。奈在有意无意之间已经接受当代人类学者和社会学者业已形成的共识,即文化是一个与权力实践紧密互动的过程。而对亨廷顿来说,文化似乎永远是静止不动、铁板一块的传统,即便是美国国内令人瞩目的"多元文化"现象,也没能改变他那属于19世纪的文化观。

尽管在后人的挑剔眼光中,泰勒的"文化"定义似乎不够缜密,但我们还得承认,恰恰是泰勒这种洋洋洒洒和包罗万象的气质及精神,极大地拓宽了人类学者的观察视野。对于发展研究来说,泰勒的定义无论在理论还是方法论的层面都极有教益。

在很大程度上,马克斯·韦伯的研究使人类学家的研究重心在二战结束之后渐渐地从与世隔绝的"部落"文化,转向关于现代化及其带来的社会和文化冲击在全球范围内的影响。这对于人类学发展研究的进一步完善显然居功至伟。更重要的是,尽管韦伯似乎钟情于现代性、资本主义的出现与理性、加尔文教传统之间有机联系的阐述,他并不接受19世纪社会进化论中文化的单向阶梯式进化模式。韦伯对于世界历史的跨文化分析和理解,使后人看到经济和技术并非沿着一条单向度的发展路径、朝着同一方向和目标、完成所谓的"从传统到现代化"的进步。

在韦伯阐释的基础上，格尔兹将文化研究推到了一个前所未有的高度。他倡导的文本"深描"法，使得以参与观察为基础的田野工作的内涵变得更为丰富。尽管格尔兹并没有放弃人类学整体观的原则，然而他主张学科向人文转型，远离实证传统，难免造成了文化分析过程中拘泥于符号意义而忽视权力存在的不良后果。可以说，他创立的学术新范式为后现代精英话语提供了最初的平台。

布尔迪厄的"文化资本"概念对于理解文化、权力与发展的关系有着极为重要的意义。它促使我们以一种马克思主义者的心态审视教育与"文化资本"的积累对于个人和社会发展的决定性意义。在当代中国，文化的创造和消费也被分成不同等级，并与社会分层相互对应。那些担当精英文化代言人的大师们就培养高雅趣味发表高谈阔论，其实就是在显示自己的文化资本。而他们所鼓吹的"文化"品味，对于普通大众来说，意义非常有限。直至今日，国内一些学者甚至也以"贫困文化论"的逻辑来论证贫困地区发展滞后的必然性。这种带有19世纪社会进化论痕迹的文化观，很难说对全球化和地方转型时代的发展实践研究有多少指导意义。

在结束本讲时，笔者必须指出：在20世纪末，西方学界伪科学文化观的主要代表亨廷顿之流，充分利用他们在权力结构中的主导地位，故意误用"文化"概念，重弹"社会达尔文主义"的老调，企图在维持国际霸权和国内社会秩序的过程中延续白人至上之美梦。令人遗憾和不解的是，亨廷顿的险恶用心似乎还没有被国内学界的新一代学者识破。因而，我们提倡在当今中国的社会科学研究中充分借鉴和灵活运用人类学和社会学的观察角度及文化分析方法，努力摈弃精英文化话语中蕴含的优越感和傲慢态度。这对于深化文化与发展的研究，将是一次兼具学术价值和现实意义的科学实践。

第五讲　文化相对主义与发展实践

　　要进行跨文化的观察体验，还必须具有一种跨越文化偏见的心态。由某一种文化教化出来的人，因为对"他文化"不习惯，出现这样那样的误解、曲解，对"他文化"产生偏见（prejudice），应该说是一种正常现象。但是，作为一个研究者，就必须具备更高的见识、更强的领悟力，能够抛弃这种偏见。

　　"文化自觉"的含义应该包括了对自身文明和他人文明的反思，对自身的反思往往有助于理解不同文明之间的关系。因为世界上不论哪种文明，无不由多个族群的不同文化融会而成。尽管我们在这些族群的远古神话里，可以看到他们不约而同地在强调自己文化的"纯正性"，但是严肃的学术研究表明，各种文明几乎无一例外是以"多元一体"这样一个基本形态构建而成的。

——费孝通[1]

　　人类学意义上的"文化相对主义"，是一种早已在学科内部形成的专业共识，即：要了解和认识某种文化，必须从这种文化自身的价值和信仰入手，而不是采用其他文化的标准。也就是说，不同文化之间存在差异，不可以用所谓"科学标准"来确定孰优孰劣。人类学者

---

[1] 费孝通：《"美美与共"和人类文明》（2004 年 8 月"北京论坛"发言），载《费孝通九十新语》，第 318、320 页。

之所以坚守这一信条,是由于他(她)们在田野实践中清醒地看到:所谓"优秀"或者"先进"文化的提法本身就是一种对自身文化所特有的行为模式和信仰体系的主观判断。由于这种判断植根于自身的世界观和思维方式,它根本无法摆脱形成价值判断的特定文化语境。要想弄明白文化相对主义对于研究文化与发展的重要性,只要将其与前文中出现的有关"欧洲中心主义"的说法比照即可。在某种程度上,19世纪社会进化论者的"欧洲中心主义"立场就是一种"族裔中心主义"的典型表现。作为文化相对主义的对立面,族裔中心主义代表一种对待本民族以外文化的态度和主张,即:认定本民族或自身文化环境中的道德标准、行为举止和风俗习惯要比其他族裔高尚、优雅和体面。一般来说,族裔中心主义者倾向于用自己文化的标准来评判其他文化传统。历史上的族裔中心主义源于早期欧洲旅行者对异域文化习俗的惊疑或反感。作为一种极端的文化偏见和傲慢姿态,族裔中心论贯穿于整个传教和殖民过程。比如说,西方强权在掠夺殖民地资源的同时,还试图以基督教文化改造和征服当地民众,提升和改造"道德素质低下"的异文化,并美其名曰"承担起白人的负担"(英国诗人吉卜林语,参见第二讲有关评述)。就是在全球化程度日益加剧的今天,欧美大国在处理外交事务时,仍然站在族裔中心主义的制高点,喜好以自己的价值标准对他国内政问题(如人权和民主等)说三道四,横加干涉。

当然,在日常生活中,每个人都会是某种程度上的族裔中心主义者。例如多数美国人认为食用狗肉和昆虫是令人作呕的恶俗。同时,印度人尤其是印度教徒对美国人喜爱享用牛排的"恶行"大感不可思议,因为在印度国内,"神牛"是不能被屠杀食用的。但是,从事发展研究的人类学者如果对自身的族裔中心主义情绪和态度缺少必要的警惕,以及对异文化中看似怪异的文化模式没能采取理解和容忍的态度,就会犯下低级可笑的错误。那么,如何以文化相对主义来遏制可以说身不由己的族裔中心主义倾向呢?最重要的一点就是,在对待异文化时,我们要避免将自身的文化价值观当作标尺,来衡量我们所观察到的特定语境中的社会成员的行为和生活方式。大多数人类学者在田野实践中对这一相对主义的要义已烂熟于心。文化相对主义作为方法论原则,能使我们在研究异文化时做到尽可能客观,最大限度地减少主观偏见。文化相对主义者承认在某一社会中被视作道德缺陷的行为,在其他社会中则可能得到容忍,甚至理解,免受责难。在人类学文献中很少看到对异文化中某一社会群体的行动或信仰,不分青红皂白地加以谴责和批评。

然而我们不得不看到,在非学术场合,"相对主义"这一名词常常被挪作他用。比如,将相对主义解释为一种绝对化的道德姿态,声称世界上没有区别善恶行为的是非标准。因而在欧美社会,某些政客和宗教界人士喜欢将公众对婚外恋和同性恋的容忍、家庭观念日益淡薄以及离婚率上升等社会现象,与相对主义价值观的深入人心联系在一起。其实,就是人类学初学者也难免将原本体现方法论原则的相对主义与作为道德话语的相对主义混为一谈。而就观察和研究方法而言,大多数人类学者都会认同前者,并谨慎地对待后者。人类学者也会像常人一样,对诸如奴役压迫和谋杀陷害等非人道行为进行道义谴责。对于人类学者来说,恐怖组织在 2001 年 9 月 11 日对纽约世贸大厦发动的骇人听闻的袭击,当然是令人深恶痛绝的行为。但在谴责暴行的同时,人类学者会理智地从专业角度出发,运用社会学的想象力,对滋养恐怖主义的背景和氛围进行研究,以期获得新的认识,而不是像某些人那样将恐怖袭击斥为恶魔再生,或者用充分体现"族裔中心"思想的"文明冲突论"来做简单肤浅的解释。

文化相对主义是本讲的审视重点。笔者将从美国现代人类学之父博厄斯首创的"历史特殊论"(historical particularism)入手,试图对文化相对主义的学术源头及其产生的特定政治和历史语境有所了解。这种温故知新的方式,能使我们更加清晰地认识到,当今国内外学界和大众传媒中所存在的滥用和错用文化相对主义概念的做法,其实与将达尔文的物种进化论和社会进化论(或者说"社会达尔文主义")互相混淆一样可笑。最后,笔者通过阐述文化相对主义在田野研究中遭遇的"道德困境",以求在更深的层次上探讨文化相对主义价值观与人类学应用实践之间的关系。

文化相对主义的学术源头

在19世纪末,人类学开始成为一门以科学分类方法系统地研究和比较文化差异的、自成一体的学科。然而,曾经在学界内外出尽风头的社会进化论却在欧美人类学者中失去原先的主导地位。越来越多的学者开始在研究方法和研究结论两方面质疑社会进化论对文化差异解释的合理性。到了20世纪初,博厄斯提出"历史特殊论",以"种族科学"论为攻击对象,发出文化相对主义的先声,并且全面挑战单向和单线发展阶段论的权威性。

博厄斯早年在德国接受过正规的自然科学训练,移民美国之后他从事对加拿大北部因纽特人和北美西北海岸一支叫卡瓦克尤特的印第安部落的田野研究。他所创立的"历史特殊论"学派,不但使他所在的哥伦比亚大学成为美国人类学的学术重镇,也为文化相对主义在知识界的生根开花提供了沃土。作为社会进化论的对立面,博厄斯认为将人类社会分成一个个必经的演进序列,同时以分类方法组织数据以迎合发展阶段论,是一种随心所欲的研究态度,而且缺乏实证研究的基础。博厄斯进一步指出,早期的社会进化论者对于他们用于建构理论的文化细节所知甚少,对于产生文化习俗的语境也缺少应有的了解。历史特殊论的提出,实际上宣告了以 19 世纪社会进化论为代表的"扶手椅人类学"(armchair anthropology)在美国已寿终正寝。所谓"扶手椅人类学",是指那种足不出户,以来自传教士、货商和探险家的游记材料为主要数据来源,纸上谈兵式的人类学研究方式。博厄斯主张任何人类学模式的建立都必须通过严格的科学手段,以收集田野数据为前提。博厄斯的田野工作经历和他在德国受过的学术训练使他看到,任何形态的社会都有其独特的发展历史,从而形成一套被后人称为"历史特殊论"的学说。博厄斯学说的"历史性"在于他强调每一个社会都是其历史的产物,人类学研究的目的就是要揭示过去(亦即"历史")对于现在文化形式的影响。在很大程度上,"历史特殊论"是文化相对主义最根本的思想源泉。它可表述为:任何民族和文化都有其独特的过去、特殊的历史,因此在研究中必须特别对待,也就是,必须以特定社会群体中成员(当事人)的视角来研究和分析特定语境中的文化。"历史特殊论"者坚信,对于任何社会形态的研究都必须建立在对该社会的文化实践和价值的深入了解、认识之上,社会的发展或进化不存在程度高低问题。因而像泰勒和摩尔根那样用蒙昧—野蛮—文明的发展阶段论来考察特定社会的方法,注定是徒劳的。

博厄斯的研究方法直接造就了美国人类学的"文化与人格"学派。该学派的主要代表人物是博厄斯的两名出色女弟子本尼迪克特(Ruth Benedict)和米德(Margaret Mead)。这两位人类学界的女中豪杰，是应用人类学领域的先驱，就社会知名度和学术成就而言绝不亚于她们的恩师，可谓"青出于蓝而胜于蓝"。博厄斯及其学生和助手的观点在当时的欧美人类学界掀起了一场革命，对于 20 世纪上半叶人类学学科的发展影响巨大。走出书斋，以参与观察者的身份从事繁琐的民族志田野研究，在人类学者中蔚然成风。博厄斯同时强调熟练掌握当地语言的技能对于获得可靠的实证材料的作用。可以说，博厄斯对于完善人类学方法论的作用，仅次于后来的马林诺夫斯基。同多数早期人类学家一样，博厄斯兴趣广泛，精通文理，是位全才型学者。他构建的包括体质（也称生物）、考古、语言和文化四大分支在内的学科体系，成为美国人类学的主要结构特征。限于篇幅，笔者在此只能强调一点：博厄斯为现代人类学专业所注入的多学科因子，使得文化相对主义从诞生之日起就有坚厚的学理基础。而这一点似乎已经被当今的很多学者遗忘了。

此外，博厄斯通过精心设计的一系列实验，证明现代人的种族、头脑和颅容量的大小与智力之间没有必然关联，尽管脑的大小和颅容量因人种而异。他的这一发现从根本上否定了以社会进化论假设为前提的"种族科学论"。终其一生，文化相对主义成了博厄斯的理论和道义武器，为他在与美国国内主张种族隔离的政客以及德国（他的祖国）宣扬种族优越论的纳粹民族学家作战时，提供了宝贵的科学和伦理基础。

文化相对主义的困境

博厄斯对于社会进化论单线进化模式的质疑，以及强调平等和容忍对待异文化的研究心态，使文化相对主义在西方知识界自由思想学者中一度深入人心。然而近三四十年来应用人类学和田野研究的蓬勃发展，也使人类学者面临了一系列方法论和理论重建等方面的挑战。其中最为严峻的莫过于对非西方社会中现存的文化价值、信仰、理念和行为的评判和反应。文化相对主义这一为多数人类学者认为屡试不爽的法宝，也遇到了前所未有的挑战。从理论上讲，文化相对主义者要求从事田野研究的人类学者（通常具有在西方社会的教育背景）避免对不同文化语境中存在的生活方式和社会实践作价值判断。这一要求在某种程度上有助于研究者深入被研究者的日常生活，避免做出肤浅简单的结论。这是否意味着研究者在承认文化特殊性和相对性的同时，要对在研究中目睹的如溺婴、阶级和种姓压迫以及对未成年少女行割礼等现象保持缄默，不予置评？文化相对主义在学术研究和发展实践中所遇到的这一道德困境在人类学界内外引起了极大的关注。

在《文化与道德观：论人类学价值的相对性》(*Culture and Morality: The Relativity of Values in Anthropology*，1983)一书中，哈奇（Hatch）对学界接受文化相对主义观点的过程做了详尽回顾。他指出，以博厄斯为精神领袖的 20 世纪人类学者通过宣扬文化相对主义来抵御 19 世纪以来在西方泛滥的种族主义和族裔中心主义的影响，也体现了人类学界对"人权"概念的独到理解。然而这种对文化相对主义的信仰在 20 世纪上半叶的人类学实践中，成了一种"伦理相对主义"。伦理相对主义将文化相对主义简单地理解为不能将一个社会的价值观强加于另一个社会。伦理相对主义者倾向于认为：放之四海而皆准的道德价值体系实际并不存在，因为地球上独立存在的每个社会的价值观就自身所特有的情形和条件而言，都有其不可抹杀的意义和功效。也就是说，在伦理和道德方面没有一个社会能对其他社会占有任何话语优势。

从逻辑上说,伦理相对主义的主要观点难以脱离循环论证的怪圈,并且带有从道德制高点俯视的倾向,早已偏离中立的观察角度。事实上,伦理相对主义是一种鼓励人们容忍一切文化价值观、规范和实践的道德理论。然而在人类学历史上,许多田野工作者面对收集到的数据,往往难以保持其伦理相对主义的基本立场。伦理相对主义者通常会容忍诸如暴力屠杀、虐待儿童和妇女、活体祭祀、各类歧视行为甚至种族灭绝等社会现象。而实际上早期持有伦理相对主义立场的人类学者都曾对不同文化实践中的阴暗面进行毫不留情的谴责。如本尼迪克特就批评过某印第安部落对犯有通奸过错妇女所实行的割鼻习俗。其导师博厄斯更是一位在一切场合与种族主义、反犹主义和歧视现象进行不遗余力抨击的斗士。如此看来,即便是这些人类学界最早提倡文化相对主义的学者也都已难以在实践中坚持伦理相对主义的固有范式。

在人类学发展历史上,最能反映出文化相对主义道德困境的莫过于对纳粹法西斯暴行的学术解释和分析。首先,要对纳粹德国对犹太人进行的那场系统性的大屠杀有较全面的了解,有关德国文化的特殊性以及欧洲文化中存在已久的反犹主义和法西斯主义的历史常识都是不可或缺的。以此常识为基础的解释显示,20世纪上半叶发生在德国的大屠杀并非只是一小撮篡夺政权的疯子在短短几年间推行的暴政所引发的偶然事件。任何对大屠杀发生原因的探究,都离不开植根于德国乃至于欧洲社会的某些文化模式和历史背景(Wolf, 1999)。从文化相对主义角度来理解和认识大屠杀事件,我们必然要问纳粹是如何夺得政权以及犹太人是如何成为替罪羊的。而回答这些问题则绕不开反犹主义的历史根源和德国民族主义两大关键因素。其次，纳粹得以成功的原因还不仅仅在于德国文化和社会的特殊性，若没有欧洲其他国家对纳粹助纣为虐式的纵容，犹太人不至于会遭受如此灭顶之灾。由于包括美国在内的众多国家都拒绝接受犹太人为政治难民，导致许多逃离纳粹控制的犹太移民又重陷魔掌。

这种基于文化相对主义原则的解释的确有助于建立对大屠杀的客观认识。它让我们不无惊讶地看到，在特定的语境中，一场灭绝人寰的迫害和谋杀变得"合情合理"，为当时的普通德国民众所接受。然而这一文化相对主义理解没能明确指出人们是否应宽恕或者谴责纳粹（因为暴行全是由文化引起的）。那种将纳粹暴行一味归咎于其异常的道德伦理标准的做法可笑之极，大大动摇了人类学者一直坚守的文化相对主义立场。

为了摆脱文化相对主义的困境，有些人类学家会选择所谓的"双重标准"，即他们会毫无顾忌地评判现代化工业社会的种种弊端，同时避免使用西方标准来观察和分析发生在原住民社会中的事件。但是，这种双重标准并非解决问题的关键所在。它仍然无法真正解开包括发展人类学者在内的田野工作者的疑团：人类学者就真的不能对小范围的非工业社会内发生的杀戮、虐待儿童、战争、强奸和威胁人身自由的行径做出价值判断吗？为何要执行双重标准？难道就不存在能为普天下之民众所认可的善恶价值观吗？

针对文化相对主义的道德困境，人类学家还没有上佳之策。对于发展人类学者来说，首先，应将一般意义上的文化相对主义与绝对的伦理相对主义加以甄别。换言之，理解异文化环境中人们的价值观、逻辑思维方式和世界观，不等于说要求研究者一味认可其生活方式和伦理标准。其次，我们必须认识到，没有一个社会的文化是完全统一不变的。也就是说,文化在社会内部的分布是不可能均衡的,而且也不是所有的社会成员都享有同一种文化。如前文所述,阶层、族裔和性别差异都会对文化的多样性和多元性产生影响。像亨廷顿那样将文化视作"一元一统"的整体,是发展研究中常常出现的一个认识偏差,因为它忽视了社会内部存在的权力关系。正如葛兰西所指出的:主导社会发展的政治精英往往能够通过维持文化霸权来使处于弱势的被支配群体顺从和屈服(见前文专述)。同时,文化相对主义信条的确很容易成为专制领袖用来压制异己和排外的借口。

为超越伦理相对主义的屏障,发展人类学者在实践中力求寻找和探索一条能跨越族裔和文化差异、为全世界人民所认可的人道主义标准。这一标准不应该以任何特定的文化价值观为基准线(如《人权宣言》),其基本原则应该是确保每一个人都拥有某一标准福利的权利(如免受饥荒和战乱所带来的恐惧的权利)。这也是体现文化相对主义精神的一条底线。当然,由于田野经验的不同,人类学者对于如何在特定语境中解释文化相对主义的原则,有着不尽相同的看法。

族裔中心主义不但妨碍我们准确地理解异文化,还会使我们在看待本民族文化时难以保持清醒和理性的头脑,用费孝通的话说就是丧失了应有的文化自觉性。而坚持文化相对主义并不等于说我们非得接受当年本尼迪克特和赫兹科维茨(均为博厄斯的学生)的观点,即:道德因社会的不同而不同,所有的文化模式具有同等的价值。文化相对主义者倡导容忍文化差异,尊重不同意见,不等于说对恶行就应该视而不见;主张客观地对待特殊的文化和社会现象,不等于说不作任何形式的价值判断。更重要的是,文化相对主义不应该排除改变文化的可能性。

在后现代语境中，文化相对主义不是作为一种"政治正确"（politically correct）的辞藻修饰品，就是作为一种唱衰发展的"反科学"声音，被人随意诟病。然而源于博厄斯的文化相对主义，其实从问世之日起就有极强的科学性。如本章所述，文化相对主义的出现在理论和实践上是对19世纪社会进化论、白人至上的文化优越感和种族主义"科学"的重大打击，其历史作用不可抹杀。早期文化相对主义者的重要发现，即个体文化间的难以归纳简化的差异，以及必须通过田野研究来对社会问题进行科学的观察和分析，为人类学理论和方法在发展实践中得到充分的运用打下了坚实的基础。就像我们难以否定社会进化论的积极意义一样，我们应该客观地衡量文化相对主义对于发展人类学的学理和应用价值。如下篇所述，文化相对主义还使从事发展实践的研究者认识到，不同的文化社会传统意味着对同一实际问题可以有不同的解题思路和方法。而这正是人类学者能够在发展项目课题组和项目实施过程中有所作为的一个决定因素。

中篇
人类学与发展实践

第六讲　田野研究与发展人类学

在西方人类学学界至少有一些学者把它作为表演才华的戏台，或是更平易一些，是一种智力的操练或游戏，或者是生活中的消遣。我本人对这些动机并无反感。在一个生活富裕，又是竞争激烈的社会里，当个人谋生之道和社会地位已经有了保证之后，以人类学来消磨时间或表现才能，确是不失为一种悠悠自得的人生。可惜的是，我自己明白，我没有条件这样来对待这门学科，事实上也走不上这条路子；即使走上了，也不会觉得愉快的。

——费孝通[①]

……要想找到解决问题的方法，就是要回到现实生活中去，扎扎实实地作实地调查。要超越旧的各种刻板的印象（stereotype）和判断，搞清楚各种文明中的人们的社会生活，并以此为基础（而不是以某种意识形态为基础）来构建人类跨文明的共同的理念。这种研究的难点，在于研究者必须摆脱各种成见，敞开胸怀，以开阔的视角，超越自己文化固有的思维模式，来深入观察和领悟其他族群的文化、文明。在跨文化的交流和沟通中，构建起新的更广博的知识体系。为什么必须要到现实生活中去调查呢？因为人类社会是复杂的、多样性的；又是多变

---

① 费孝通：《缺席的对话》，载《费孝通散文》，浙江文艺出版社 1999 年，第 420 页。

的、富于创造性的,它决不是只有单一文化背景和有限知识和经验的研究者能够想象和包容得了的。所以研究者必须深入你所要了解的"他人"的生活中去观察、研究。从某种意义上说,这种实地调查的方法,也反映出研究者的一种心态,就是你是不是真正要去理解、接受"他人"的语言、传统,入乡随俗,适应他们的生活方式,做到设身处地地用当地人的眼光来看待周围的事物……这本身就是对"异文化"的尊重和对"异文化"开放的心态。如果连这种最基本的平等态度都没有,还谈什么交流和沟通。

——费孝通①

人类学者能否在大学或博物馆之外找到用武之地?这是一个有关人类学者有无能力和志趣运用本学科的知识和经验,服务于象牙塔外的现实社会的问题。从章首所引两段费孝通发自肺腑的话语中,我们不难找到答案。早在19世纪70年代,人类学学科创始人之一泰勒(见前文有关评述)就认定人类学潜力无穷,是"改革者的科学"。作为早期人类学最有代表性的理论流派,社会进化论是以探索人类发展规律、促进社会进步作为其宗旨的学说。而带有明显社会进化论标记的社会类型分类法则和发展阶段论,因其科学话语所传导出的工具理性意识,也就自然成为大多数执政者求之不得的决策依据。可以说,现代人类学学科在专业成型之初,并不存在所谓纯粹理论探索和应用研究之间的明显区别。

到了20世纪,曾一度主导英国人类学的结构功能主义者在学术

① 费孝通:《"美美与共"和人类文明》(2004年8月"北京论坛"发言),载《费孝通九十新语》,第317页。

层面对社会进化论持否定态度,然而却也基本认同以学术成果服务于政府和社会发展的理念。马林诺夫斯基在他的《文化动态论》(*The Dynamics of Culture Change*)一书中,反对当时在人类学界刚开始流行的一种看法,即:应用人类学与以理论探索为主的人类学在人类学学科内部应该有所分别,以使得二者各得其所。马林诺夫斯基认为这是片面的二元论观点,并竭力主张人类学同仁对二者一视同仁(Malinowski, 1945)。笔者认为,马林诺夫斯基的看法代表了他对人类学学科本质的一种基本认识,即:同任何科学一样,人类学从诞生之日起就是以应用研究为出发点,因而人类学理论的实用价值,也就只有在田野工作者对实证现实有绝对把握之时,才能得以充分体现(Malinowski, 1945:5)。应该说,马林诺夫斯基这种极具前瞻性的学以致用的态度,在当时大大地影响了他的中国弟子费孝通和其他来自发展中国家的学生和年轻学者。

马林诺夫斯基对人类学整个学科的贡献,主要还在于他丰富和完善了田野研究这一核心方法。遗憾的是,他未能在有生之年实现他在《文化动态论》一书中表露无遗的心愿,即:将应用人类学发展成一门成熟和权威的分支学科。这一方面是由于人类学学科一旦为欧美研究型高校和文理学院所接受,被纳入社会科学主干学科体系之后,也如社会学和哲学等相关学科一样,变得高度专业化。人类学的分支学科如文化人类学、考古人类学和生物人类学之间的界限,也在机构化和制度化力量作用下变得过度清晰。另一方面,文化人类学内部的细分化程度也十分严重。总的来说,多数人类学者(尤其是那些给自己贴上"后结构"或"后现代"标签的理论精英)似乎更乐于将研究重点放在观察、描述、分析文化模式和社会结构上,希冀能创造所谓的"范式",而不是利用自己的成果来直接解决现实问题。

米德与萨摩亚原住民

尽管如此,仍然有相当多的人类学者深信:人类学应该为促进社会变革服务,发挥学科所特有的应用价值,而不能仅仅满足于为"智力体操"提供比赛场地。他们当中的一位杰出代表就是20世纪著名女性人类学家米德。米德始终认为人类学者应该自觉主动地与学科外的各色人等进行沟通,让象牙塔外的芸芸众生感受人类学的魅力。早在20世纪20年代,米德以她在萨摩亚(Samoa)进行的田野研究为基础,完成《萨摩亚人的成年——为西方文明所做的原始人类的青年心理研究》(*Coming of Age in Samoa: A Psychological Study of Primitive Youth for West*)一书,一夜成名。此后,她在各种场合以她在萨摩亚的研究结论来解释当时令美国社会各界颇感棘手的发育期青少年难题。米德以人类学者最擅长使用的跨文化视角指出,逆反行为和急躁心理未必是青春期的本质特征。对于研究者来说,生长发育不只是简单的生理和心理变化过程,更是一个充满文化意味的社会现象。

在20世纪30年代,人类学者还为改革美国印第安人事务局等政府机构做出了积极的贡献。在第二次世界大战期间,米德与其同窗好友本尼迪克特等一大批人类学者,以专家身份参加了针对德日法西斯的各种战时宣传活动,并设计了一整套旨在鼓舞国内民众和前线将士士气的策略。在太平洋战争进入尾声之后,他们又协助政府和盟军制定促使日本投降后社会平稳过渡的有关方针和政策(见下文有关本尼迪克特的专述)。

在第二次世界大战后相当长的一段时间内,重返大学校园的人类学者在各自的研究中,拘泥于人类学理论的细枝末节,而非挖掘其中的实际应用价值。具有讽刺意义的是,当学科结构不断完善、学科特征日益鲜明之时,应用人类学的发展却变得缓慢,甚至停滞不前。20世纪60年代反越战运动、女权运动和黑人民权运动对欧美人类学者产生了革命性的影响。对于执政当局的不信任态度,使人类学者更为关注社会科学研究成果用于决策所产生的伦理和道德问题。与二战期间与政府密切合作的态度相反,人类学者开始同大学校园的反战运动合流,成为学科反思和改革教学内容的先锋。

当代应用人类学能在象牙塔外再度开花,结出以发展人类学为特色的成果,是人类学方法和国际发展实践融合的必然产物。冷战以后的几十年间,在象征美国经济霸权的布雷顿森林体系(Bretton Woods System)框架内,世界银行和国际货币基金组织等机构开始以策略性投资的方式向经济欠发达地区提供各种援助。以促进经济发展为目的的国际开发(international development)领域,从最初与东欧社会主义阵营博弈的一张王牌,逐渐演变为发展中国家普遍接受的一种以发展来摆脱贫穷落后命运的途径(参见上文对罗斯托"经济增长阶段论"的评述)。有着不同政治背景和资金来源的国际开发组织相继成立,使以经济增长为导向的发展实践(growth-oriented development)逐步演变为一种特殊的跨国产业。

自20世纪70年代以来,由于人口结构变化和高等教育产业化等因素,北美人类学系毕业的博士生对于大专院系和研究所来说已经供过于求,得到正式教职的机会越来越少。与此同时,越来越多的国际组织开始真正认识到学有专长的人类学者在国际发展实践中的作用。这在客观上也促使应用人类学者以参与者的角色积极投身于国际开发,在项目的策划和实施过程中,发挥其重视地方性知识积累和善于在不同文化语境中扮演沟通和中介者(或者说是斡旋者)角色的作用,从而形成以应用实践和促进发展中国家和地区经济发展为主要目标的"发展人类学"。

在 21 世纪的今天,以发展人类学为典型代表的应用人类学已从一度被行内人士视为偏重于实用性的"非学术性"的技术工种,转变成美国人类学学会所认可的专业分支学科。同经济学者一样,应用人类学者以顾问或正式雇员的身份在政府部门、咨询公司、企业、公共卫生组织、律师事务所,以及包括社区发展和慈善机构在内的非营利组织与其他跨国集团大显身手,已不是什么新鲜事。在美国,就有相当数量的应用人类学者在一些国际组织如世界银行、洛克菲勒基金会和美国国际开发署担任顾问或专职研究人员。近年来,应用人类学者开始在北美商业部门担任对从事国际贸易和开拓海外市场的公司人员的培训任务,使受训员工始终保持对异文化的敏感性,并以平等和宽容的态度来对待在日常工作中所遭遇的文化差异问题。同时,应用人类学者还以参与观察的研究手段对公司运行过程存在的问题进行分析,为决策和管理层及时协调与其他各部门的关系提供重要的第一手资料和参考意见。

那么,人类学者到底有什么看家本领,使他们能在国际发展领域大显身手? 在各类国际组织中,人类学者又能否对于具体的发展项目做出独特的贡献? 本章针对这两个带有普遍性的问题,先从最具人类学学科特色的田野研究方法开始,并对这一调查方法对于人类学者在实践中收集和积累经验性知识,将其转换为调研数据,最终服务于项目决策过程所起的作用,进行实事求是的评判。然后,通过具体案例讨论,来审视现已成为应用人类学一大支柱的发展人类学,同时辨析人类学者在发展项目组中所扮演的角色。本章的关注重点是人类学者如何利用自身的学科优势去发现和应对实践中所遇到的来自环境、技术、经济、文化和政治各个层面的挑战,并提出符合当地实际情况的解决问题的思路和方案。

人类学研究方法的应用价值

在人类学界,不管你的领域和专长是什么,你的研究都要经过一个称作"田野研究"的阶段。

早期的人类学者并非通过以参与式观察为特征的田野调查来收集和整理资料、数据,而是从旅行者、探险家和传教士撰写的记录域外风情的杂感或游记之类二手报道中获取文化分析的素材和灵感。这种在书斋或图书馆中闭门造车并远离田野基层的研究路径,造就了一种影响深远的"扶手椅人类学"工作模式。无论是第一位为"文化"定义的泰勒,还是写成《金枝》(*Golden Bough*)这样一部集神话、仪式和符号研究之大成的鸿篇巨制的弗雷泽,都可算是不折不扣的"扶手椅人类学"家。

到了 19 世纪末和 20 世纪初,有越来越多的人类学者走出国门,进入异邦内的田野场所,开始了与研究对象交流、互动的考察工作。这是一种被称为"阳台人类学"(verandah anthropology)的田野研究模式。研究人员在住处的阳台上,与召集来的当地人进行交谈,以期得到有价值的材料和信息。从事"阳台人类学"研究的多半是受雇于殖民当局的人类学者。他们的居所位于殖民辖区之内,远离当地人的生活环境。就研究视角的转换而言,"阳台人类学"的出现,比足不出户,依赖传教士、货商和探险家的道听途说或纸上谈兵式的"扶手椅人类学"研究路径要高明得多。然而,光是靠"阳台人类学"这种研究模式,人类学者与受访者有一定的互动和交流,然而由此获得的与地方社会生活相关的讯息和资料仍然具有局限性。因为人类学者无法深入被研究对象的生活环境,并对成为其社会一员的意义有所体验和感受。"阳台人类学"不是获得地方性知识的上佳手段,在田野实践中势必会被参与式观察法取代。

在上篇中所谈到的 19 世纪社会进化论的代表人物中,只有摩尔根进行过浅尝辄止的田野研究。摩尔根曾对易洛魁部落进行过数次为时两周的实地考察和访问(Tooker,1992),他对于印第安人居住区(如今的原住民保留地)风土人情的着力描述,在相当程度上改变了当时欧美人将印第安部落居民视为"蛮荒野人"的错误认识。然而,真正在理念和实践层面对文化和社会人类学方法论做出划时代贡献的,是马林诺夫斯基和拉德克利夫-布朗(Radcliffe-Brown)这两位英国人类学家。他们彻底地摒弃了社会进化论者那种死守书斋、忽视收集一手材料、不经实地考察而随意下结论的研究态度,赋予人类学研究更为独特和鲜明的专业特征。

尽管马林诺夫斯基不是第一个提倡田野研究的人类学家,但业内人士一般认为他是"参与观察法"的发明者。马林诺夫斯基于第一次世界大战期间在特布里安岛进行实地考察时所采用的以参与观察为特色的田野研究手段,日后不但成为文化人类学的重要标志,也占据了社会科学质性研究方法的核心地位。所谓"参与观察",就是要求人类学者在田野实践过程中,深入他(她)所研究的特定社区的日常生活,最大限度地参与所研究对象的社会活动,通过细致入微的观察来收集与研究和主题有关的一系列地方性知识。值得注意的是,与人类学其他三大传统分支(即考古人类学、生物人类学和语言人类学)的同行们所惯常使用的田野研究手段相比,参与观察是文化人类学者最为倚重的一种实地收集数据的技能。考古人类学者是以远古文明的遗留器物为主要研究对象,以勘测挖掘而不是亲身亲历的参与观察为获取田野材料的基本手段,以期还原和重构那早已湮灭于历史长河中的社会生活图景。而常年在野外与灵长类动物打交道的生物人类学者,由于与其研究对象(如黑猩猩)之间所存在的不可逾越的交流障碍,其参与观察的程度也相对有限。当然,以现代社会人群中的文化和话语现象为研究对象的语言人类学者,也常常采用文化人类学者的参与观察作为其重要的数据收集方法。

在当今绝大多数田野工作者的眼里,所谓"田野"(field),可以是囊括了从学校到企业、工厂、村寨、诊所乃至城市特定社区和地方的任何场所。从实证研究的角度来说,人类学的"田野"具有相当于科学者的实验室的功能。要真正做到"参与观察",真正专业的人类学者通常要在他们所选定的研究场所(如村庄、集镇或街区)居住一年以上的时间,同所在社区里的研究对象共同生活,从而分享成为社区中普通一员的深刻体验。在田野研究中采用参与观察法,对于人类学者来说,意味着参与当地人日常生活的方方面面,顺应当地习俗并尽可能参加一切仪式和活动,力求获取能解决自己疑问的细节和信息,从而加深对所在社区环境和文化实践的了解。

有意思的是,促使马林诺夫斯基在实践中创立参与观察法的缘由,完全是历史的偶然。马林诺夫斯基在进行田野工作时适逢一战爆发,而他的祖国波兰又隶属与英国交战的奥匈帝国。国籍问题使马林诺夫斯基无法准时返回英国并完成博士论文的写作,于是在结束短暂的实地研究之后,马林诺夫斯基不得不在位于南太平洋的特布里安岛上继续逗留,静待战争结束。这一无奈选择给了马林诺夫斯基改革人类学研究方法的契机。在随后近两年的时间里,马林诺夫斯基有足够的理由和时间走出栖居的茅舍,将研究触角进一步深入特布里安岛上当地人的聚居区。他支起帐篷,学习当地语言,参加包括仪式和交易在内的各类社会活动,并详尽记录下他亲眼观察和亲身体验到的生动场景(Sperber, 1985)。按照参与观察法的要求,研究者不但得在田野长期居住,还要学习并且掌握当地人日常使用的语言。马林诺夫斯基对于在田野研究中使用当地人的语言尤为重视。或许这是因为他从身为语言学家的父亲那里接受熏陶的缘故。但更重要的是,马林诺夫斯基在实践中体会到,只有通过语言,才能知晓与他朝夕相处的那些岛民如何看待他们所处的那个世界以及他们对于生活意义的理解(Malinowski, 1922:25)。要达到这一研究

马林诺夫斯基与特布里安岛岛民

深度,仅靠随身翻译或者手中的字典是远远不够的。因为只有在田野实践中学会鲜活的当地语言,才能真切体会到那只言片语在特定语境中难以翻译的丰富内涵,以及随之而来的第一手资料的"泥土"气息。

即便是有越来越多的本土人类学者在自己熟悉的城市或乡村,以母语甚至方言来进行田野研究的今天,要把握好被研究对象的语言表达方式,也殊非易事。在全球化语境中,不同性别、年龄、行业、经济和文化阶层的社会成员,互相交往中都有一套在圈子和特定场合使用的词汇及术语,研究者如果对此情形"听之任之"或熟视无睹,其田野研究的质量就会大打折扣。参与观察本身所展现的研究深度和难度,显然是"扶手椅人类学"者和"阳台人类学"者所难以企及的。而同样,后两者仅仅靠文献浏览、问卷发放和访谈就试图对某一人群的行为特征进行"科学"概述,对于马林诺夫斯基及其追随者来说,不但无法全面深刻地了解人类生活的本质,而且不可避免地会产生对异文化的误读和误判。正因为如此,理论取向各异的当代人类学者始终把以参与观察为核心的田野研究作为首选方法。

应用人类学作为一门分支学科,其研究初衷就是运用以田野方法所获取的知识和信息来解决书本和课堂之外现实世界的种种问题,具有相当强的目的性和实用性。早期应用人类学的形成和发展告诉我们,几乎所有的田野工作者都会关注研究方法和问题,只是实践者的目标和预期成果的实用性有所不同而已。从某种意义上说,以"非洲学派"为代表的英国人类学者在 20 世纪三四十年代在非洲殖民地的田野研究和第二次世界大战期间本尼迪克特所做的日本国民性研究,使人类学方法的应用价值第一次得到学界以外的广泛关注。"非洲学派"以《非洲政治制度》(Fortes and Evans-Pritchard, *African Political Systems*,1940)为标志的研究成果和本尼迪克特的《菊与刀》(*The Chrysanthemum and the Sword: Patterns of Japanese Culture*)充分显示了人类学研究方法及其发现对于决策的重要意义。同时，后人通过这两个案例，对人类学者自身在研究过程中扮演的角色以及由此牵涉的研究伦理问题进行了质疑和反思。

以埃文斯-普理查德(Evans-Pritchard)为首的《非洲政治制度》的几位西方人类学者，没有任何政治学理论的专业背景，对西方政治哲学也兴趣索然。但他们自认为这就是他们得天独厚的优势所在。在该书序言中，有这么一段颇具文化相对主义意味的陈述："我们尚未发现政治哲学家们的理论能有助于理解我们所研究的社会，而且我们认为那些理论没有什么科学价值。"[1]言下之意，只有采用人类学和社会学的实地考察方法，才是了解非洲大陆政治制度和实践的唯一途径。由于得到带有马林诺夫斯基和拉德克利夫-布朗"结构-功能主义"标记的田野训练的真传，这些后来成为"非洲学派"主力的人类学者能以一种整体论的目光，对处于国家发展初级阶段的 A 类社会和所谓"政府不存在""无首领"的 B 类社会进行有别于政治学者的观察。在一定程度上，"非洲学派"在实地考察中强调构成社会系统的各个制度如亲族、婚姻、宗教和政治制度之间相互关联、互为依存的特性(Fortes and Evans-Pritchard，1940：5)，这的确比将单个政体抽离出其所在社会和文化语境的传统方法更能反映田野实况。

然而"非洲学派"对非洲大陆社会的整体描述，却缺乏一种特定语境中应有的历史感。以阿萨德(Talal Asad)为代表的批评家认为，其症结恰恰就是殖民地语境。在《人类学和殖民遭遇》(*Anthropology and the Colonial Encounter*)一书中，阿萨德指出：以英国结构-功能

---

[1] Fortes and Evans-Pritchard，1940：4.

主义为代表的社会人类学"在殖民时代之初成为一门特征鲜明的学科……由欧洲人为欧洲读者（观众）对被欧洲强权主宰的非欧洲社会进行研究"（Asad，1973：15）。事实上殖民地的存在使"非洲学派"能以非洲大陆作为其田野研究的实验室，其在不同程度上得到殖民当局在财力、物力和人力方面的支持。人们显然有理由对研究者能否做到价值中立，以及其研究结果是否"科学"和可信，表示怀疑。

比《非洲政治制度》一书更有代表性、更能体现应用人类学对于政府决策影响力的，是《菊与刀》这本一度风靡人类学界内外的杰作（尽管它其实并非作者本尼迪克特的真正代表作）。此书是二战期间本尼迪克特受美国政府之托所作，以一种在当代人类学者看来匪夷所思的"远距离研究文化"的方式，帮助美国及其盟军更好地从心理和文化方面了解他们共同的敌人，为赢得对日作战的最后胜利和维持战后日本国内的基本秩序，提供可以为当局决策服务的见解。

在一定意义上说，《菊与刀》可能是目前国内被译为汉语的人类学作品中知名度最高的一部。有意思的是，该书在战后译成日语，在日本也成为畅销书。并非所有的日本读者都认可本尼迪克特的看法，尤其是书中对日本文化、人格以及国民性的观察和分析。限于篇幅，笔者对该书受到中日美读者追捧的缘由不再赘述。本章只想就本尼迪克特的研究手段，以及这一应用人类学经典案例对于发展实践的启示和意义，作为讨论和反思的重点。首先，由于处在战争期间，她无法亲历日本，像她以前深入印第安人居住地那样进行马林诺夫斯基风格的田野研究。除了依靠大量的档案、纪录影片和极少数日本研究的英语专著，她获取第一手材料的主要方式就是和被拘禁的美裔日本人（包括相当一部分在日本出生的移民）面对面地交谈。就是这种在战时特殊环境中不得不采取的一种似乎无可厚非的田野调查模式,引发了当代人类学者和社会学者对研究者与被研究对象间的权力关系以及与此相关的伦理问题的全面思考。

哈佛大学著名东亚学者傅高义在他应邀为 1989 年再版的《菊与刀》所写的序言中有这样一段耐人寻味的文字:"她(本尼迪克特)的一个有力的研究武器就是对在美国的日本移民进行访谈。我记得一些受访对象告诉了我他们对于在每天午餐期间与本尼迪克特进行交谈的内心感受。他们欣赏她所提问题的深度,但同时又实在惧怕她探求他们情感和经历的一切细微之处所做的令人难以忍受的努力。在他们看来,她力图倾听他们所能回忆起的每个细节,一遍又一遍,简直是不厌其烦。他们仍记得用餐完毕后被准许离开时既疲倦又感到轻松的情形。"(Vogel,1989:X)傅高义的生动叙述使我们看到了一个孜孜不倦的人类学家的形象,同时也还原了本尼迪克特进行深度访谈的语境。可以想象,在美裔日本人所居住的与集中营条件无异的拘留地进行的任何田野研究,都是在研究者与被研究者之间极不平等的权力关系前提下进行的。由于战争的因素,这种不平等随时有可能将面谈转化成实际上的审讯,并使研究者的文化相对主义善意变得不值一提。的确,日本读者对《菊与刀》一书充满矛盾的反应多半也是源于这种权力关系的不平等。他们对一位从未涉足日本的西方学者对日本文化有如此程度的认识表示钦佩;同时,他们又对她以美国为例阐述美日文化差异时所蕴含的那种优越感颇为反感(Hendry,1996)。

比起独立后非洲学者对《非洲政治制度》的鄙夷态度,日本读者要显得大度和宽容,尽管《菊与刀》在研究方法和伦理方面存在着与前者同样的谬误。《菊与刀》法语版前言中特别提到这一事实:相当多的日本人至今对本尼迪克特以专家身份帮助麦克阿瑟在占领和管理日本期间同当地人友好相处,同时坚持保留日本皇室制度的努力,心存感激之情(Cobbi,1987)。这一来自人类学家的善意建言,使得那位不可一世的美国"恺撒"(即麦克阿瑟将军)改变初衷,因而在很大程度上使日本的文化传统避免了一般战败国可能遭受的灭顶之灾。可以说,本尼迪克特涉足决策研究原本是一件偶发事件,然而她却为日后应用人类学成为专业化的分支学科提供了经验和教训,起到了示范作用。

发展路径、发展模式与发展项目周期

冷战以来国际经济开发领域的产业化和专业化趋势,为应用人类学者在学术圈之外的现实世界施展才能和重新塑造职业生涯创造了极为有利的环境。在进入各类国际组织之后,人类学者对这些不同性质的日常管理制度进行了较全面的分析,同时在选择发展路径和发展模式方面提供了来自田野的真知灼见。应该说,联合国和世界银行是应用人类学者最有可能找到发展空间的场所。前者创立于1945年,由160多个成员国组成,来自各个职能部门的工作人员有5万多人。后者则成立于1944年的布雷顿森林会议。在冷战伊始的特殊语境中,世界银行的宗旨是在全球范围内提倡"经济增长"的概念和扩大购买力,以贷款的方式促动国际投资和发展是其基本策略。与联合国采取的一国一票方式不同,在世界银行体系内,按照其成员国的财力决定可使用的票数。也就是说,在那里"连平等的伪装也不需要——一切由经济大国说了算"(Hancock,1989:51)。国际重建和发展银行(IBRD)与国际开发协会(IDA)是世界银行体系的两大行政单位,它们的总部位于美国首都华盛顿。国际重建和发展银行的服务对象是无法从商业银行获得贷款的发展中国家，它是一个有营利目的的援助机构，为没有发展资金来源的发展中国家提供必须支付利息的贷款，其资助的发展项目以基本建设和健康教育为主。而国际开发协会则为发展中国家的首要发展项目提供利息全免的贷款，平均还款年限达 35—40 年之久(Rich, 1994: 77)。

对于包括世界银行在内的国际开发组织的批评来自四面八方。在美国国内，反对向发展中国家提供经济援助的政客们常常就国际组织内部人浮于事、浪费、腐化现象提出质询。有些人则指出国际组织没能真正达到扶贫的目的，却在机构内养了一批酒囊饭袋。更有目光尖锐的学者指出：国际组织的贷款援助政策往往受到政治因素的牵制，而非出于经济需要。比如说日本通常选择那些与本国经济利益关系密切的国家作为主要援助对象(Cronk, 1989)。

近几十年来有更多的国家从依赖国际组织的制度化发展路径(institutional approach)转向以草根为发展主力军的做法(grassroots approach)。由于人类学者的加盟，国际组织越来越趋向于资助一些"自下而上的"、具有地方特色的发展项目。在 20 世纪 80 年代由里根总统主导美国进一步私有化和市场化进程，使得通过非政府组织来支持发展成为一条重要的路径。这一趋势在发展中国家催生了无数的非政府组织，成为国际援助地方发展项目的主要受益者。

从人类学者参与国际开发领域的日常工作来看，有关发展模式的探讨也经历了从以经济增长为导向到以资源分配、人文发展和可持续发展为目标的一系列变化。以经济增长为导向的发展模式的主要支持者是美国。从 20 世纪 50 年代至今，美国的对外援助一直以输出西方市场经济知识和经验以及进行技术转移为重点。以美国为首的西方大国在发展中国家推行的经济发展战略主要包括：第一，以普及新型农业、灌溉技术和市场意识作为增加经济生产力和贸易的动力;第二,通过减少国家对公共事业(如教育和医疗)的投入来减少债务,将资源分配在能直接增产和增效的方面。这一战略受到世界银行的推崇,并称之为"结构调整"策略。应该说,以经济增长为主要导向的发展模式一直受到包括人类学者在内的学界人士的质疑和批评(详见下文专述)。

得到人类学者关注(或者说是青睐)的是一种以资源再分配为导向的发展模式。这一模式在指导思想上与世界银行的"结构调整"策略背道而驰。其支持者们认为,发展的重点不在资源的优先配置,而是要提高穷苦大众获得关键资源的能力。在发展实践中,这种强调资源再分配的发展模式包括四大步骤:首先是对关键资源的社会分布情况进行研究;其次是文化层面的评估,即对发展项目的正面或者负面的社会效应进行观察和分析;再次是在综合考虑先前研究成果的基础上,对关键资源(尤其是土地)进行重新分配;最后一步是实施援助项目,通过提供健康和教育服务来最大限度地实现社会的公正均衡目标。保守的经济学家认为资源再分配的发展模式不切合实际。而人类学者在印度喀拉拉邦进行的研究却表明,以资源再分配为导向的发展模式在实践中是有成效的、广受欢迎的举措(Franke, 1993)。与印度甚至世界上的许多地方相比,喀拉拉邦的人均收入相当低(见第三讲有关评述),而普通居民甚至穷人的物质条件却在稳步改善。由于当地政府注重改善乡村基本设施(如学校)和提高社会服务质量,喀拉拉邦广大乡村的人居环境要大大优于印度的其他地区。

人文发展是另一项与"增长为先"策略截然不同的发展模式,强调对人类福利的投入。值得一提的是,联合国采用了"人文发展"的说法,阐述了它对提高包括健康、教育和人身安全在内的人类基本福利的主张。根据这一模式所呈现的思路,人类福祉的改善将引领国家的全面发展。众所周知,一个国家或国家内某一地区的经济增长水平与其人文发展水平之间并没有必要关联,而且贫穷与发展之间的关系远比我们想象的复杂。如第三讲结尾处所述,印度喀拉拉邦的人文发展成绩并不能通过它的 GDP 数字准确地反映出来。也就是说,经济增长是手段,而改善人类的福利状况才是发展的目标。这一点也许是人类学者与国际组织能达成的最大共识。

可持续发展模式是对无视财政和环境承载能力、盲目追求经济增长做法的全面否定。此模式的倡导者坚信,发达国家取得的经济成果是以环境受损为代价的,这种貌似"昙花一现"的富饶景象是难以为继、无法永续的。从 20 世纪 80 年代以来,可持续发展模式,即在保护不可再生资源和保证财政可行性前提下进行发展的形式,在国际开发业界已经受到越来越多的关注和重视(见本书第十一讲有关论述)。

综上所述,当自上而下的制度化发展路径被自下而上的草根发展路径替代,以及人们对发展模式多样性和复杂性的认识不断深化时,应用人类学者就有可能选择合适的时机和切入点,进入象牙塔外的现实世界。在《应用人类学实践指南》(*Applied Anthropology: A Practical Guide*)一书中,作者钱伯斯(Erve Chambers)对应用人类学者在解决社会现实问题中能扮演的各类角色做了如下划分:第一,特殊群体的代言人。从摩尔根开始,美国人类学者积极介入印第安部落(通常是他们的研究对象)与州政府和联邦政府或者矿业和其他开发组织的维权谈判、协商过程中,常常成为原住民的发言人甚至法律顾问。第二,促进者。这一角色要求人类学者积极参与他们田野研究所在社区旨在改善医疗卫生、教育和公共设施的发展项目,献计献策。第三,知情者。这一与促进者相关的角色要求应用人类学者将他们从田野研究中获得的文化知识转化为更实用的资讯,为政府机构在特定区域实施的社会发展项目提供参考。一些应用人类学者还受雇于政府,成为实地研究人员。第四,分析员。充当这一角色的应用人类学者实际上已介入政策的制定过程,而不仅仅是数据和信息的提供者。比如1966年通过的《全国历史保护法案》为考古学者提供了在美国联邦、州和地方政府部门的任职机会。作为政府雇员的考古学者在评估和审批任何可能对文物考古资源造成影响的发展项目过程中,往往能起一言九鼎的作用。第五,斡旋调停者。这一角色要求应用人类学者游走于发展项目所牵涉的各个利益集团之间,成为实际上的中间人,开发商、政府官员和因项目实施而受影响的民众都是利益攸关者。作为调停人,人类学者尽可能地发挥自己的特长和技能,解决各方分歧,最终找到能让多数人接受的方案。

　　由于在接受专业训练中直接或间接地受到文化相对主义的熏陶,人类学者都认为对于实践中遇到的同一难题,来自不同文化和传统背景的专家会有不同的破解方法。即便是被国际技术权威认定行之有效的做法,在具体付诸实践之时也要顺应时间和地点等环境的变化加以修正。在国际开发组织任职的发展人类学者甚至发现,很多时候当地人早已知道问题的症结所在,只是缺少着手解决所必需的资源以及运用这一资源的能力而已。也就是说,在丰富的地方性知识系统中早已蕴含着期待人类学者去找寻的"密钥"。为了成功地找到这把"密钥",人类学者比其他专业人员更愿倾听当地人的声音,通常更会考虑国际开发项目在实施过程中所受到的当地不同社会阶层、族裔、性别和年龄差异等"非技术"因素的影响。

那么发展人类学者在国际开发项目周期中能扮演哪些具体角色？按照著名发展人类学家车尼亚（Michael M.Cernea）的说法，"项目周期"是指从项目初期策划到最后完成的整个过程（Cernea，1985）。在项目选择与甄别阶段，研究者的任务主要是为某一特定目标选择项目。在项目设计阶段，研究者会对项目的诸多细节问题预先进行思考并展开讨论。随后，是项目预评阶段。项目预评的对象主要是项目预算，并不涉及其他层面。紧接着是项目的具体实施阶段，也就是说把设计蓝图变为现实。最后是项目评估阶段，专家根据某一标准对于特定发展项目的目标是否成功实现进行评估。按以往惯例，发展人类学者在项目周期的最后评估阶段才能发挥出他们的作用。然而，近年来在包括世界银行在内的众多国际组织中，发展人类学者开始在项目周期的初始阶段便已积极介入，扮演重要角色。其原因不外乎以下三点：首先，一些国际开发项目在实施过程中未能让以妇女和穷人为主的预期受惠人群真正受惠（参见第八讲专述）；其次，项目严重脱离当地的实际情况；最后，项目预期受惠者的福利在项目完成后并未显著改善。

一般来说，人类学者越早介入发展项目的实施过程，越有可能防患于未然。这似乎已成为国际开发组织内部的一种共识。值得指出的是，遭遇失败的项目多数都是由居住在城市、远离当地社区的西方经济学家选定和设计的。这些专家通常采用一套他们在欧美一流院校顶级经济系学来的、被认为是可以随时随地任意克隆的发展模式，对于项目实施地那繁复的文化语境和社会条件却视而不见。那些由远离当地人生活现实的西方经济学家所设计的"一刀切"的项目，如果被移交到人类学者手上进行评估，其结果不言而喻。对于笃信经济理性信条的西方经济学家来说，发展人类学者无疑是他们在国际开发组织内不愿看到的挑剔者。因为，人类学者在评估报告中往往是报忧不报喜，并且不断强调项目筹划过程中的一些致命失误，比如说脱离当地实际，使当地人不但没从经济发展中受益，反而成了发展项目的受害者，等等。因而，对于急于拨款和看到项目上马的决策人来说，来自人类学者的逆耳忠言是不受欢迎的。

参与观察法与快速研究法

由于学科背景、观察和研究问题的视角和世界观的不同，人类学者在国际开发组织内的影响力，的确还没能达到足以与经济学者和技术专家分庭抗礼的程度。然而，他们在发展实践过程中，通过不断努力，渐渐形成了一套有别于经院体系的、与实践紧密结合的研究方法。这套脱胎于传统田野研究方法，以服务于应用为主要目的的实地调研工作法，已经成为发展人类学者在国际开发领域巩固地位并发挥其特长的一大法宝。

参与观察法的奠基人马林诺夫斯基，在教学和研究实践中逐步形成了一套能支撑起以田野研究为基础的人类学方法论的全新体系。支撑这一体系的认识论基础是：文化如同一个生物有机体，其整体运作和维持依赖于机体各个部分所发挥的不同功能。在这一整体论的全观视角中，特定社会和文化系统内的组成部分如环境、人口、技术、社会组织（家庭、婚姻、亲族实践、性别关系等）、政治和宗教都是研究的重要变量，参与观察是了解和分析这些变量如何互动和相互影响的上佳手段。这是因为，生活在社会和文化系统内的人是活生生的生命个体，他（她）们以自己独特的方式在不断地操纵、塑造和调整文化模式。尽管近年来，人类学界内外在方法论层面有不少质疑参与观察法的声音，但似乎还没人能找出一种比它更有效和直接的实地考察方法。

马林诺夫斯基与特布里安岛岛民

与马林诺夫斯基最初创立的人类学田野研究方法相比，发展人类学的研究手段在实践中不断地演变成更为实用和更注重实效的一系列工作方法。其中，快速研究法(Rapid Research Methods，缩写为RRM)是具有代表性的一种发展人类学研究法(Chambers，1983)。快速研究法是一种为了在短时间内获得文化和社会层面的数据和信息,针对当地情况而设计的研究方法。其研究策略包括:事先预备好一组用来收集具体信息的问题;对目标人群分组进行访谈和讨论(这一模式有别于传统田野研究中研究者与研究对象一对一的访谈);在当地的主要信息提供者或者知情人(key informant)陪同下访问特定区域,随时提问并获取研究数据。如运用得当,快速研究法能及时提供有利于研究和分析与经济发展有关的一系列问题和机会。应该说,快速研究法特别适合在课题组中结合实际情况,与其他研究方法一起灵活使用。①

印尼巴厘岛的农村社会发展项目策划,为我们提供了一个在实践中有效使用快速研究法的范例(Mitchell,1994)。这一项目的目的在于辨别和分析由于经济发展而产生的环保及社会方面的负面影响,为印尼政府的下一个五年发展计划提供决策建议。来自加拿大温莎大学的人类学者和印尼大学的研究生组成联合调研组,对八个村庄进行田野研究,以获得岛上有关生态、经济和社会方面的第一手资料。每个调研组包括四名成员,来自加、印两国,两男两女。每一组至少要在两个村庄进行研究。所有的研究人员都会说印尼官方语言,同时至少有一名组员能说岛上的方言。研究者在每个选定村庄进行为时四周的参与观察,并采用多种收集数据的方法:通过查阅省至村一级的档案以及与村内的各类重要信息提供者或知情人深度访谈以获取背景材料。这些信息提供者来自社会生活的各个方面,包括村长、宗教领袖,妇女、青年、学校教师、卫生医务工作者和务农人员。研究者同时还在不同的社区进行了家庭访问,以其中的男女

---

① 笔者所在的复旦大学社会发展与公共政策学院在 2006 至 2007 年间与英特尔公司产品定义平台共同合作的对中国乡村信息技术(ICT)实践的田野调查,也是使用快速研究法的成功案例。

各 15 人和一批小学生作为重点访谈对象。其他的研究手段则以对村庄状况和日常生活的观察为主。研究者为每个村庄专门设了案卷，收集了有关从生产和市场活动到当地政府管理、卫生和福利设施以及文化艺术等方方面面的重要数据。这一项目最终获得了有关由城市化和旅游业发展而产生的环保及社会压力的宝贵资料，为政府官员的决策提供了重要依据。

发展人类学者发现，在对某个固定社区进行需求评估（needs assessment）时，采取多管齐下的研究策略，既能达到省时高效的目的，又可保证数据的高质量和完整性。1990 年，加拿大一家名为"联合之路"（United Way）的慈善机构，委托萨斯喀彻温大学人类学系的研究人员对萨斯卡通地区做一次调研，以确定未来的援助重点和方向（van Willigen, 1993：204 - 205）。当时萨斯卡通是加拿大西南部的一个贫困地区，有大约 20 万人口，失业率高达 10%，农业、林业、矿业和制造业为该地区的主要经济特色，为穷人专设的"食品银行"和"汤水厨房"等福利设施已无法满足与日俱增的救济需求。人类学者厄尔文（Alexander M. Ervin）率领他的团队将项目设计的目标定为获取预期社会需求的底线数据，以帮助"联合之路"进行及时合理的决策。整个调研过程共采用了 6 种数据收集方法：回顾和浏览所有与该地区社会需求有关的现有文献、分析经济和社会指标、举办 3 次公共论坛、与社区组织提供的主要知情人（key informants）进行 135 次深访、组织 6 次焦点小组讨论，以及对 28 位"联合之路"的项目执行官进行专访。多种方法的综合使用，使欧文和他的团队在较短时间内对社区层面的民意和慈善机构本身情况有了深度认识。在递交的最终报告中，研究者发现和判明了 200 项需求，并将它们分成包括普通保健、精神卫生、老年人口、原住民议题、种族歧视和移民与难民安置等

17个大类。同时还提出了一系列建议,供"联合之路"在决策时选择。

发展人类学者在对快速研究法进行改造和变通的基础上,又摸索出一套更有创意的社区参与式研究法(participatory research methods)。其目的在于激励当地人参与到项目的具体实施过程中来,并在实践中不但充任主要信息提供者的角色,还能逐渐担当具体的研究重任(Kabutha, Thomas-Slayer & Ford, 1993: 76)。这一处于发展人类学前沿的研究方法是建立在这样一种考虑之上的,即:地方性知识应该是任何发展项目的根基,而当地人作为地方性知识的拥有者,完全有能力而且也应该通过专业训练学会自己收集和分析田野数据。这一方法的优点是在项目选择和评估阶段就能获得来自社区成员的反馈,从而使项目在当地产生的不仅仅是短期效应,而且是一种持续性的良性效益(详见下节有关维柯斯计划的评述)。

发展人类学与生产实践

最能体现发展人类学在实践中应用价值的,首先是它的重农立场和兴农志向。"农业人类学"一度成为发展人类学的一个代名词。如上文所述,人类学者在美国国际开发署这一美国对外援助主要机构中,通过自己的努力,已经赢得了来自各方的尊重和信任。美国国际开发署在20世纪70年代设计了一系列以提高发展中国家农作物产量为目的跨学科研究项目,其中有一项与高粱和小米种植有关。当时高粱和小米是一些发展中国家人民的重要口粮。在这一被称为"高粱与小米国际研究课题"的项目中,人类学者负责社会经济层面问题的研究。来自肯塔基大学的人类学者运用田野研究技能,获取第一手材料,了解和掌握在苏丹和洪都拉斯的资源贫困地区,高粱和小米种植者在生产、分配和消费过程中所受的社会和经济条件束缚情况（Reeves，Dewalt & Dewalt，1987）。人类学者将研究的初步发现提供给项目的其他成员和项目所在国的政府官员及农业科技人员，在他们看来，分享这一知识成果必定有利于提高研发效益。

农业生产中随时出现的棘手问题，也对人类学者如何在实践中灵活运用人类学技能，优化田野研究模式，提出了更高的要求。由人类学家理弗斯（Edward C. Reeves）和德沃特（Dewalt）夫妇主导的研究团队，通过摸索，整理出一套能体现学科基本特色的整体和比较研究模式。这一被称为"耕种系统研究"的模式具有相当高的实践价值，它能全面、清晰地让决策者看到农民为缓解资源匮乏的局面，如何通过琢磨和尝试来发展出与所处社会环境和生态条件相匹配的生存策略；使研究者将不同农作物和牲畜的种植及饲养环节，整合在一个地方性的管理系统内进行审视、分析和判断；将耕作生产、农户消费行为和来自农户种植之外的收入加以联系，大大丰富研究资料的内涵（Reeves，Dewalt & Dewalt，1987：74）。

耕种系统研究模式与传统意义上的农业研究方法之间存在着明显的差别。一般来说，在实验中每次试种和测试一种作物是基本的农业技术模式，这也是项目内许多具有国际声望的高粱和小米研究专家获得实践经验最重要的一条路径。然而，在以前这些专家却很少与发展中国家的普通农民有过任何互动和交流。于是项目内的人类学者对自己在其中所应扮演的沟通者角色有了更为真切的感受。用他们的话来说，人类学者在跨学科课题组中的作用就是，"要促进农民和农业科技专家之间的持久性的对话；前者能为后者提供有利于作物成长的地方性知识和经验，而后者则能创造出用于解决老问题的新办法"（Reeves，Dewalt & Dewalt，1987：74 - 75）。然而在项目中要做到这一点并非易事,因为农民和科技专家观察问题的角度和思维方式的确有着难以调和的差别。为了使这两者能够有一个进行实质性交流的基础,人类学者在这种情形之下就得熟悉两套截然不同的语言表达习惯和概念体系。人类学者随即制定了下列更加清晰明了的目标:确定高粱和小米增产的瓶颈之所在,使农业研究人员的关注点更为集中;弄清农民对于新技术的态度,以及新技术中哪一方面能为农民带来最大的收益;探讨将新品种和新技术向社区及地方层面推荐、介绍的最佳方式;阐明品种和技术创新为耕作区域的生产、分配和消费模式带来的长期效应及意义(Reeves,Dewalt & Dewalt,1987:74)。

该项目的人类学者始于 1981 年 6 月,在苏丹西部和洪都拉斯南部进行了历时 14 个月的田野考察,采用的是以马林诺夫斯基首创的参与观察法和深度访谈为主,并辅之以针对农民、商人和中间人为对象的问卷调查的研究方法。他们发现降水不确定、土壤肥力低和劳动力及财政资源短缺是农民在发展过程中遭遇的主要障碍(Reeves,Dewalt & Dewalt,1987:80)。当然,研究者也看到植根于特定的社会和文化系统的受困农民,是以他们对自身地位的意识和对农业生产的理解为基础来做出他们认为合情合理的判断和决定的。由于项目的研究,美国国际开发署的有关人士认识到,"要真正满足发展中国家普通农民的需求,任何具有前瞻性的技术创新,必须在乡村实地和农民经验相符的耕地上得到验证"(Reeves,Dewalt & Dewalt,1987:77)。为了说服美国国际开发署内的科技专家和官员接受这一观点,人类学者站在农民的立场上,最终与苏丹和洪都拉斯政府签订了能确保农民利益的项目合同。

为了与科技专家和行政机构达成共识,人类学者做出了不少额外努力,结果项目的科技专家携手合作,就两国农民在农业实践中对于生产方式的具体选择和做出决定的过程进行了一番探究。他们深知,很难将所有遭遇资源短缺困扰的农民归于同一类型。也就是说,社会进化论式的分类模式在实践中是行不通的。在苏丹,处于极端贫困状态的农民在种植季节来临之际难免要遇到这样的困境:是在自家园地除草还是为他人打短工,以便挣钱养家? 选择前者可能是一种有远见的做法,但这也意味着他们的家人得冒挨饿的风险;后者则使他们在眼前能糊口,但会影响最终的作物收成。这一两难困境使农民的需求和选择完全依赖于当地现有的资源及条件。由此,两国政府最终决定和项目一起,为以受困农民为主要受惠对象的课题增加拨款,并派专员负责协调项目工作。

人类学者的研究成果终于在高粱种植新项目实施过程中起到了应有的参考作用。然而,这几位人类学者清醒地认识到,要让新项目在短期内促进高粱和小米高产,是不切实际的幻想。最重要的是,在项目实施过程中各方人士都逐渐认可了人类学者所确定的种植系统研究目标以及田野调查的价值(Reeves, Dewalt & Dewalt, 1987:79)。人类学者令人瞩目的工作业绩使项目决定继续资助以缓解受困农民资源短缺为目的的长期调研课题。而且,在新一轮研究中,项目决定将重点放在如何改良当地已有的高粱品种上,而不是单纯介绍新的杂交品种,其目标在于培育出适合与其他作物同田混种的当地的高产品种。

很显然,如果项目没有人类学者加盟的话,苏丹和洪都拉斯两国所接受的援助款将大打折扣。更重要的是,发展援助的方向在项目实施地将不可避免地发生偏差。这一经验促使包括美国国际开发署在内的众多国际开发组织调整在经济欠发达地区的发展项目的目标。许多发展项目都缩小了规模,以发展适合当地情况的技术为重点,使受援地区的经济有所起色。发展人类学者的建言使过去那些依靠大规模建设来使当地人得到"垂滴式"效益的项目得到控制,而发展人类学者也将自身的研究重点转向辨别当地人的实际需求,并且通过评估这些需求,以帮助当地人掌握新技能的方式促进经济发展。在这一方面,维柯斯计划(Vicos Project)为发展人类学实践提供了极为宝贵的先例。

康奈尔大学的霍姆伯格(Allan Holmberg)教授和秘鲁人类学家瓦斯库斯(Mario Vasquez)在20世纪五六十年代安第斯高地"维柯斯计划"的实施过程中,扮演了必不可少的决策者和分析家的角色。"维柯斯"是康奈尔大学在1952年为了开展一项研究项目而租借的一个庄园的名字。这一项目的宗旨是在安第斯地区的印第安居民中普及教育、提高识字率、改善卫生和健康状况,以及传授农业生产新技术。在维柯斯计划付诸实施之前,该地区的印第安人过着食不果腹的日子,他们在庄园内的土地被分割成一块块很小的自留地,无法种植土豆等作物。作为庄园的债务人,印第安人不得不通过在庄园主的土地上无偿劳动还债。

康奈尔大学的项目进入庄园成了该地印第安人实际上的新主人后,化解传统的剥削模式和指导印第安人走向自力更生就成了实现维柯斯计划的主要目标(Holmberg, 1964)。在维柯斯计划实施过程中,印第安人在进行有偿劳动的同时,还学会了种植新品种土豆和使用肥料、农药。其劳动所得的绿叶蔬菜、鸡蛋和水果则进一步丰富了他们原本单调的食谱。

维柯斯计划的教育普及项目则使印第安人开始熟悉民主的代表组织形式。当印第安人的独立自主程度日益加深后,庄园的传统权威结构开始分崩离析。在 1962 年,印第安人从原来的主人手中购下庄园,从而确保了他们自给自足经济模式的稳定性和持久性。总的来说,维科思计划使当地印第安人在衣、食、住和健康医疗水平等方面有了长足进步。该计划也几乎成为发展中国家类似项目的样板。

然而任何类似维科思计划这样具有改革意味的项目,在实践中都难免会使人类学者和开发商或地方官员陷入不可调和的矛盾之中。这是因为官商之间一旦形成利益共同体,为加快现代化和社会发展步伐,都会立马实施那些资金密集型项目,如修坝和水力发电厂等。而人类学者大多会建议在决策过程中加入当地社区承受能力、劳动力的合理使用以及已有财政承受能力等因素,进行统筹谋划。人类学者的建议由于违背官员和商人的利益,很容易成为决策者的耳旁风。更重要的是,任何地方政府都需要以发展项目作为立竿见影的政绩工程。在这种情况下,人类学者便不得不选择为受到项目影响的民众主持公道的维权者角色了。

文化资源管理

上文论及的那些大规模的工程建设项目,不仅会对实施地平民百姓的生存,而且往往会对当地人祖先留下的极具考古价值的各类文化遗产(如古迹保存和文物维护等),造成不可估量的负面影响。修复和保存文化遗产,使之免受经济发展计划和建设项目带来的毁灭性打击,使美国等地的文化资源管理(Cultural Resource Management,简称 CRM)成为具有考古学背景的人类学者一展身手的平台。从事文化资源管理工作人员,通过与政府相关部门、私人开发商或者原住民社区组织订立协议,帮助各方在发展与文化资源保护之间寻求平衡、协调矛盾。值得我们重视的是，文化资源管理专家不但要全面参与保护文化遗产，还要介入日常的"管理"程序，也就是说，他们要通过反复评估论证，根据古迹的历史和文化价值，做出有关拆除、迁移和原址保护的建议。

在 20 世纪 60 年代，通过修筑水坝来防洪和满足不断增长的电力需求，是众多发展中国家的共识。在埃及尼罗河上兴建的阿斯旺水坝是其中最具代表意义的一个案例。考古学者发现阿斯旺水坝一旦建成，会形成一个巨大湖泊，永久地淹没包括著名的拉美西斯二世神庙在内的众多古迹。用文化资源管理专家的话来说，考古学者必须拿出一个缓解计划来挽救、保护文物和古迹。埃及政府向国际社会和世界各地的考古专家求援，以期得到两全其美之策。到 1965 年阿斯旺水坝竣工之时，考古学者在坝址区进行了几百次发掘活动。通过联合国教科文组织和埃及政府的共同努力，考古学者成功地对两大神庙群实施了完整迁移。在神庙搬迁过程中，他们运用各种先进技术，将巨大的巨像分割成一千多块，其中最大的一块重达 33 吨。然后他们在高地将神像重新组装，可谓天衣无缝。

尽管在修建阿斯旺水坝过程中，由于时间和物力等客观因素，还是有一些具有潜在考古价值的遗址未及发掘或搬迁，将永远地藏身水底，不见天日，然而能将两大神庙群妥善转移至离原址仅 100 多英尺的安全地带，并使其中的四大巨像完全复原，已是巧夺天工之举。更重要的是，这一"抢救考古学"（salvage archeology）的经典案例，使得决策者在经济发展过程中开始真正认识到保护文化资源不受损失的重要性，并且采取措施在经济开发的同时对所在地的文化资源进行系统甄别和评估。有必要的话，决策者会压缩建设规模或者重新设计项目，以确保文化资源不受侵害。抢救考古学的成功经验，对于由联合国资助的柬埔寨吴哥窟外墙清理和修复等文化遗产项目,具有明显的示范意义。

在美国,从事文化资源管理的考古专家常常以国家森林公园顾问的身份,帮助有关方面用试探发掘的方法来确定最后园地建设的方位,以利于文化遗产的全面保护。考古专家还会对试掘发现的历史文物价值进行评估,提出实际可行的建议。1966年全国性的历史保护法案获得通过,从此以后,无论是政府部门还是私人企业,凡是需要建造工厂、楼宇、商厦、停车场或任何商用、民用设施,都必须提交报告,就工程对历史遗迹可能会造成的影响以及采取何种保存措施做出详细说明。文化资源管理因此变得更加专业化和市场化,并且在应用人类学界催生了"合同考古学"(Contract Archeology)这一全新的行业。以合同考古学为主业的公司,通过竞争投标的方式来获得授权,对受到工程建设影响的历史遗址进行定位和发掘研究,并将结果公之于众。

哈佛大学考古学和民族学博物馆(Peabody Museum)自1866年成立以来,收集了大量印第安原住民部落和玛雅文明的各类文物。从20世纪70年代开始,哈佛大学考古学和民族学博物馆就着手进行一项"完璧归赵"计划(repatriation initiative),旨在将墓葬物品和其他馆藏文物逐步归还给原部落。1997年华如璧(Rubie Watson)成为该博物馆首位女性馆长和首位社会人类学家出身的掌门人。①华如璧任馆长期间除了负责建筑修缮、专题展览筹备、文物保护工程建设和加强培训博物馆各部门的专业技术人员,还按照美国1990年

---

① 华如璧教授在1993到1995年间担任本人所在哈佛大学东亚地区研究专业的硕士指导老师。在华如璧任考古学和民族学博物馆馆长期间,本人有幸以研究生和助教身份参与博物馆组织的许多活动。

通过的《美洲原住民墓地保护和返还法案》（简称 NAGPRA），加速实施将馆内印第安原住民文物归还所属部落的工作。当博物馆大堂内的巨大图腾柱被小心翼翼地移出大楼，前来接受的部落成员载歌载舞，部落艺术家还按原件亲手制作了全新的图腾柱回赠给博物馆。华如璧馆长将具有特殊历史价值的物品归还主人，恢复了博物馆展品原先的宗教和文化功能，从而也保障了原住民对本民族文化资产的拥有权（cultural rights）。笔者认为，在不远的将来，像大英博物馆这样具有世界声誉的文物集萃场所，完全可以借鉴哈佛大学人类学—考古学和民族学博物馆的这一模式，将其相关馆藏逐步归还给包括希腊和中国在内的文明古国。

在中国，文物考古和历史遗产保护一直受到从中央到地方各级部门的高度重视。有关法律法规也在不断健全和完善之中。然而，全球化、经济高速发展带来的商业化和市场化浪潮，对于中国保存文化资源的千秋大业来说，是一场前所未有的挑战。以顺变的心态，通过学术交流等途径，在实践中灵活借鉴国际人类学界在抢救考古学、合同考古学方面的有益经验，对于中国进一步提高发掘、整理和修复历史古迹的专业化水平，寻求开发和保护的平衡点，具有不可小觑的长远意义。

一般来说，与其他从事国际开发的社会科学学者相比，人类学者更善于吸收本学科各分支以及其他相关学科的理论知识，并灵活运用技能和数据来分辨、评估、解决实际问题。田野经验丰富的人类学家强调包容和平等对待异文化，其观察世界、为人处世的方式也多与其他参与国际发展项目的专业人员有所不同。笔者与霍普金斯大学高级国际研究院（SAIS）和乔治城大学曾经在国际开发组织任职的同事交谈时得知，由于熟悉语言和风土人情，发展人类学者更加重视对小范围社区进行实地调研，尤其是那些人迹罕至的村落，或是那些饱受传媒偏见歧视的、已被概念化的部族。

人类学者通常对文化差异有极强的敏感度，重视田野调查的训练和对于地方性知识的系统采集，常常比决策层更能认识到决定发展项目成败的社会条件和接受援助的当地人的真正需求。这是因为人类学者一直强调在项目策划和实施之前投入必要的时间和资源以取得第一手宝贵资料的必要性。不夸张地说，人类学者在任何国际发展项目团队中的缺席，都会导致援助款的白白浪费。不管项目对于改善当地经济条件的意义有何重大，若决策者缺乏对制约发展的文化社会条件的了解，而且对项目实施后给当地人日常生活带来的影响（尤其是负面影响）一无所知的话，项目就会变得不切实际，甚至以失败告终（Scott，1998）。在实践层面，发展策略的成功取决于项目的实施是否符合当地文化条件和满足当地人的需求。只有如此，项目的设计和实施者才能成功地发动男女老幼和包括传统社团在内的地方社会各阶层的力量，最大限度地实现社会和经济效益。如第七讲所述，揭示这一通常为经济学家和技术人员所忽视的规律，正是人类学田野研究对于发展实践的价值和意义所在。

第七讲　发展实践中的文化和社会因素

> 西方文化从重视自然世界的这一方向发生了技术革命,称霸了二百多年。人文世界必须要依托自然世界那是不错的,但是只知道利用自然来满足人的需要是不够的。自然世界要通过人文世界才能服务于人类,只看见自然世界而看不到人文世界是有危险的。
>
> ——费孝通①

本讲开篇所引用的费孝通《文化：传承与创造》中的这段论述,寥寥数语却鞭辟入里。可以说,费老的这段话点出了西方文化在现代化理论主宰下难以克服的一大致命伤：长久以来只重视运用技术手段改造自然世界,却忽视人文世界在发展中的价值和作用。费老的洞见已得到无数人类学田野案例的印证。著名发展人类学家科塔克(Conrad Kottak)通过比照和分析 68 个发展项目的成效,发现在经济层面获得成功的发展项目都离不开项目实施地文化和社会层面所存在的各种有利条件；与地方特殊的人文环境相吻合、与社会发展步调一致的发展项目,其成功概率是那些很少或无视社会和文化因素的项目的两倍(Kottak,1990)。实践证明,项目实施地的文化和目标人群是决定项目成败的主要因素。一些国际组织和著名基金会资助的经济项目,由于难以适应当地文化生态环境而不得不中途夭

---

① 费孝通：《文化：传承与创造》(1995 年 7 月 1 日),载《费孝通散文》,第 531 页。

折。在国际开发项目中,这样的失败案例不胜枚举。

在第四讲《文化与发展》中,笔者重点论述了"文化"概念的科学性和文化话语与发展研究在学理层面的相关性。本讲的主要着眼点是由于发展而引起的文化变迁过程以及文化在实践层面所具有的显著特征。早期国际开发组织的项目失败的原因并不仅仅是项目专家缺少人类学有关文化变迁的基本常识,如传播与涵化,而且是他们对于项目实施过程中地方文化的特征缺少必要的关注和重视。任何形式的文化在实践中都会显现出适应性、整合性和可塑性这三大特征。而任何发展项目,一旦进入启动阶段,其效果相当于向实施地输出一种外来文化,并在较短时间内促发涵化(由于交流和接触,使旧有文化发生某种改变,见下文专述)。一般来说,外来文化通常代表着先进的技术和理念,旧有文化的某些要素在历史上可能有较强的适应性,却无法适应眼前的客观情况,势必要被扬弃。然而,不管是雪地摩托也好,还是配方奶粉也罢,任何旨在改变原有生活方式的新文化,无论其技术含量有多高,只有在真正适应当地的人文和自然世界的时候,才能使涵化的过程变得温和顺畅,使新文化的引入发挥更加正面和积极的作用。

文化的整合性特征决定了发展项目的实施不能集中在当地文化的某一方面,而不顾其他。如本讲案例所示,许多时候,项目受阻的根本原因,并不在于受援地区的民众拒绝变革,而是项目与当地生活方式的诸多方面发生了难以调和的冲突。同时,文化的可塑性则确认了在实践上的改变文化习惯的可能性。正是基于这一认识,发展人类学者都会坚持在项目实施之前进行必要的社会影响研究,以减弱和消除由涵化引起的消极效应。无数案例告诉我们,在应对实践中遭遇的形形色色的问题和挑战之时,对技术和相应的文化与社会因素采取等量齐观的态度,才是一种合乎理性的发展策略。

发展与文化变迁：传播与涵化

　　人类学视野中的发展实践与文化变迁之间存在着一定的因果关系。由于发展而产生的文化变迁,至少有两种表现形式：传播和涵化。简单地说,传播就是一种文化介入的过程。通过交流和接触,某种技术知识以及特定的思维和行为模式从一个社会流入另一个社会。在历史上发生的文化传播类型大致有三种：第一种是在两个力量和发展程度大致相当的文化系统之间互相借鉴和模仿。这种传播是对等的。比如,在 20 世纪中期,美国的摇滚乐这种新颖流行音乐形式传播到英国；而到了 60 年代,英国则以披头士乐队作为一项文化产品推广到美国(这一事件被传媒戏称为"来自英国的摇滚入侵")。第二种多半发生在实力不平等的社会之间,也可以说是一个强势文化压制弱势文化的过程。这一过程可以充满暴力和血腥(如美国向印第安原住民推行的同化政策所造成的文化灭绝后果),也可以借助市场和教育等途径,以微妙的方式促销某种理念和实践模式(美国在冷战时期向第三世界派出的和平队[Peace Corps],在发展中国家和地区扶贫帮困的同时,也有意无意地普及了自己的价值观和行为准则)。在最后一种传播过程中,强势文化也会吸收弱势文化的某些形态。比如,殖民时期印度文化对英国上层社会消费方式和东方艺术品位的形成,都产生了重大的影响。必须指出的是,在这一过程当中最根本的推动力量是以掠夺为基础的文化帝国主义。伦敦塔内价值连城的印度珠宝和大英博物馆内取自古代埃及和中国的文物,便是这种不对等文化传播的最好例证。

任何类型的文化传播都会导致某种程度的涵化,即某种文化在与另一种文化接触之后所产生的变化。彻底的涵化便是一种文化被完全同化之后失去原有特征的过程。许多时候,通过单向和不对等传播而引发的文化变迁,通常使得新型文化的接收方,即处于弱势一方的文化濒临灭绝的境地。可以说,原住民被迫放弃所谓的落后生产方式和接受先进技术这一事实本身,就是一种极端的涵化过程。对于发展人类学者来说,重要的是在实证基础上对涵化进行理性的分析和思考,而不是做出反映自身政治立场的价值判断。

在过去的半个多世纪内,对某一文化在迅速引入新理念或者新技术之后,其系统自身和内部成员对所发生的变化的反映,人类学家以田野研究和历史考察相结合的手段进行了细致研究。其中的一个有关涵化的经典案例,就是雪地摩托给芬兰的萨米人(旧称拉普人)带来的灾难性后果(Pelto,1973)。直到 20 世纪 50 年代,渔猎和牧养驯鹿都是芬兰的萨米人赖以为生的经济形式。驯鹿不但是萨米人的食物来源,还有重要的经济和社会功能。驯鹿常被用来运载货物(如取暖所需的柴火)。由于其稳定的交换价值,驯鹿一直是萨米人的主要贸易物品和礼品。当地的儿童在长出第一颗牙齿之后,就会得到一头驯鹿,作为对生命周期中这一时刻的标记。互赠驯鹿也是恋人托付终身的重要仪式。在婚礼上,驯鹿是最珍贵的礼品。每年夏天,驯鹿被放归自然。到了秋天,猎鹿就成了整个社区的节庆活动。

然而,到了 20 世纪 60 年代,由于雪地摩托的不期而至,萨米人的传统生活方式发生了翻天覆地的变化。在先前,萨米人是依靠雪橇为交通工具来放牧驯鹿的。而雪地摩托的广泛推广,对驯鹿管理产生了不少意想不到的后果。以机械化方式牧养驯鹿使得萨米人的围猎范围明显扩大,围猎次数大大增加(传统的做法是一年围猎一次）。而驯鹿的数量急剧减少。其主要原因是,驯鹿在雪地摩托的追赶下,要比以往奔跑更长的距离,而且还由于雪地摩托发出的噪声受到不必要的惊扰。新的围猎季节又不巧遇上母鹿的产期,为其生产平添一个不稳定因素。

雪地摩托数量的增加,不但直接导致了驯鹿数量减少,而且还使得萨米人不得不更加依赖对以现金交易为主的外部经济。为了应对新技术来临的挑战,萨米人需要一定量的现金购买雪地摩托、汽油和支付零部件及修理费用。原本高度地方化的经济模式遭到彻底瓦解,社会上出现了前所未有的不稳定局面。由于入不敷出,许多家庭无法维持参与围猎的现金支出,被迫退出牧养驯鹿的行列。使用雪地摩托使青壮年在围猎时占尽优势,而年长者无法靠经验取胜,经常被淘汰出局。为了购买和更新雪地摩托,萨米人入不敷出,债台高筑,最后不得不背井离乡,进入城市以打工为生。

值得我们重视的是,萨米人以及居住在阿拉斯加的因纽特人对于新技术的到来并没有太大的抵触情绪,而且还相当乐意将传统的雪橇换成现代化的雪地摩托。然而雪地摩托的广泛使用,给萨米人留下的教训也是极为惨痛的。任何人为的快速涵化过程,如果不在事前做周密的筹划,权衡利弊得失,对潜在的后果进行冷静的思考和评估,引起文化和社会灾难的可能性就会大大增加。对于发展人类学者来说,雪地摩托和萨米人的遭遇是一个不容忽视的预警信号。与此同时,对发展项目进行社会影响研究也显得更为必要和紧迫。雪地摩托案例留给当地人的启示就是:在引进新技术、新产品或者新思想时,千万不能只图一时之快,而忽视了对未来变化的预测和应对。如下文的案例所示,只有充分运用人类学常识和田野工作技能,对新事物在适应性、整合性和可塑性方面进行周密考察,才有可能做到防患于未然,将那些容易引起"水土不服"的项目拒之门外。

文化的适应性、整合性和可塑性

人类学田野工作者对于文化的适应性、整合性和可塑性这三大特征的认识或假设,对经济发展实践具有重要的指导意义和实用价值。一般来说,文化的存在是以它能否适应其所在的物质和社会环境中的特定条件为前提的。在空间层面,文化并不是在任何环境中都具有适应性,离开了它如鱼得水的特定环境,文化也会变得水土不服。在众多失败的国际发展项目中,有一个在人类学者间广为流传的令人哭笑不得的例子。在 20 世纪 70 年代,为改善南太平洋地区原住民的营养和健康状况,某国际组织实施了一个旨在增加岛民牛奶消费的援助项目。大量的美国奶粉被空运到岛上,供岛上居民免费饮用。然而,多数岛民在喝奶之后就腹泻不止。原来他们体内天生缺少一种能消解乳酸的酶。岛民们便按习俗以用奶粉冲泡的白色浆水来粉刷他们的房屋。这是当地人为治愈腹泻之类常见病所举行的一个传统仪式。由此可见,在项目策划过程中忽略文化在特定环境中的适应性,其后果不仅仅是浪费资源,而且还会导致预期受惠人群根本无法从项目中得到任何利益。如果说上述例子只不过是个茶余饭后的笑谈的话,那么本讲所讨论的其他由于文化误判而导致当地民众对实施项目反感乃至抵制的案例,则值得深思。

文化的整合性,则必须通过文化系统内各组成部分或要素之间的高度协调一致来充分体现。根据这一人类学的整体论宗旨,如果只是紧盯着文化的一两个方面来做研究的话,视野会变得相当狭窄。以研究巴布亚新几内亚部落间冲突为例,置身田野的研究者很难做到只关注战争本身而不顾当地文化的种种特征。巴布亚新几内亚高地文化最引人瞩目的一个方面,就是宴会上的肉猪交换。这一仪式充满了浓重的政治意味。任何想成为地方政治领袖的男人,首先得有一定数量的肉猪作资本。番薯是猪的饲料,种番薯是男人干的活,而女人管养猪,这一性别分工意味着多妻的男人更容易攒足够头数的猪来置办酒席,并达到出人头地的目的:通过设宴款待,头人的地位提高,宾客为还人情,渐渐地从食客变成愿意为头人效力的门客;而成为领袖的头人得以呼朋唤友,聚众袭击邻近村庄,引发部落冲突,战斗获胜者赢得更多的土地。至此,这一例子已经让我们看到了地方文化的经济、政治和婚姻制度层面。但还有其他值得考虑的关注点,比如说,当地人相信超自然力量能左右战争的结局,于是他们在长矛和盾牌上涂上特别图案;在宴会和婚礼仪式上,身体的纹饰则被用来表示身份认同和社会地位。

对于发展人类学者来说,文化的整合性具有无比重要的意义。任何发展项目如果只是触及了当地文化的一个方面而不顾及由此引发的其余各方的变化,后果将不堪设想。以发生在 2008 年 9 月的那场震惊全国的"三鹿毒奶粉事件"为例,如果我们不是仅仅从企业伦理和社会责任感的缺失出发,而是以文化整合性失效为关注点,就能看到隐藏在这一食品危机背后的一幅令人担忧的图景:在商业和权力的双重作用下,配方奶粉喂养这一原本缺少适应性的工业化社会的育儿文化模式,在输入非工业化社会之后,有效地瓦解了以母乳喂养为主的传统哺育模式的整合性,从而塑造出一种完全以市场和资本操控的"科学育儿"模式,而这种极端涵化带来的必然结果是一场育儿文化的"畸变"。必须指出的是,在人类历史上采用动物乳制品或其他手段(如雇佣奶妈)替代母亲本人喂养婴儿的做法并不少见,然而在 20 世纪,乳品产业运用市场力量介入的方式来影响消费者的选择和决定(是母乳喂养还是配方奶粉喂养),是一种史无前例的营销模式。在此期间,配方奶粉制造商和与此有关的医疗和营养权威机构,都对母亲最终放弃母乳喂养而使用配方奶粉起到了不同程度的推动作用。乳品产业和医疗卫生系统结成了利益共同体,以"科学"和"技术"的美好辞藻一起制造了有关配方奶粉的全能神话,同时贬低了母乳喂养在实践中的价值和意义。

面对 20 世纪七八十年代北美和欧洲地区来自消费者的维权行动的压力,绝大多数生产配方奶粉的跨国企业渐渐缩小了在本国的营销范围,将目光投向发展中国家的新兴市场。由于其雄厚的资本实力和销售策略,几乎毫不费力地抢占了大量原本属于本地乳制品产业的市场份额(Van Esterik, 1986)。在全球化日益加剧的大环境下,当配方奶粉的营销重点从欧美市场转向发展中国家和地区之后,本土性和地方性儿童抚养文化在婴儿食品的商品化和市场化力量夹击之下,被不断重塑,从而引发了深层次的异变。因此"三鹿毒奶粉事件"不过是这场异变中的一个插曲而已。跨国和国内的配方奶粉生产厂商、与其结盟的医学专家(如儿科医生)和地方官员,以及为配方奶粉代言的娱乐界名人等,都在这场文化异变中扮演了托儿的不光彩角色(在欧美,娱乐行业的名人几乎不会考虑为任何婴儿食品做代言人,而且他们多半是母乳喂养的提倡者和亲历者)。在营养医学专业术语包装下,传统的母乳喂养模式显得是如此落后和过时,最终不得不让位于配方奶粉和其他替代喂养方法。

尽管很少有人质疑母乳喂养这一科学常识的合理性,然而我们还是不得不面对众多国家和地区(包括中国在内)的妇女由于放弃传统的母乳喂养模式,转向使用配方奶粉喂养,不得不面临的灾难性后果。首先,使用配方奶粉喂养对水质和奶瓶的清洁程度有相当高的要求。在许多贫困地区,母亲使用遭到污染的饮用水冲兑配方奶粉,无异于平添新的健康隐患。当婴儿日渐长大而食量日增之时,捉襟见肘的母亲再也买不起足够量的配方奶粉,只得以水冲淡奶粉,将就着对付嗷嗷待哺的婴孩。这种不是办法的办法往往又导致了原本可以避免的婴儿营养不良。在多数时候,母亲在使用配方奶粉喂养婴儿之后,连反悔的机会都来不及,因为一旦中止母乳喂养,哪怕只是很短的一段时间,母体本身几无可能再分泌出足够量的奶水。由此可见,从放弃母乳到选择配方奶粉喂养其实是个不可逆的过程(Scheper-Huges,1992)。而这个过程对于农村或城镇低收入妇女来说,可以说是引祸上门。

委内瑞拉农村的哺乳期妇女就曾因强烈抵制政府和国际组织联合推行的一项免费提供配方奶粉的计划,得到发展人类学者的脱帽致敬。尽管委内瑞拉母亲们抵制的原因似乎来自文化信仰的层面(在当地人看来,用奶粉喂养婴儿就意味着母乳不合格,也可以说母亲的身体还不够健康),但发展人类学者仍然认为她们对配方奶粉说"不"既是直觉式的行为,更是睿智的选择(Foster,1969:8-9)。首先医学研究证明,健康母亲的母乳较之配方奶粉有着无可比拟的营养价值,可以说母乳能为婴儿成长提供最好的营养需要。同时,母亲又能通过母乳将抗体传给婴儿。然而常识终究抵不过由商家和营养学家编织的配方奶粉营养均衡的神话。加之独生子女的家长们育儿心切,使得使用配方奶粉喂养成为一种现代化的科学育儿方式,受到各方精英的推崇。

与多数正直的医学专家一样,发展人类学者是母乳喂养模式的积极提倡者,但他们更愿意采取具体问题具体分析的态度。比如说,在推广母乳喂养的实践中,发展人类学者发现了硬币的另一面,即在市场经济语境下,如果让认同"科学育儿"方式的都市女性放弃配方奶粉喂养,也会遭遇类似委内瑞拉母亲们般的抵制行为。根据一项旨在鼓励美国东南部女性选择母乳喂养的研究,发展人类学者指出:妇女们即便完全理解母乳喂养是一种科学和健康的育儿方式,在实践中她们仍然显得犹豫不决。首先,在心理层面,她们无法确信自己有充足的母乳来喂饱孩子;其次,在某些公共场合喂奶,会使她们觉得尴尬和难看;最后则是来自她们亲友的反对态度(Bryant & Bailey, 1990: 24 - 39)。由此可见,即便某一发展项目能为受助对象带来福利,也完全有可能会遭到拒绝。文化、社会和心理等层面的复杂因素最终都会成为阻碍受援对象参与发展项目的羁绊。因而,为了确保发展项目的顺利实施,发展项目的社会影响研究便显得尤为重要。

发展项目的社会影响研究

由于发展人类学者具备能让各方关注在发展项目策划、实施过程中的文化和社会制约因素的视野及能力,他们常常会受国际组织或公司聘请,进行发展项目的社会影响研究(social-impact studies)。这类研究要求人类学者以他们擅长的深度访谈和田野工作方式,来对经济发展项目和相关决策对当地社区社会生活的影响,做出评估和建议。社会影响研究的一大范例是人类学家斯卡德(Thayer Scudder)和科尔森(Elizabeth Colson)等对赞比亚关姆比河谷为期30年的田野调查(Scudder, Colson & Kemper, 1979)。在 20 世纪50 年代中期,赞比亚政府在关姆比河谷兴建大坝,以改善农业和水力发电效益。斯卡德和科尔森等针对由于大坝工程而被迫迁移的当地居民,进行了长期跟踪调查。他们在研究中发现,移民中有相当部分人出于对安置政策的不满和对未来的担忧,在迁徙过程中常常会以自己熟悉的传统方式进行抗争,从而造成社区关系的空前紧张。斯卡德和科尔森等进行的有关发展项目的社会影响研究,使决策人士能关注到由于建坝筑路等项目的实施而被强制迁移的农民;使非洲各国政府官员在此后的决策过程当中,适当加入对移民去向问题的考虑;使发展计划的制定更趋理性和科学。

发展中国家的政府官员大多急于在现代化变革中建功立业。他们通常将传统的生活方式视作发展道路上的绊脚石,却不善于在实践中运用其中合理的顺变因素,尤其是为当地民众所世代享用的经验和智慧。中东地区各国政府试图在贝都因人当中推介文明居住方式的失败实验,就是一个可资借鉴的极好案例。在深受社会进化论熏陶的官员们眼中,贝都因人四海为家的游牧民族特性,与现代文明社会的生活习惯是格格不入的,必须放弃。因此地方政府使尽招数,软硬兼施,力图让贝都因人进入事先圈定和规划好的定居区。有关方面认为这是个一举两得的好办法。一方面,生产力落后的游牧民族可以像其他人一样,过上居有定所的安稳日子。另一方面,贝都因人聚居区一旦形成,行政管理者的工作效率也会提高不少。然而事与愿违,贝都因人在安营扎寨之后,仍不改其喜好放牧的习性。于是,过度放牧造成了聚居地附近草原的严重沙漠化。不久,一个个固定的贝都因居住点就因环境质量的恶化而被迫放弃。其实,贝都因人原来的生存方式具有相当的合理性,而且还利于环境的自我修复和还原。首先,游牧民族的流动性在相当程度上避免和缓解了过度牧养造成的负面影响。一旦放养的牛羊群在某处吃光了牧草顶部,牧群便会向其他地区转移。同样,水草和河流的分布也对游牧路线起到了关键作用。进入规划区定居之后的贝都因人,一方面开始灌溉垦殖,发展农业生产,另一方面仍旧保持原有的放牧习惯。由于草场退化、盐碱化和地表层的流失等综合原因,地方政府最终在事实面前认输,开始鼓励贝都因人重新拾起传统,回归自然。

事实上,贝都因人并非人们想象中拒绝变化的因循守旧者。比如说,他们用卡车代替骆驼作为运输工具。现代化的卡车具有比骆驼更强的流动性,可使贝都因人更迅捷地将汲取的井水运至牧区。卡车的使用也对贝都因人生活的方方面面产生了不可预知的影响。从经济角度而言,用卡车来运送相当数量的小牲畜到水草丰美的牧场,是更加便利和实惠的选择。贝都因人由此不再依赖骆驼,并且转向牧养山羊和绵羊等高效益的生产行业。在本讲一开始曾提到,雪地摩托大大增加了萨米人对现金的需求量。贝都因人遇到了几乎同样的情况。卡车使贝都因人比先前更需要现金来支付汽油和维修费用。贝都因人不得不通过打短工挣外快的方式来应对这一始料不及的局面。

在 20 世纪 80 年代,地处中东的阿曼政府邀请人类学家查蒂(Dawn Chatty)参与一个在不强求贝都因人改变生活方式的前提下,为他们提供基本社会服务的项目。查蒂说服阿曼政府先做一个有关项目社会影响的深度研究,了解目标人群的实际需求,作为项目实施的第一步(Chatty, 1996)。这在当时可以说是个小小的创举。在联合国的资助下,查蒂对阿曼南部的一个游牧部落做了一项研究,对部落成员的需求进行摸底和评估。政府有关部门在得知调研结果后,就让项目组在当地设置流动站,为居民们提供基本医疗和疫苗注射等服务。项目组在评估完成之后,还提出了一系列便民建议,如每年向牧民定期发放帐篷、为学生建造宿舍楼,以及建立旨在改善供水、兽医服务和市场援助的全新系统等。遗憾的是,任何发展项目都难以就项目完成之后当地人在健康和其他方面的服务需求做出长期承诺。如何为短期效应注入永续性的动力,才是真正的挑战。

由于人类学学科本身所特有的整体论视角,人类学者与其他专家相比,更有能力关注那些制约项目策划和实施的文化和社会因素。比如,谁都知道树木对于防止水土流失的重要性,而对于绝大多数发展中国家来说,树木又是传统意义上燃料和建材的主要来源。农民出于实际需要砍伐树木,大大加剧了木材短缺状况。在世界范围内,维持生态系统所面临的主要挑战之一,就是如何恢复被破坏的植被。人类学者莫瑞在海地受美国国际开发署之邀,重新设计了该组织一个耗资巨大的森林植被恢复项目,为解决长期以来困扰当地政府和民众的生态难题,迈出了坚实的第一步(Murray,1987)。在海地,森林滥砍滥伐的现象始于殖民时期。以法国人为首的欧洲移民曾在海地创立以蔗糖出口为支柱的殖民经济体系。殖民者出于追逐利润的需要,通过成片地伐林来获得可以种植甘蔗和咖啡的农业用地。在19世纪海地获得独立以后,外国的木材公司仍然在境内经营伐木和出口硬木的业务。随着人口的增加,土地承载力日增,森林面积日趋缩小。植被消失的程度之大,可以说是到了触目惊心的地步。在商业利益驱使下,每年被砍伐的树木成千上万。被伐树木不是被用来造房,就是作为首都太子港的生活日用燃料。由于人口压力而失去耕地的贫苦农民大量涌向城市,加剧了燃柴供应的紧张状况。一些农民干脆砍光所剩无几的树木卖给城里人。与此同时,农民们世代流传的烧荒耕作法,对于日益严重的土壤流失和肥力下降的境况,更是雪上加霜。

为了帮助海地政府恢复植被，美国国际开发署将数以百万计的树苗运往当地。海地当局也积极号召和督促农民植树造林。然而这一发展项目却遭遇了失败。首先，农民不但拒绝在自己的土地上种树，而且还把树苗当作饲料喂羊。由于农民的不合作态度，海地政府的绿化努力无疾而终。美国国际开发署在百般无奈之际，邀请莫瑞以求变通之策。莫瑞曾经在海地做过有关土地使用权的博士论文研究。通过耐心细致的"参与观察"和与当地人交谈，默里对海地农民的真正需求有了深切的了解和体会。在其他人类学者和发展专家的协助下，莫瑞对原有项目做了较大的修整。他制订了一个大胆的计划，将生长周期短的硬木树种作为经济作物介绍和推广给当地农民，树苗品种也从原来的果树类换成生长速度较快的桉树类。因为他发现农民喜欢的不是生长缓慢的树种，而是能在短期内带来经济效益的树种。如种植桉树，农民可以每四年砍伐一次，并将所伐木料销往太子港。莫瑞的计划受到了农民的欢迎。农民由于种树而造成的粮食减产损失，又通过销售桉树得到了合理的补偿。也就是说，将树木作为一种经济作物来种植的设想更为贴近当地农民的传统行为模式。当种树成为一种同种庄稼没有本质区别的活动时，农民的积极性和主动性就被调动了起来。原先的项目策划人所犯的错误，恰恰在于缺少必要的地方性知识。

莫瑞的人类学视角，使他在分析问题之后，得出了与海地政府和美国国际开发署的技术专家截然不同的结论。海地政府将项目失败完全归咎于农民的保守态度和传统的土地使用模式（烧荒耕作）。莫瑞发现，问题的真正症结在于，农民看不到项目能给他们带来的短期效益，还担心在同一片土地上种树会影响农作物的生长。而在美国国际开发署看来，树苗一旦种下就得成林，不应轻易砍伐。莫瑞的研究表明，海地农民认为树林之所以存在，就应该被人砍伐，不然其就是毫无价值的东西。

　　莫瑞对项目的实施方法又做了一番重新设计。在原来的方案中，树苗是通过海地政府的农业部发放到农民的手中，树苗在分配过程中很容易被误认为是"国有树木"。同时，政府工作人员又反复告诫农民注意保护环境，不要随意砍伐新种树木。农民将此忠告误解为种植新树的林地不日将会收归国有，因而种树热情大减。针对这一情形，莫瑞建议由农民自发组织起来，义务发放树苗；同时，确认农民对新栽树木的处置权，作为拥有人，农民可随意砍伐和买卖树木，这与他们收获和贩运农作物的传统方式没有本质上的区别。在新方案实施之后，农户们开始大量种植树木。有意思的是，尽管他们获得了充分的自主权，却不随意出售新生树木，而是按照家庭实际的经济需求和市场变化调整砍伐周期。农民的理性选择一旦占了上风，就会配合政府和发展机构，使项目实施真正达到双赢互惠。在海地的许多地方，绿荫开始"故态复萌"，呈现出一片郁郁葱葱的景象。

　　由于农民是人类学传统的研究对象，所以像莫瑞那样的学者在美国国际开发署等经济发展机构内逐渐成为农民利益的专家代言人（见下文专述）。海地植被恢复项目在实施过程中所体现的农民参与精神和推广经济作物的必要性，对于贫困地区的发展实践具有不容低估的示范意义。受美国国际开发署委托，人类学家佛罗瑞特（Patrick Fleuret）和该机构的其他专家借鉴这一成功经验，对 1979 年阿明政权崩溃后乌干达农民的生存状况进行了调研（Fleuret，1988）。他们发现，由于政治动乱，乌干达农民已退回到自给自足的小农生产模式，很少参加市场经济活动。而农民的自足生产却因为缺少耕地犁田所需的农具，难以持续发展。人类学者为此专门设计了一套机制,通过当地合作社团来分配锄头等农具,有效地解决了这一难题。

社会和文化,这两股足以制约当地经济发展的力量,永远不会从人类学者视野中消失。这一特点在具有人类学学科特色的定性研究中得到了充分的体现。近年来有越来越多的发展人类学者参与人口调查设计,收集有关人口规模、年龄、性别构成、增长或减少幅度的数据。人类学者对于人口研究的主要兴趣在于,对隐藏在数字背后、影响人口趋势的社会和文化因素进行探索,并通过定性研究(以田野工作为导向)来提供自己的见解。这虽然与那种对采集来的数据进行处理和统计分析的传统手段不同,但殊途同归。比如说,为了解释不同国家间生育率下降幅度差异产生的原因,人类学者通常不满足于仅仅在经济增长以及识字率与生育率的关联性上做文章。人类学者会更关注那些人口统计和其他数据来源所难以反映的影响出生率的因素,将研究重点集中在小范围的人群,考察人口发展的动力与家庭和个人层面的一系列行为、态度之间的关系。他们的研究论题范围较广,包括:不同文化语境中的家庭结构,育儿模式,婚姻,性与生殖行为的信仰和实践,健康与疾病治疗。

人类学者对于人口增长的关注,据笔者观察,主要有两个层面。首先,对于人类生育行为(包括伴侣/夫妻对于育儿数量的选择和控制),人类学者采用的是一种整体性(holism)研究角度,即把生育行为放在人们日常生活的整个系统中加以考察。对于特定社会语境中的行为模式的分析,能使我们看到某一地区的出生率往往与地方条件尤其是经济因素有关。其次,人类学者通过在小型社区进行深入细致的田野研究,找出发展中国家婴儿出生率偏高的成因。

本人在霍普金斯大学高级国际研究院任教期间,与该校的同事和一些曾在国际开发组织工作过的学生，曾经就困扰许多发展中国家的高出生率问题进行过课堂讨论。学生们发现，比起尼日利亚或萨尔瓦多的任何普通家庭，北美地区处于平均收入水平的家庭应该有能力养育更多的孩子。但事实上，北美平均每个家庭的育儿数量仅为两到三个。而在尼日利亚等经济欠发达地区，户育儿六七个是普遍现象。有些学生在解释这一似乎违背经济规律的现象时，想当然地得出以下结论：发展中国家的育龄夫妇拒绝计划生育，无视多生多育对国家的教育和卫生系统的负担，是落后和无知的表现。

然而，经过进一步论辩，大家认识到，事实决非我们所看到的那么简单。在北美，除了针对育儿的代价和收益（cost and benefit）的经济层面考虑之外，还有一系列其他因素在影响和促使配偶做出限制家庭规模的决定。这些因素可以是：与"理想"家庭规模相关的文化规范和社会期望；与职业选择有关的空间流动；妇女就业、职业目标和怀孕生育时间的"理性"选择；儿童成长过程对于社会资源的需求和耗费。与此同时，在众多欠发达地区，所谓育儿的代价和收益的理性考虑却以另一种表现方式对出生率产生影响。在非工业化社会，孩童作为劳力对于增加家庭收入和未来养老而言具有相当高的潜在价值。除此之外，育龄夫妇愿意多生多育，还出于下列因素的考虑：婴儿的高死亡率；扩大型家庭（多代同堂的居住模式）中每个成员所具备的分担抚养幼儿的能力；比发达国家低得多的儿童养育费用；妇女育儿责任与赚钱养家义务之间相辅相成的关系。

我们所进行的这场关于不同语境中人口增长率问题的讨论，不仅是反映了我们自身的相对主义理念，更主要的是我们借助发展人类学视角，发现了人口与环境的关系、文化价值观、信仰体系和生育实践对生育率、死亡率及移民（人口流动）过程的深远影响。

在"发展"已经成为世界上大部分国家和地区共识的今天,提高粮食作物产量、扩大出口、筑坝修路乃至实现工业化,似乎已经成了促进经济持续增长的必由之路。如本章所述,绝大多数发展项目之所以失败,都是没有在实践中尊重项目实施地民众的文化习惯、无视社会制约因素所导致。由于这一原因,人类学者理所当然地受到各类国际开发组织的青睐,进入项目组,担任筹划和评估顾问。笔者认为,人类学者在项目组中的作用,恐怕还不只是协调和分享地方性知识,而是通过田野遭遇让所有的专家明白这样一个简单的道理:他们并不比平头百姓聪明多少。由于援助者和受援者之间的权力不平等关系,地方性知识中蕴含的生存智慧往往不受重视,普通民众的智商和应变能力常被专家低估,项目实施中聪明反被聪明误的实例层出不穷。可以毫不夸张地说,群众才是发展项目成功真正的英雄。车尼亚曾经大声疾呼"人民为先"(putting people first, Cernea, 1991),诚哉此言! 遗憾的是,车尼亚这一来源于实践的真知灼见,还未对发展研究产生应有的影响。

　　无论是当初车尼亚提出的"人民为先"的口号,还是费孝通创立的"迈向人民的人类学"的理念,以及近年来中国政府倡导的以人为本构建和谐社会的思想,在基本的思路上有着高度的一致性,都体现了对发展问题的本质意义的深刻思考,即如何使人文世界和自然世界之间处在有机的协调和均衡状态。对于中国和整个世界而言,这是一种对人类未来的憧憬,代表着一种值得努力的方向。为使这美好的构想变为触手可及的现实,我们应该唾弃夸夸其谈的精英话语,从踏踏实实地解决实际问题入手。以"三鹿毒奶粉事件"为例,通过法律手段惩罚有关人员,向受害者赔偿长期治疗费用,这只是解决棘手问题和应对现实挑战的第一步。更重要的是,有关部门和广大民众应该看到,毒奶粉造成的不只是食品卫生事件,更是一场前所未有的文化灾难。这场危机所凸显的不只是职业伦理的丧失,也是全球化条件下由于极端涵化而引发的育儿文化"异变"。也就是说,一种强调因地制宜并具有高度适应性和整合性的母乳喂养模式,由于配方奶粉的出现,被渐渐瓦解。尽管这场"异变"披上了科学的外衣,但并没能掩盖其市场化和商品化的本质。借鉴来自发展人类学和公共卫生领域的研究成果,有关部门应该采取实际行动,在贫穷地区推行母乳或者因地制宜的传统喂养模式,谢绝或慎用配方奶粉(哪怕是接受跨国公司的所谓馈赠)。在此基础上,政府官员、医学和营养专家,以及相关制造企业,应立即开展对配方奶粉的价值和功能的重新评估,并将结果公之于众。其目的是使配方奶粉起到其应有的作用(即为缺少母乳和营养匮乏的婴儿提供替代食品)。同重新制定食品行业法规一样,努力践行这一实实在在的科学发展观,需要一定的道德勇气和伦理精神。然而,其意义之深远,不亚于进行一次迟到的全民科普教育。

第八讲 "男性偏见"与发展实践中的性别问题

迄今为止有关经济发展的经典理论对于女性的作用几乎不著一字。而无数民族志和社会学案例显示，族裔各异的妇女在全球商业和经济活动中正扮演着毋庸置疑的关键角色。本讲力图借助来自发展人类学和女权主义社会学的洞见，在考察性别与发展问题的过程中，获得来自日常社会生活的一个跨文化和跨地域比较的视角，领悟在学术讨论中实证基础和经验性知识积累的公共意义，从而有意识地消除各类精英话语对于妇女与发展研究的影响。在本章的语境中，"精英话语"主要分为两类：首先是传统上为男性权威学者所主宰的经济和政治学领域的理论假设；其次是游离于日常生活实践之外的欧美女权主义话语。笔者认为，尽管从表面上看这是两套南辕北辙的学术话语系统，代表着截然不同的意识形态，然而，二者都有同样的致命弱点。因为它们无法令人信服地从被研究对象的角度出发以回答对于任何人类学者来说最为基本的一个问题，即：作为个体的普通农村女性在不同的历史和社会条件下，是如何采取策略来应对经济转型给自己的家庭和自身所带来的挑战的，她们是否屈从于旧俗陈规，甘心扮演传统意义上的弱者角色？本讲将以发展人类学视野中的"男性偏见"和"世界工厂"中的打工妹问题为例，为上述问题注入立足于田野的思考和诠释。

从理论上讲，任何社会形态中的男女都可从事同样的经济活动。跨文化的比较民族志研究则显示：男女绝大多数情况之下都按照所谓性别分工模式，从事不同的工作和职业（Murdock & Provost，

1973）。对于性别分工模式有以下四种传统解释：第一种认为"男人渔猎、女人采摘"的生产模式是由两性不同的生理能力决定的（Murdock & Provost，1973）；第二种强调生儿育女对于性别分工的影响（Brown，1970）；第三种认为由某一性别自始至终从事某一经济活动，具有多快好省的合理性（White，1977）；第四种认为妇女的生育潜力受到客观的人数限制，故由男人从事危险性活动是一种优化选择（Mukhopadhyay & Higgins，1988）。这些解释乍看起来似乎符合常识，十分可信，然而我们必须看到男女分工的不同多是基于对性别差异的假设判断，而不是对从事某一工作所需体力测试的结果。正是这种假设，最终被视作发展实践中"男性偏见"的科学依据。

问题的缘起

田野研究"参与观察法"之父马林诺夫斯基在传世名作《西太平洋的航海者》（*Argonauts of the Western Pacific*）一书中，记述了日后成为经济人类学经典案例的库拉交易圈活动。马林诺夫斯基对库拉交易圈这一将数个岛屿紧密相连的复杂网络进行了生动的描述和精彩的分析，在库拉交易圈中，来自不同岛屿的男子交换食品和当地人极为珍视的贝壳、臂饰，从而建立起有别于商品经济社会中以市场机制为特征的人际纽带。半个多世纪之后，人类学者怀娜（Annette Weiner）重返马林诺夫斯基当年进行田野研究的特布里安群岛，对岛上妇女的活动和交易模式进行田野考察，并写成《女人有价，男人有名》（*Women of Value，Men of Renown*）一书。在此书中，怀娜勾勒出被马林诺夫斯基完全忽略了的由女性主导的一个生产、交换和社会网络的地方文化景观。根据马林诺夫斯基的田野记述，岛上的男子交换贝壳、番薯和生猪。而怀娜发现,岛上的经济活动还应加入妇女交换芭蕉叶和制作精致的草裙,才能真正还原实地生活图景。

尽管在马林诺夫斯基留下的照片和笔记中有足够的证据表明,在他田野研究期间妇女们就有交换被她们视为财富的芭蕉叶的习俗,但在他正式发表的论著中却找不到任何记录。直至近半个世纪之后,怀娜才重新"发现"了这一妇女经济活动传统。现在看来,马林诺夫斯基之所以对妇女间如此活跃的交易活动熟视无睹或者说视而不见,主要是出于下列缘由:首先是马林诺夫斯基显然认为芭蕉叶不具备消费物品的 一般特征。因为在他眼里,只有能够满足人的生物生存需求的活动才是"经济性"的(而芭蕉叶子又不能当饭吃)。其次是马林诺夫斯基没有意识到从妇女财富积累中成长出的经济纽带,也不理解从草裙生产中滋生的复杂交易关系。究其原因是他压根就没有把妇女看作经济活动中不可或缺的角色。怀娜对此有如下总结:

> 马林诺夫斯基从来不会花同样多的时间(指研究男性活动)来关注女性,尽管她们在社会和政治生活中扮演了极其重要的角色。这不足为奇。人类学者直至今日(指:20世纪80年代后期)才开始懂得要认真读懂女性工作的重要意义。在一些文化环境,如中东地区和澳洲原住民活动区域,田野研究人员几乎无法逾越被当地文化礼俗所划定的男女所属空间的界限。而在过去,不论是男性还是女性田野工作者,在研究他们所关注的社会对象时,一概采用男性的视角。在研究性别角色时,"女性的观点"在很大程度上受到忽视,因为人类学者将女性看作是生活在男人阴影里的群体,担负着生儿育女之责而非经济或政治重

任——占据的是社会的私人空间，而非公共空间。（Weiner，1988：7）

包括马林诺夫斯基在内的早期人类学和社会学田野研究者的"重男轻女"现象，为后来者发现并得到逐步纠正。这也使得人类学者在从事协助发展中国家妇女脱贫致富方面，具有独特的学科视角和历史洞见。自20世纪70年代以来，在世界银行等国际组织崭露头角的人类学者发现：在各类经济发展项目的实施过程中，都不同程度地存在向男性倾斜（male bias）这一致命弱点（Boserup，1970；Tinker，1976）。在进行项目效益评估时，他们注意到以男性为目标受惠人群的做法，使得项目在实施过程中，与女性人群几乎擦肩而过，使她们失去了学习种植经济作物和掌握其他农业新技术的宝贵机遇。这一被人类学者认定为发展过程中的"男性偏见"的倾向，进一步加重了原已存在的男女不平等现象。在项目实施地男性居民获得新的收入来源之时，妇女在当地经济活动中的传统角色却被不断削弱。

国际组织早先派遣的那些发展专家通常以男性经济学家和工程技术人员为主。在他们的想象中，从事农业活动的劳动者理所应当以男性为主、女性为辅，因而这些专家以闭门造车的方法为妇女量身定做的发展项目也就以家庭和邻里为主要着眼点。例如，以妇女为援助对象的项目设计，常常局限于诸如婴儿喂养模式、育儿和计划生育等老生常谈的议题。在发展实践中，这些过于强调符合女性生理和心理特性、迎合其家庭角色的做法，其实强化了在许多发展中国家普遍存在的"妇女家务化"趋势（Rogers，1979）。这一发展过程中的"男性偏见"，不但将妇女这一生力军排除在外，也使得发展项目的失败率大大增加。

如何在实践中摆脱这一男性中心主义倾向？最好的办法就是忠实记录妇女对农业生产所做的实实在在的贡献。波色洛普（Ester Boserup）在 1970 年出版的《经济发展中的女性角色》（*Women's Role in Economic Development*）一书中指出，在撒哈拉以南的非洲各国、加勒比海地区和东南亚部分地区，妇女是主要的田间生产者和农业劳力；而且，农业模式越复杂，田间劳动时间就会延长，妇女所做的贡献也就越重要；当男性劳力外出打工之后，女性便完全成为农业生产的主力军。在我国的一些农民工流出地，妇女既要下地干活，又要承担家务，成了名副其实的多面手。

值得注意的是，即便是身为女性的人类学者，在田野实践中也难免会有"男性偏见"。在 20 世纪 70 年代，当人类学者斯普林（Anita Spring）在赞比亚进行田野研究时，她将注意力都集中在了与妇女和儿童有关的原住民医疗法方面。由于医学人类学是她的学术专长，她对当地的农业活动不太感兴趣。在斯普林做了将近一年的田野工作之后，地方上的妇女代表却对她说她其实还不懂做一名女人的意义。斯普林在吃惊之余，终于发现自己竟然忽视了当地一个如此明显的社会事实：做女人就是做农民（Spring, 1995）。与众多关心妇女与发展的有识之士一样，斯普林认识到国际组织专家大大低估了妇女对于农业生产的重要性。像她这样的人类学者，在国际组织中正从幕后走到台前，负责从项目设计到项目实施和评估的所有环节的工作，开始扮演能真正影响决策的重要角色。从 20 世纪 80 年代起，斯普林在非洲马拉维担任一个名为"农业发展中的妇女"发展项目的设计者和负责人。她的项目得到了美国国际开发署妇女问题办公室的资助。这一项目并不将焦点集中在妇女身上，而是以男性和女性农业生产者为共同的研究对象,并考察发展专家是如何对待性别问题的。斯普林的项目并不以收集数据为唯一目的。她想方设法,将成功的培训技巧传达给其他地区的发展专家。斯普林认为,任何发展项目成功的关键不在于设计本身,而在于受助国国民(尤其是女性人群)有无强烈的兴趣或意愿改变现状(Spring, 1995)。

妇女与经济发展实践
——以"世界工厂"中的"打工妹"现象为例

西方学界低估或无视女性在农业生产中地位的性别歧视倾向,在移民研究,尤其是探讨工业化过程中劳动人口由农村向城市转移这一全球性课题时,也有一定反映。在 20 世纪七八十年代,只有极少数学者对女性自身的移民经历有足够的学术关注(Foner, 1978; Simon & Brettell, 1986)。有关这一时期女性移民的文献匮乏的主要原因,还是在于充满"男性偏见"的一个貌似合理的假设,即:由于经济原因而离乡进城打工的主体为男性青壮劳力。那些在移民过程中与丈夫同行的妇女群体,被想当然地看成从属和次要的角色,换而言之,是不值得进行深度探究的对象。

如何在理论层面矫正发展实践中的"男性偏见"倾向?代表西方社会学界不同流派的妇女研究专家有着各自不同的立场和对策。就价值取向和学术志趣而言,以消除性别歧视为目标的女权主义理论大致可分为三派:自由派、激进派和代表非白人族裔及发展中国家女性观点的少数族裔女权主义流派。限于篇幅,本文无法对这些流派的各种见解进行详细梳理。总的来说,自由派以社会和文化态度为对象,检视和评判日常生活中存在的性别不平等现象。他们通常就性别歧视发生的个案和妇女权益受到的侵犯做就事论事的描述和分析,而很少从妇女在男权社会中受压迫的制度化本性入手,因而自由派女性主义理论所提供的视角和解释力对于女性发展和研究的指导意义相当有限。

与自由派默认性别不平等现实的观望态度相反,在一定程度上受到西方马克思主义学说影响的激进派以社会改革为己任,直接挑战维持"男性对女性制度化压迫"的男权社会。激进派认定家庭是女性受到社会化压迫的主要源头,对男性剥削女性在家庭所做的无偿劳动这一不平等现象进行抨击。此外,激进派还认为男性是阻止女性获得政治权力以及在公共空间施加社会影响的主要障碍。

作为对自由派和激进派"精英话语"的补充及矫正,少数族裔女权主义流派则要求在研究过程中,加入对殖民强权、奴役剥削和阶级压迫等因素的思考。其立场通常为具有"西方中心主义"倾向的欧美学者所忽略,然而少数族裔女权主义流派的研究,以其强烈的历史使命感和鲜明的政治经济学特征,为分析发展实践中的"男性偏见"提供了极有价值的视角。

上述论及的自由派、激进派和少数族裔女权主义流派三种妇女研究理论,都倾向于强调社会结构和其他外部因素对于非西方语境中的妇女的压制和约束力,而在不同程度上忽视了在发展实践中普通妇女自身的感受和想法,更没有在研究中就她们为了维持生计和争取权益所采取的策略给予足够的关注。在经济全球化加剧的今天,妇女在遍及发展中国家和地区的"世界工厂"中的遭遇,为我们探讨如何应对、解释发展过程中的"男性偏见"现象所面临的困境,提供了极好的案例。请看我们眼前的这幅图景:在世界各地出口加工区的工厂内,年轻女工们夜以继日地工作,在流水线上缝制衣服、装配电子器件或制作其他运往欧美市场的玩具和鞋帽成品。这些通常位于资本主义世界体系的半边缘地区（Wallerstein，1974）的"世界工厂"，为年轻女工所提供的都是些低工资和没有升迁或加薪机会的苦活。不管是在哪个国家或者地区，都是如此。而且毫无例外的是，这些工作不但强度大，重复乏味，并且具有一定的危险性。在西方精英学者看来，这些女工无疑是受剥削程度最为严重的弱者，并且缺乏男性工人那种自我保护的能力，其基本权益受到侵害的例子屡见不鲜。某些学者甚至将这类工厂视作"血汗工厂"，他们以受剥削工人的代言人自居，主张以极端的抗议方式来替代冷静的学术探讨，以达到为弱者维权的目的。

近年来人类学田野研究者的研究表明，在发展中国家，许多农村背景的女性（尤其是未成年女性）进入这类"世界工厂"，其实是自身情况和家庭因素共同作用的结果。也就是说，她们选择在"世界工厂"干活可以说是身不由己和甘心情愿两种情形兼而有之（Fernandez Kelly，1987；Tiano，1994）：首先，她们中的大多数是经不住丈夫或父母兄长的强行劝说，进入那些位于城市近郊偏僻地带、以军事化方式管理的工厂，在流水线上超时干活，以挣钱贴补家用；其次，许多妇女虽然认为进工厂干活不尽理想，但同时这又是她们通过挣钱以确保经济稳定和自立的一种保障。著名华裔人类学家翁爱华（Aihwa Ong）在她完成于 1987 年的《反抗精神与资本主义规训：马来西亚的工厂女工》（*Spirits of Resistance and Capitalist Discipline: Factory Women in Malaysia*）一书中，就受雇于日资半导体公司的马来族女工如何利用传统的信仰和仪式向厂方和管理层发出不平则鸣的抗议之声，并有限度地维护自身尊严，进行了极为精彩的田野叙述和分析（Aihwa Ong，1987）。

在逆来顺受和奋起反抗之间,是否还存在着被学者忽略却又更能反映出全球化语境中"世界工厂"现实的打工妹的生活状态?《华尔街时报》记者张桐禾所著的《打工女孩:从乡村到城市的变动中国》(*Factory Girls: From Village to City in a Changing China*)一书,可以说是一份恰逢其时的 21 世纪中国打工妹的"真情实录"。[①] 在张桐禾看来,大多数西方学者对于中国农民工(尤其是打工妹)问题的研究都充斥着有关社会不平等和公民权利的精英话语(Solinger,1999),缺少触及打工者日常生活环境和内心活动的深度和力度。在学术研究中,(中外)打工妹多被描述成被跨国资本主义无情剥削和奴役的对象。这种由学术话语构建的受害者或者牺牲品的形象又经全球传媒渲染,似乎成了制造芭比娃娃、耐克运动鞋、Coach 品牌皮件、玩具或电脑芯片的庞大机器上的一个个螺帽,一串串可有可无的符号。也许是出于对已有学术研究的不满,也许是出于自身对中国打工妹遭遇的好奇,张桐禾在广东省东莞市(2009 年之前"世界工厂"的主要聚集地之一)耗时三年,采用一种类似于人类学的工作方法,在流动性极大的打工妹社区内进行深度的参与观察和访谈。张桐禾以自己的执着和真诚赢得了名为敏和春明(均为化名)两位打工妹的信任,并与她们成了无话不谈的好友。她们把自己的日记、信件和手机短信都拿来与其共享。在获得大量一手材料的基础上,张桐禾以娴熟的笔调勾勒出才 20 岁出头的敏和春明极不平凡的个人生活史。从某种程度上说,两位打工妹在个体层面的经历,也是新一代中国乡村妇女如何应对源自 20 世纪 80 年代的移民潮,在这场人类

---

① 参见笔者发表在 2009 年 1 月版《哈佛杂志》(*Harvard Magazine*)上对此书的评论:"'Working Sisters':The everyday lives of migrant women in China's world factories"(Pan 2009:21 - 23)。

历史上罕见的、以寻求改善经济际遇为目的的大迁徙中主动出击,积极寻求自我发展机会的写照。

通过敏和春明,张桐禾有了深入打工者日常生活的微观世界(流水线、工厂车间、宿舍、食堂、饭厅、冷饮店乃至她们的老家)的机会。她力图以打工妹的眼光来审视女性移民的物质和精神世界,在写作中加入她们的声音。没有理论框架和学术套话的束缚,她似乎比女权主义研究者更有面对象牙塔外冷酷现实的坦诚和勇气。在书中她写道:"我所知道的女性移民从不因自己是女性而怨天尤人。(她们的)父母也许重男轻女,老板喜欢漂亮的小秘,招工广告也公开地歧视应聘者,但她们仍一往直前,将所有的这些不平等现象抛在脑后——在东莞的三年间,我从未听到任何(打工妹)流露出一星半点的女权主义情绪。"(Chang,2008:59)在摆脱女权主义研究者的精英意识之后,张桐禾反而更为清晰地看到了一幅幅生动的田野图景:以敏和春明为典型的年轻农村女性在远离故土的陌生城市,如何艰难地建立新的身份认同并不时调整策略以适应新的工作环境,如何面对谈婚论嫁时遭遇的困难,如何走出因违背商业伦理而陷入的道德困境,如何重新处理与老家父母乡亲逐渐失衡的权力关系。

张桐禾以生动的文字在书中再现了 21 世纪中国打工妹的真实状态,也没有刻意地为她们的生活加上过多的玫瑰色光环。然而,我们看到这样一幅图景:在改革开放后长大的农村女性开始独立地思考和规划自己的人生发展,以积极姿态拥抱经济全球化所带来的机遇。这是一种与她们的母亲一代截然不同的精神面貌。我们甚至可以看到作者想努力传达出的这样一种信息:在传统社会中只能待字闺中的少女,如今已是像东莞这样的新兴工业区的活力源泉,也是那里"世界工厂"的中坚力量。在中国进行的这场足以影响全球化进程的经济变革中，来自农村的普通女性扮演着史无前例的角色。而现今为后现代精英话语所垄断的国内外学界（尤以性别研究为甚），似乎还满足于以已有框架和概念自上而下地俯视所谓"流动人口"或农民工问题，喋喋不休地做着自恋式的反思和所谓"解构"。《打工女孩》一书尽管不属于学术作品，然而它的出版对于注重实证的发展人类学学者来说是一种来之不易的激励和鞭策。

妇女组织与社会企业理念之践行

在许多发展中国家和地区，妇女以组织起来的方式为自己争得了应有的地位和福利。从"母亲俱乐部"到社区幼托和信贷会，这些小范围、地方性群众团体的出现使妇女终于有了自己创业挣钱和为邻里乡亲尽义务的机会。有些妇女组织经过不断壮大，最终形成一套全球性的网络经营模式。例如一个名为"妇女世界银行"的国际性组织，就是从印度一个为打工女提供小型贷款的项目发展而成。借鉴印度的成功经验，人类学者在非洲莫桑比克设立了一个以社区为基本单位的信贷项目，满足农家女购买种子、化肥和其他农资的需求（Clark，1992）。项目先在一个叫马切尔的村庄试点。村内有 32 家农户报名参加项目。农户被分成 7 个互助组，每组选出一名负责人。妇女一旦做主，包括灌溉在内的许多农活的实际效率有了明显提高。妇女经常开碰头会，商量如何在生产中减少化肥和杀虫剂的使用。经过集体努力，当年的收成比上一年翻了整整 4 倍。妇女马上还清了首次贷款。为了提高牧养质量，她们再次贷款购买了用来加工玉米的电磨等生产工具。在军事冲突频仍、政府资源匮乏、旱灾连连的恶劣条件下，这一项目却为贫困中的农家女和她们的家庭增添了安全保障。

一般来说，精英视角中的妇女组织都是为了实现性别平等和赋权等政治理念而存在的，与以营利为目的的商业模式可以说是毫不相干。然而源自南亚地区的妇女组织却以其旺盛的生命力证明，欧美工业国家中以营利和非营利区分民间组织的标准，并不适用于广大的发展中国家。2006年尤努斯创办的孟加拉乡村银行（又称格莱珉银行），以小额贷款的方式使数以千万计的穷人通过小本经营脱贫并走上致富之道。在他的新书《创造一个没有贫穷的世界》（*Creating a World Without Poverty: Social Business and the Future of Capitalism*）中，尤努斯通过阐发"社会商业"（social business）这一全新理念，对自己的创造性实践做了总结（Yunus，2008）。尤努斯的成功经验对于西方人来说几乎是不可思议的。首先是他的服务对象以贫困人群为主。而在金融业高度发达的欧美社会，穷人由于缺乏信用记录和勤奋工作的伦理精神（参见第一篇中有关"贫困文化"的评述），要想获得银行贷款简直是天方夜谭。其次是尤努斯在经营以公益服务为终极目标的乡村银行时，采用管理学大师德鲁克（Drucker）倡导的模式，充分利用市场资本主义的力量，几乎从不依赖政府。

早在尤努斯声名鹊起之前，人类学者就已经开始注意到一个令人瞩目的现象：乡村银行资助的一个小额贷款项目，不但使南亚地区的普通妇女得到经济实惠，还产生了意想不到的社会效应。参与发展项目的妇女一旦走出狭小的家庭空间与外界沟通，不但变得见多识广，而且经济地位的提升使她们对自己的生育选择有了真正的发言权，开始主动地采取避孕措施（Schler & Hashemi，1995：455－461）。在此之前，妇女组织和地方上的政府机构曾不遗余力地推行计划生育政策,希望通过控制人口和家庭规模来达到推动社会发展和保障妇女权益的目的。由于这种干预措施本身的强制性和普通民众的抵触情绪,其成效可以说是微不足道。计划生育与小额贷款本是两件不怎么相关的事情,然而尤努斯独辟蹊径的社会企业实践却取得了令人意想不到的双赢结局。

早期国际发展实践中屡见不鲜的"男性偏见"现象,就其本质而言,其实是延续了学术研究中泛滥一时的"男女性别二元论",即男性是文化、理性的代表,以公共空间为其活动范围;与之相对应的女性则是自然(生理)和非理性(或者情绪化)的代表,以家庭等私人空间为其有限的活动空间(Rosaldo & Lamphere, 1974)。以怀娜为代表的一代女性人类学者,凭着脚踏实地的态度和无可挑剔的田野材料,不但弥补了马林诺夫斯基研究中的缺憾,也为人类学者关注和分析农村社会经济活动中实际存在的性别问题提供了范本。然而,在成功摆脱"男性偏见"之后,西方后现代女权主义的精英话语对深刻分析经济全球化时代"世界工厂"中打工妹复杂的人生经历,难免显得捉襟见肘。在这一点上,新闻从业者张桐禾的《打工女孩》一书,不但显示了作者的敏锐观察能力,也证明了人类学和社会学视角对于捕捉和解释社会现象的价值。

在中国当前建设和谐社会和维护社会公正的氛围中,充分依靠以文化人类学和社会学田野研究为主导的描述、考察和分析问题的手段,完善以科学精神和人文关怀为核心的女性发展观,同时将性别研究者的目光进一步引向社会普通民众的命运,将是极富学理价值和现实意义的探索和实践。在研究实践中灵活运用以"参与观察"为特色的人类学田野工作方法,重视倾听来自普通女性的声音,以她们的目光来审视严酷的社会和经济现实，能使我们在分析过程中成功摆脱结构和主观能动性二元论的束缚。而如何从尤努斯的"社会企业"理念出发，找出最符合中国国情的女性赋权途径，也许是发展人类学能在实践中为考察和解决妇女与发展问题做出的最大贡献。

第九讲 农业"绿色革命"得失谈

在 20 世纪 50 年代,农业科技专家们为实现解决全世界人口温饱问题的目标,采用基因变异技术开发了小麦、稻米和玉米等高产新品种。这些精心研发而成的新品种经过众多国际组织不遗余力的宣传,在发展中国家和地区得到大范围推广。运用先进的科学技术手段,最大限度地提高每一亩良田的产量,使地球上所有的人过上温饱的日子,成为所谓农业"绿色革命"的崇高理想。在充满乐观情绪的科技工作者眼中,凭借人类的创造力和理性决策,就应该能够取得农业产量剧增的成就。在理论和实践层面,农业"绿色革命"的目标如能实现,那么新马尔萨斯论者将不得不偃旗息鼓。也就是说,任何有关食物资源与人口增长速度之间相关性的假说将成为杞人忧天式的预言。在进行农业"绿色革命"实践的多数地区,高产的杂交品种和机械化耕种技术的确使谷物产量明显增加,然而与此同时,世界范围内的饥饿问题仍然没有解决。显然,要消除饥荒和贫困,并非靠提高农作物的产量就能一蹴而就。

本讲通过评述来自田野的几个发展人类学研究案例,以自下而上的视角,加入农业"绿色革命"在实践中得失的讨论。同那种片面强调投入和收益的市场学观点不同,人类学者在衡量农业"绿色革命"的成败时,首先关注的不是产量的提高和收入的增加,而是要明确谁是农业技术推广、普及及社会资源分配过程中真正的受益者,以及农业"绿色革命"对于当地生态环境的长远影响。只有以关注普通民众的利益为出发点,才能使我们在半个多世纪之后的今天,就那场对世界范围内农业发展产生过巨大影响的粮食生产技术的巨大变革及其未预结局,进行冷静的反思和总结。

农业发展的"希望之歌"?

人类学家里夫(Murray J. Leaf)在印度北部旁遮普邦一个叫沙希德普的锡克族村庄的田野研究表明,农业"绿色革命"在实践中如果方向对头,与当地实际条件相吻合,便能取得成功。里夫在 1964 至 1966 年间完成第一阶段研究,然后在 1978 年进行田野回访。这一时间跨度使得里夫有机会观察到新技术在当地推广和使用的实际情形,并将研究发现写入《希望之歌:绿色革命在旁遮普乡村》一书(*Song of Hope: The Green Revolution in a Punjab Village*)。从 1965 至 1978 年,同旁遮普邦的多数地方一样,沙希德普村经历了农业"绿色革命"从开始实施到结束的全过程。同时该村庄的农业生产也实现了从自给自足的小农模式向机械化耕作的转型。为了增产的共同目标,村民们在实践中尝试使用小麦新品种、拖拉机、杀虫剂和灌溉技术。殷实富裕的农场主们很快就接受先进的农业技术,并且乐意将资金投向农田建设和设施完善等方面。而贫困村民们在政府发展机构的扶持下,也开始愿意承担资金投入后可能发生的风险。

现代化理论倡导者(如前文论及的罗斯托等人)通常认为,由于受传统文化模式约束,农民在经济活动中缺乏金融投资的知识和经验,因而缺乏采取资本积累等理性策略的能力。里夫的研究表明,那其实是一种充满谬误的假设。因为当农民们看到他们的资金投入能有直接回报时,仍然愿意担当由此带来的相应风险。更重要的是,沙希德普村的村民们为了确保农业生产管理的持久性和稳定性,开始努力地学习和接受有关知识及技能。以业余大学中心为试验平台，一些新的作物品种和种植技术得到了及时的推广与普及。通过该中心，村民们能知晓他们农业试验的结果。由于政府的学费补贴政策，即便是贫农也能够承担在该中心接受农业技术培训的费用。此外，针对村民的实际需求，该中心还提供了有关农业设备维修的专业培训服务。

在里夫看来，农业"绿色革命"在这一地区的成功，关键在于当地政府官员是真心实意搞发展，而不像印度其他地方的某些官僚那样，整天盘算着如何以经济发展作为满足自己权力欲望的主要手段。在政府提供的建议和来自村民的反馈之间有着紧密的关联度，同时，邦一级和地区一级行政机构之间的信息交流渠道也始终保持畅通。对于那些力图在发展中国家农村继续开展农业"绿色革命"的实践者来说，里夫的田野研究是宝贵的经验之谈。然而，要进一步科学公正地衡量农业"绿色革命"的成功程度，分析和讨论其实施过程中的问题，我们还需要更多来自乡村基层的第一手材料。

农业"绿色革命"与乡村贫富差异

必须指出的是，在发展人类学者当中，里夫的研究所代表的是一种对农业"绿色革命"大唱"希望之歌"（一如其书名所示）的少数派观点。而大多数有关农业"绿色革命"社会效应的案例分析都毫不留情地指出：在印度等南亚地区实施的农业"绿色革命"，事实上进一步拉大了农村早已存在的贫富差距(Frankel，1971)。这究竟是怎么回事？首先，要参加农业"绿色革命"实践，村民们必然要投入不菲的资金。同时，接受农业"绿色革命"科学种田指导的农户，需根据要求购买专家指定的高产杂交品种,从而不得不放弃传统的良种筛选方法(即在收获的谷物中精心选出供来年耕种的优质稻种)。然后,还需在农业生产中大量使用商用肥料,有机肥料的使用传统几乎在眨眼间遭到淘汰。最后,农户还必须添置与新技术相配的灌溉来源和灌溉设施。无疑,只有富裕农户才有足够本钱来尝试新技术和新品种,成为农业"绿色革命"的真正受惠者。而寻常农家在播下新的稻种之后便没有能力继续投入对于他们来说极其昂贵的资金,其结局基本上是竹篮打水一场空:轻则庄稼歉收;重则因无法还清购买新品种的贷款而负债累累,不得不出卖土地,酿成妻离子散和家破人亡的惨剧。与此同时,那些在新的农业技术革命中因尝鲜而暴富的农业大户乘机在土地市场上攻城略地,大量收购破产农户被迫出卖的土地,这些盈利之后的暴发户拥有了足够的资金添置拖拉机和其他农用机械设备。这一突如其来的变化对于弱小农户来说无疑雪上加霜,由于经济实力的匮乏,他们只能受雇于大户,在农忙时打打短工。多数人则会流向城市,最终成为贫民窟中的一员。

人类学家德沃特(Bille R. Dewalt)在农业"绿色革命"得到大力推广的墨西哥乡村田野调查发现,采用农业新技术而实现的作物丰收,不过起到了为家禽和畜牧业增加饲料来源的作用而已(Dewalt,1994)。他的研究表明,墨西哥谷物年产量的半数以上都用来喂养生猪、肉鸡和肉用

牛。也就是说买不起肉的穷人并非农业"绿色革命"的受益者。由于

贫困差距的加大，农业"绿色革命"的扩展反而使有能力购买肉食品的消费者人数逐年递减。德沃特的结论是，农业"绿色革命"所带来的商品化和产业化趋势只能进一步拉开墨西哥农村原来就存在的贫富差距，而食物、能量和劳动力并未得到充分使用，导致农业发展停滞不前。

另一项来自人类学家弗兰克(R. Franke)的田野调查显示，除了贫富悬殊这一农业"绿色革命"在推行中所遇到的几乎是不可逾越的障碍之外，还有地方和政治层面的许多不可控政治因素(Franke, 1977)。这项在印尼爪哇完成的研究为我们提供了一个良好意愿与复杂现实相矛盾的农业"绿色革命"案例。与众多人口稠密的发展中国家和地区一样，印尼的爪哇岛在 20 世纪 60 年代成了农业"绿色革命"的首选试点区域。在农业"绿色革命"期间，包括印尼在内的多数东南亚国家政府都大张旗鼓地鼓励在农业生产中使用经杂交培育而成的高产稻种以及化肥和杀虫剂。然而农业"绿色革命"在实践中能否真的实现增产增收的目标呢？

首先，农业"绿色革命"在实施过程中所遭遇的第一个难题便是日益加剧的社会等级化现象。以政府官员、商人和大地主为代表的富人群体和小农团体间的差异，在印尼农村是有目共睹的社会事实。针对这一情况，印尼大学农学院在 1963 年农业"绿色革命"刚开始不久，就尝试推行一个将大学生派往乡村基层，与农民同住的项目。在这一印尼版的"上山下乡"运动中，大学生们积极参与田间生产，与农民分享新的农业技术，同时也丰富了自己的视野，学到了不少课堂以外的经验性知识。由印尼农业部主导的这一试点项目 1964 年全面铺开，参与项目的成员包括来自 9 所大学的 400 名学生。颇有意味的是，农业"绿色革命"在试点项目地区都取得了不同程度的成功，甚至可以说是唱响了"希望之歌"。这主要是由于，在试点村大学生们得以随时监督试图渔利的富人群体的一举一动,以各种方式确保普通农民的农资设备不受侵吞。而在未试点的乡村,农业"绿色革命"根本未能惠及基层民众。显然,经济发展在实践中无法单纯依赖技术革新这一途径。

在 1965 至 1966 年发生的政变导致苏加诺总统下台,新总统苏哈托在上任后继续推行鼓励农业增产增收的一系列政策。然而推行农业"绿色革命"的主干力量有了变化。当时与日本、西德和瑞士跨国企业关系密切的特殊利益集团成了主角,原本的大学生和农民被边缘化。跨国企业负责向印尼提供高产稻种、肥料和农药,而参与农业"绿色革命"的印尼农民则通过向银行申请以获得贷款资格。学生和农民的缺席,使得农业"绿色革命"失去了来自底层的宝贵动力,很快就遭遇了各种意想不到的问题。比如说,一种从未在印尼测试过的杀虫剂在使用过程中杀死了生活在灌溉渠道内的鱼群,使当地人的饮食选择从此失去了一个主要的蛋白质来源。由于地方利益集团把持和操纵农业"绿色革命"的进程,贫农们的积极性受到了极大挫伤。与其他国家和地区相类似的是,农业"绿色革命"在印尼的实践使农业生产的趋利倾向越加明显,参与者变得相当短视和浮躁。同时,农业生产者对机械设备和化学药剂的依赖也使地方生态环境发生了不可逆的变化。

生态哲学家范达娜・席娃(Vandana Shiva)以她在印尼北部旁遮普邦的田野调查为基础,写出《绿色革命的暴力:发展中国家的农业、生态和政治》(*The Violence of the Green Revolution: Third World Agriculture, Ecology and Politics*)一书。她指出:在农业"绿色革命"所谓"成功"表象背后是旁遮普邦无助的农民不但没有真正受益,还要应对各种痛苦与灾难(Vandana Shiva,1992)。旁遮普邦水源充足,灌溉发达,是印度农业最发达的地区之一,国民生产总值也高于其他地区。而自从农业"绿色革命"在该邦开展之后，当地农民在享受到短暂的经济繁荣之后，副作用却随之而来。所谓的"奇迹种子"(Miracle Seeds)与当地的原产种子相比，需要更多的灌溉水源，也需要相应的化肥与农药。这些都对当地生态环境形成了不可逆的破坏，原本持续数千年的精妙且稳定的生态环境不复存在。同时，在此生态环境基础上建立的社会文化环境也发生了巨大的变化，阶级冲突、宗教冲突、水资源冲突等比比皆是。仅 1988 年，旁遮普邦因暴力事件而死亡的人数约 3 000 人。

如旁遮普邦案例所示，受援地区在选择种植改良农作物的同时，必须引进配套的化肥与农作物，并辅以充足的灌溉水源。这些对西方国家的跨国企业巨头打开发展中国家的市场起到了极其重要的作用，为展开变相的"新殖民运动"提供了合适的氛围。正如英国在结束殖民统治以后，又不失时机地在印度建立了大量的纺织厂，完成了产业转移，也有力地促进了英国的原始资本积累。20 世纪中叶，印度面临着粮食短缺情况时，农业"绿色革命"的确有助于解决印度农业的燃眉之急，但其带来的一系列副作用也不应忽视。在印度，已有科学家提出改变依赖"奇迹种子"的想法，并付诸行动。但"奇迹种子"对生态环境所带来的持续性破坏却不是一朝一夕所能复原的。另外，随着"农业绿色革命"的推进，虽然相应的各类设施得到了改善，隐藏的问题却暴露无遗，旁遮普邦的生态环境与社会结构被彻底打破，这点或许是当局者始料未及的。

农业机械化和企业化的生态效应

在后"绿色革命"时期，在农业领域发生的商品化和机械化速度之快、范围之广，已经开始产生令人们始料未及的负面效应。其中最严重的是农业公司成为新的污染源头。作为农业机械化生产的主要力量，农业公司必须依赖化石燃料、化肥、大片的耕地和杀虫剂之类的有毒物质维持日常运行，并达到增产增收的终极目标。这种由大企业主导和垄断的农业生产模式，正从发达国家推广到发展中国家的广大农村地区。在墨西哥、印度和印尼等农业"绿色革命"的重点区域，农业机械化生产已经是大势所趋。同时，通过基因工程和生物科技等手段，科学家们培育出了更新的小麦和水稻高产品种。然而，为了有效地耕作新品种并从中获利，农民们不得不在灌溉和耕作过程中不断购买昂贵的资本密集型技术、无法循环使用的燃料（天然气和汽油等）以及含有毒物质的除草剂和杀虫剂。

　　资本密集型农业的出现，对全球环境产生了大量的负面效应。1984 年印度博帕尔某化肥公司发生的毒气泄漏事故就是一个与农业"绿色革命"相关的导致生态危机的悲惨案例。在那次震惊世界的生态灾难中，有几千名伤亡民众成为无辜的牺牲品。尽管农业机械化所产生的环境变化未必像人们想象的那么突然和恐怖，然而，其潜在的危险性却不容低估。比如说，农产品中杀虫剂和其他相关有毒物质含量的增加，是发展中国家必须解决的一个带有普遍性的问题。即使在国家明令禁止之后，要将残余的化学物质从食物链中完全彻底地消除，还需要相当长的一段时间。只要有企业不断向市场推出各类新型的合成化学产品，生态环境发生危险的可能性就会与日俱增。

　　斯特尔（Donald D. Stull）和布罗德维（Michael J. Broadway）两位人类学者费时 15 年写出《屠场布鲁斯：北美的肉禽产业》(*Slaughterhouse Blues: The Meat and Poultry Industry in North*

America）一书，对美国和加拿大的农场企业化、农资产业化进程及其效应进行了深入细致的人类学考察。通过对来自屠宰场雇员、工会、社区领袖和周边地区居民的一整套定量和定性数据的分析和整理，他们的研究表明，从农场到工厂，随着肉禽企业化，已使肉禽产业的高度集中和整合成为大趋势。为了迎合便利速食品的市场需求，促使肉禽业者大量雇佣廉价劳力，丝毫不顾这种疯狂的逐利行为所带来的环保和社会效应。当牛肉、猪肉和鸡肉的集约化生产在北美农业区域大行其道之时，也是空气和水源受到污染之日。当北美顾客在窗明几净的超市选购肉禽食品的时候，他们无法看到肉禽工人面临的恶劣工作条件，也无从知晓肉禽业对环境和社区的负面影响（Stull & Broadway，2003）。

斯特尔和布罗德维发现：虽然历经技术转型，近一个世纪前作家厄普顿·辛克莱（Upton Sinclair）在《屠场》（*The Jungle*）一书中记录的劳工、阶级和食品生产安全问题并没有实质性的改变。他们所在的跨学科研究团队针对堪萨斯州花园城（Garden City）周边社区在 1980 年超大规模牛肉加工厂建成之后，如何与数量剧增的移民劳工共存共生问题，进行了民族志田野调查。通过回顾自己参与的一个旨在观察和理解移民与所在社区如何相互适应的项目实施过程，两位人类学者描述了从大平原到加拿大的北美肉类加工厂所在社区内具有普遍性的一种现象，即：加工厂一旦建立，就会给属地社区带来可以预见的代价、问题和挑战。这些代价、问题和挑战与肉类加工企业所声称的机会和利益相比，可谓得不偿失。显而易见，经济发展和社区发展之间存在着难以调和的矛盾。前者可以狭义地理解为制造就业机会；而后者则是广泛意义上的生活质量提升，如合理的薪酬、良好的工作环境和住房条件，以及干净的空气和水资源等。虽然牛肉加工厂、猪场或者养鸡场的到来常常被视作解决社区经济发展难题的一条出路,然而由此导致的社会和环境代价、问题和挑战远远超过就业机会所带来的短期收益。

农业生产的企业化和商品化带来的剧变在短时间内重塑了美国人的传统食用方式。在第二次世界大战期间,牛肉属于配给供应食品范畴,因而美国民众开始选择鸡肉消费,把有限的牛肉让给前线作战部队官兵食用。在战后鸡肉成为一种货源有保障的固定肉食选择。从表面上来看,鸡肉是一种比牛肉更加健康的食品。然而在经过工业化处理之后,鸡肉原本的健康品质在顷刻间荡然无存。对于廉价和健康肉制品的消费需求势必转化成一种对加工过的便利肉产品的市场需求。从 20 世纪 60 年代以来,称霸养鸡业的"泰森"(Tyson)和"普度"(Perdue)几乎成了鸡肉品牌的代表。如今消费者在超市实际上不是在购买最高品质的肉产品,而是在购买他们认为理应代表最高品质的某一品牌的产品。

由于价格低廉和供应充足等因素,美国的鸡肉消费迅猛增长,以标准化和市场化驱动的食品生产转型使得鸡肉加工处理成为一个危险行业,对消费者和生产者的身体健康造成难以预估的损害。从表面上来看,美国大众受惠于价廉物美的鸡肉,却未充分意识到自己付出的代价。经过工业化处理的鸡肉制品,大多含有没有人愿意消受的污染物质。来自发展中国家的外来劳工在非人道的工作环境中从事鸡肉加工,却得不到应有的工资待遇。传统的养鸡场渐渐地被雇用廉价国际民工的庞大企业所取代。原先在户外活蹦乱跳的散养鸡变成了养鸡场狭小鸡笼内的所谓速生鸡。然而普通民众在进餐时对于他们所食用的家禽的来源、处理过程以及从事家禽生产加工的工人们的际遇,几乎一无所知。

人类学者斯特里夫勒（Steve Striffler）基于与第一线劳工的访谈、亲身体验和统计所获的各类数据写成《鸡肉：美国人钟爱食物的危险转型》（*Chicken: The Dangerous Transformation of America's Favorite Food*）一书，使读者得以透过超市冷冻柜内五花八门的鸡肉制品表象，辨析养鸡产业所经历的历史性蜕变。作者认为：鸡肉加工业转型后所造就的单一食物体系，在不知不觉中割裂食物来源地、生产者和餐桌之间的纽带（Striffler，2005）。当消费者在肯德基快餐店啃咬炸鸡块的时候，就已身不由己地成为联结生产者、加工者、制造商、投资者、政客和交易商的这条国际链条中的一个微小环节，在有意无意之中催生了一个对水资源和健康状况具有潜在威胁的微生物系统。

　　斯特里夫勒在阿肯色州的一家泰森鸡禽加工厂所进行的田野研究中，通过参与观察和访谈研究人员获得两组互为映衬的调查数据，使读者得以窥见养鸡产业被遮蔽的不光彩图景。斯特里夫勒以普通员工身份在阿肯色州西北部的一家泰森鸡禽加工厂进行了为期2个月的田野研究。他发现全厂除了管理和秘书部门，几乎没有一个白人雇员。他去应征工作时，白人女秘书也不知他为什么愿意当一名鸡肉加工流水线工人。在通过药物和背景检查之后，他很快就被录用。他遇到了诸多来自墨西哥和其他拉美国家、老挝及其他太平洋岛国的劳工。他们多数有难民身份，为养家活口被迫来承担这痛苦乏味的鸡肉加工工作。他们每小时挣8美元。工头的年薪为3万美元。泰森鸡禽加工厂每分钟要处理80只鸡，每天有4 000磅鸡肉。作者用"活着上吊"来形容工作过程。每分钟有200只活禽涌入屠宰场地，而工人们操作时倒拎并拽住活鸡双脚，一时间鸡血、羽毛和粪便到处飘扬。厂方为了确保鸡肉产出的最大化，常常置操作工人的健康和安全于不顾。工伤已成家常便饭。然而公司的财力之强，盈利之丰，使其足以应对各类劳务官司(Striffler，2005)。

在经济全球化的背景下，斯特尔、布罗德维、斯特里夫勒三位人类学者以北美肉禽产业为审视对象，对于食品安全和企业社会责任感这一国际社会瞩目的议题，进行跨地域和跨文化的田野考察，具有无可辩驳的实证和学理意义。此外，在动植物基因工程领域发生的一系列变化，尤其是近年来转基因(GM)作物和生物技术在全球各地的传播，引起了环保主义者和人类学者的严重关注。在印度和非洲等地，许多科学家、农业专家和经济学家对转基因作物的安全性问题莫衷一是，还分成支持者和反对者两大阵营。全球知名的化学公司孟山都公司(Monsanto)是生物技术和基因作物的主要推广者。多年来该公司一直致力鼓吹生物科技的优越性，并企图以此来替代耕犁、除草和留种等传统农业技术。它认为"可持续性"的生物科技可以代替非洲传统的锄头耕耘法。增加作物产量和实现农业现代化是其主要目标。民间和学界有人对转基因作物在小农经济条件下的适用性一直存有芥蒂和疑惑，而转基因技术的拥趸们却将反对者说成是迷恋博物馆内古董耕作法的因循守旧派。转基因新技术在实践中的广泛采用，助长了被发展人类学者称为"技能过时"(deskilling)的现象。也就是说，小农耕作正在不断地被机器和农业高科技生产模式所代替，已成为一种全球化的趋势。在发达国家，"技能过时"的务农者可以通过政府有关机构得到接受职业培训等机会。而处在边缘地带的发展中国家，并没有相应的经济和社会资源来保障农业"技能过时"者的基本权益。

从批判家的角度来看，在绝大多数发展中国家和地区的实施过程中,农业"绿色革命"并未能满足普通农民的需求。这一现实有违技术革命推广倡导者的初衷。农业"绿色革命"的赢家多半是化肥供应商、稻种供应商、农用机械设备制造商和营销商,以及收入剧增的农业大户。从某种意义上来说,那些得到巨额研发资助的科学家和研究人员,也是农业"绿色革命"和随后发生的农业企业化的赢家。由于牵涉个人和集团利益,他们中很少有人能像发展人类学者一样,以接地气的田野材料为依据,正视农业"绿色革命"给广大发展中国家和地区所带来的未预结局。

从历史的眼光来看,要对农业"绿色革命"盖棺定论,恐怕为时过早。在成功使用农业"绿色革命"技术的国家和地区,其不断增长的城市人口的主粮需求得到保障,不再依赖进口,因而能有力地支持经济发展(Evenson & Gollin, 2003)。如要总结过去几十年农业"绿色革命"的得失,我们必须面对的一个最基本的问题就是:技术转让是否解决全球范围内饥饿问题的灵丹妙药?本讲中对于来自田野实践的众多个案的评述和分析,其实已经给出了答案。作为结语,笔者有必要重申几点发展人类学者已形成的共识:首先,有相当一部分在温带地区开发的农业科技成果,在贫困人口较集中的热带地区的应用效果并不理想。土壤和气候条件的差异造成这一部分农业"绿色革命"项目的水土不服现象。其次,有些人类学者怀疑那些所谓高技术含量的农科手段,是否符合发展中国家的实际经济情况。很多时候,闲置劳力是比资金短缺更现实的问题。再次,与农业新科技相配套的产品和服务,往往是一揽子买卖。如尝试种植某个新的作物品种,就会对灌溉用水和农药、化肥等农资产生新的需求。随着转基因品种在全球农业地区的广泛使用,农户们已经无法使用传统方法的选种。长此以往,地球的生物多样性将受到无法逆转的破坏。此外,包括失地农民在内的农业"绿色革命"的受害者,在走投无路之际,被迫运用被政治学家斯科特称为"弱者武器"的各种手段进行抵抗(参见下篇有关论述)。这些所谓"落后小农"的抵制行为虽然不会改变现状,但也对农业科技的普及起到了阻碍作用。最后,从环境能量的角度来看,先进的农业科技在资源匮乏的地区产生的效益相当有限。通过大规模的农业机械化生产而达到的高产、稳产,是以巨大的能量消耗为代价的。从节能增效和保护生态的意义上来说,使用人力或牲畜耕地的传统生产方式,有相当的合理性。因而我们有充分理由怀疑农业"绿色革命"所推崇的科学种田模式,是否与可持续发展的生态理念背道而驰。

下篇
世界体系中的发展人类学

第十讲　人类学视野里的资本主义世界体系

　　在第二次世界大战后的西方学界,沃勒斯坦是一位较早将经济发展放在整个世界范围之内系统性地进行跨学科和跨地域考察和分析的社会科学工作者。由他构建的世界体系理论是一项对现代资本主义发展过程的极具历史眼光的宏观社会学比较研究。对于1974出版的《现代世界体系》这一为沃勒斯坦带来巨大声誉的标志性学术产品,著名政治人类学者文森特(Joan Vincent)评价道:世界体系理论如惊雷一般撼动了整个社会科学界。知识领域的学术生产活动终于与现实世界的发展趋势同步,将研究聚焦于国际资本主义的利润生产、多国公司和国际劳动力移民等议题(Vincent,1990:393)。所谓"资本主义世界体系",是指存在于发达国家与中等发达国家、发展中国家之间由不平等的经济和政治关系构筑的一个网络。在这一网络的架构当中,高度工业化的发达国家占据的是核心位置,发展中国家则处于被剥削的边缘区域(Wallerstein,1974)。世界体系理论的支持者指出,在沦为殖民地之前,处在发展中国家的人民有足够的能力维持安居乐业的生活,而200多年间资本主义社会工业化程度迅猛扩增的基本前提是耗竭殖民地的资源和劳力。发展中国家走向现代化最大的障碍,并非来自"落后"和传统的文化价值观,而是殖民历史所遗留的一系列难题。尽管殖民地人民在20世纪中叶取得了他们梦寐以求的独立地位,但是在资本主义世界体系内,原本的不平等关系得以维系,并且形成了一种可称为"新殖民主义"的国际经济和政治新秩序。

世界体系理论的提出，对于人类学者在田野实践和学术探索中吸收马克思主义政治经济学的真知灼见，将研究场域从小范围的村庄、部落拓展至国家、国际乃至整个世界的层面，具有里程碑的意义。世界体系理论为包括人类学者和社会学者在内的社会科学工作者提供了分析框架和思路，人类学者开始以跨越时空的姿态审视15世纪以来以西班牙、葡萄牙、英国和法国为代表的欧洲强权，如何通过殖民主义、帝国主义这两股巨大的政治力量瓦解和改造世界上不同区域的文化和经济模式。与此同时，人类学者的传统研究对象，即那些生活在非工业社会的芸芸众生，被贪婪的外部力量操控和吞噬，始终无法摆脱在资本主义世界体系中的边缘化地位。比如说，本讲论及的两位人类学家沃尔夫和西敏司(Sydney Wifred Mintz)，早在20世纪中期于哥伦比亚大学撰写博士论文之时，就已经清醒地认识到他们在波多黎各进行田野研究的"传统社区"完全不是孤立存在的偏远村落，而是殖民主义庄园经济的产物(Mintz, 1956；Wolf, 1956)。殖民者为满足欧美市场对咖啡和食糖源源不断的渴求，建立了一个又一个以种植咖啡和甘蔗为主业的生产基地，这才是殖民地内社区生成和发展的动因。

作为社会科学领域内并不多见的一根跨学科纽带，世界体系理论本身也为学界对经济全球化的历史考察和现实批判指出了独特的研究路径，并在一定程度上整合了关于现代资本主义发展过程的研究和教学议程。如今的西方社会科学教科书中，大都有专门介绍和评论世界体系理论的篇章。本讲将首先探讨现代作为对发展研究产生巨大影响的经典学说，世界体系理论在思路和视角方面与现代化理论、依附理论假设的渊源关系。然后，以人类学案例来说明这一学说对于田野工作者寻找、选择和确定新的分析单元的重要意义。最后笔者将简评世界体系理论对于观察和辨析 21 世纪全球化趋势的学理价值以及这一理论所固有的局限性。

现代化理论、依附理论与世界体系理论

从某种意义上来说,沃勒斯坦的世界体系理论是现代化理论和结构—功能主义的对立面。就其立论的假设而言,除了马克思主义的基本观点,还有在 20 世纪 60 年代受到广大拉美左派学者追捧的依附理论。作为对拉美经济发展不平衡的有力解释,依附理论的推崇者力图说明为何摆脱殖民统治多年之后,他们的国家仍旧处在贫弱状态。依附理论的基本立场可概括如下:二战后众多新兴发展中国家所遭遇的经济发展停滞不前的困境,除了自身原因之外,一大源头来自发达国家。正是由于发达国家对发展中国家资源的无情掠夺和对廉价劳力的层层盘剥,才使得后者在全球经济中一直处于边缘地位。发达国家的贷款条件和对他国的经济战略不过是不平等国际交易的延续,只会导致发展中国家在世界经济体系中进一步边缘化。这一过程,用依附理论代表人物弗兰克(Andre Gunder Frank)的话来说,实质上是一种处在"欠发达状态中的发展"(the development of underdevelopment Frank, 1966)。

依附理论从根本上颠覆了现代化理论的传统—现代二元论假设(见上篇中有关罗斯托的评述)。根据这二元论假设,现代国家可分为两种类型,即:已经成功实现工业化的发达国家和正在向现代化迈进的发展中国家。二元论假设中还藏有这样的潜台词:只要愿意采用新技术和抛弃传统的价值观念,发展中国家也可以实现现代化的目标。如前文所述,现代化理论倡导者罗斯托就将发展中国家的

落后一味地归咎于"传统主义"。而依附理论的支持者则完全否定了现代化理论的前提和假设,他们认为没有一个国家能够做到真正的自主并独立承担现代化的成败责任。如果说殖民地和来自他国的人力及其他资源是现代国家成功的要素,那么对于那些从来没有殖民地,而且本地资源早已被外来强权掠夺殆尽的国家来说,实现现代化无疑是像画饼充饥一样不切实际的幻想。作为殖民诸强中的后起之秀,美国依赖美洲印第安原住民的土地和资源不断地扩展自己的地理和政治疆域,这恐怕是这一新兴工业国与其他欧洲列强的主要区别。总而言之,欧美列强如果不靠剥夺他国人民的财富,就等于失去了驱动资本主义发展机器的燃油一样。在依附理论支持者眼中,只要发展中国家继续依赖发达国家找寻经济发展的方向,国际秩序中的穷富格局就不会被打破。

如果将发展中国家的政治和经济依赖历史逐一加以比较,一个主宰与依附的模式就会呈现出来。而将这一模式串联起来作为进一步分析和概括的基础,正是世界体系理论首创者沃勒斯坦的杰作。从1974年出版的《现代世界体系》一书开始,沃勒斯坦开始为现代世界中存在的发展与欠发达问题提供一个全球化的框架。同依附理论的支持者一样,沃勒斯坦不但排斥现代化理论,而且还认定发展中国家在世界经济体系中的边缘化地位其实源自殖民时期受剥削的惨痛经历。作为他宏大叙事的前提,沃勒斯坦认定现代世界最重要的经济结构存在于一个单一的资本主义世界体系之中。他认为,这一体系必须首先理解为一个单元,而不是一些具有外交和经济关系的独立国家的总和(Wallerstein, 1974)。现代世界体系源于16世纪末期和17世纪早期。与更为久远年代的世界经济形式不同的是,沃勒斯坦所描述的这个现代世界体系奉行资本主义的运行原则,而且就范围和规模而言已达到了真正意义上的全球化。世界经济成为包括众多国家在内的一个统一体系，通过一个全球化的市场和全球化的分工形式持续发展。处在现代世界体系中的经济活动与帝国时代的世界经济截然不同。在帝国时代，单一的政治结构往往主导经济交换网络。而在新体系中，商贸交换行为跨越了政治边界，由此形成了以资本主义生产模式为基础的世界经济。沃勒斯坦在叙述中强调的是世界经济的成型，而不是世界帝国或其他政治实体的存在，这是因为世界经济"正好能够囊括帝国、城邦国家和正在出现的所谓民族—国家。它是一个世界性的体系，不是因为它涵盖了整个世界，而是它要比任何法理定义的政治单元大得多。它更是一个'世界性的经济'，因为体系之内各个部分的基本联系点是经济性的"（Wallernstein，1974：15）。

　　沃勒斯坦指出，当欧洲的这一世界经济初露端倪之时，由于以"中华帝国"为中心的竞争对手的存在，还难以马上获得国际霸主的地位。欧洲的世界经济最终能够脱颖而出，完全是由于资本主义的作用。正如沃勒斯坦所说："资本主义的秘密在于它是在一个世界-经济而不是帝国的框架之内，完成了劳动力的分工。"（Wallerstein，1974：127）略有历史常识的人不难看出：现代世界体系的发展动力来自15世纪末欧洲发生的一系列事件。这些被后人称为"封建主义的危机"的事件包括农民起义、疾病瘟疫、饥荒贫困和人口的剧烈减少。面临农民起义的威胁，封建贵族寻求国家间的保护，而国家整合力的增强，使商人获得了比原先更多的穿越政治疆界的自由贸易机会。与此同时，欧洲出现的从食品到黄金、白银等资源的短缺，以及欧洲人以商贸为由在美洲、非洲和亚洲的探险和交易活动，最终导致了世界经济边界的扩展和延伸。这也是葡萄牙和西班牙得以成为资本主义世界体系中最早的核心国家的重要外因。

世界体系理论的分析单元是核心区、边缘区和半边缘区，分别代表全球经济运行过程中具备不同的劳动力组织模式和扮演不同角色的政治经济地区。所有位于体系之内的国家和地区都属于这三类中的某一类。处于经济实力谱系两端的核心区和边缘区最为重要。所谓核心区，自然包括以高技能自由劳动力、高工资、高生产能力和复杂分工为特征的经济强国。核心区的银行、金融和科技产业高度发达，它们从边缘区获取资源和剩余价值，又将其制造的产品销往边缘区。核心区一般包括世界经济发展的主要受益者如美日和西欧诸国，这些发达国家通过抽吸边缘区的资源，维持高技能的"自由"劳动力和高水平的消费模式。边缘区则由一些生产能力低下、工资低、文化单一、素质劳动力低、擅长原材料加工的发展中国家和地区组成。边缘区通常包括非洲和一些拉美、亚洲的国家和地区。它们往往采取各种强制性方式来制造产品，供应核心区。处在边缘区的国家和地区内的劳工的生活水准一般较低，其商人阶层则会认同核心区的经济价值观。核心区与边缘区之间发生的任何冲突和矛盾在半边缘区这一缓冲地区得以化解。半边缘区兼具核心区和边缘区的特征，将来自核心区的产品出口到边缘区，同时将边缘区的产品销往核心区。处于半边缘区的通常都是在转型时期的国家和地区，如墨西哥、巴西、阿根廷、智利和（沃勒斯坦著书时）正在东亚兴起的工业国和地区。在受到核心区控制的同时，半边缘区其实也在以某种方式盘剥边缘区，并由于其经济方面的成就（如亚洲"四小龙"的崛起）为后者景仰和效仿。像墨西哥和巴西这样曾经有过边缘区经历的国家，通过积累充足的工业化能力和其他方面的资源，也有可能在将来获得核心区的地位。当然，墨西哥和巴西的现状似乎会令沃勒斯坦失望，同时，由"一带一路"倡议引发的中国效应或许是他始料不及的。

对于从事社会发展研究的学者来说,世界体系理论使他们看清了发展中国家和地区发展迟缓的两大因素:首先是对出口的严重依赖。殖民前的发展中国家和地区经济大多自给自足,而且种类繁多。欧洲殖民者以强力完全改变了殖民地原有的经济模式,使之成为满足欧洲市场需求、生产单一品种(如蔗糖、咖啡、热带水果和橡胶等)的基地。这一情形延续到了殖民地获得独立之后。由于无法控制国际商品价格,发展中国家和地区只得以单纯出口原材料来维持基本稳定的经济生活。其次,世界体系内难以消除的区域间不平等的结构性因素为新殖民主义的存在提供了可能,而新殖民主义恰恰是20世纪七八十年代困扰众多发展中国家和地区的债务危机的根源之一。墨西哥和巴西在1988年的外债有1 000亿美元之巨,几乎没有任何偿还能力。陷入这一恶性循环的主要原因在于:两国自身经济的总量已无法满足投资之需,若无经济上的进一步投入,将使发展更加停滞不前,所以政府只得继续向国外借贷,希望能以拓展经济来提供更多的还贷手段和机会;然而世界商品交易市场价格的下降、贷款利率的提高和本国货币的贬值,不但使得经济振兴成为泡影,更使两国陷入更深的债务泥潭,只得从核心区借更多的贷款来支付已欠贷款的利息。

　　跨国公司的涌现是核心区力图维系资本主义世界体系现有经济秩序的重要手段。跨国公司通常会在某一国家或地区设立总部,通过其拥有和控制的遍布全球的分支机构来进行日常运营。出于对投资和就业机会的需求,中等发达国家和地区、发展中国家和地区会热情地欢迎甚至吸引跨国企业来开公司办厂。然而一直到20世纪末,跨国公司的存在对所在国或地区发展自主经济往往是弊大于利。由于跨国公司不断施加的政治和经济影响,所在国或地区的外向型发展重心都会向某些特定产业倾斜,而这些产业的利润往往都会转向国家或地区外,很少被用来继续投资。所在国家或地区通过与跨国企业合作的真正获利都集中在少数精英统治者手中。自然这些人的利益是与国外资本家而不是本国或本地区民众紧密相连的(参见下文"后福特主义"相关论述)。

跨国公司经济活动的全球化本质使世界体系理论指导下的发展研究重点转向全球商品链,即劳动力和生产过程在世界范围内形成的成品制造网络。这些网络包括所有枢纽生产活动形成的互相紧锁的一根根"链条",从所需原材料延伸至创造出符合客户要求的终端成品(Gereffi, 1996; Appelbaum & Christerson, 1997)。对于全球商品链的研究显示出制造业日趋全球化的态势。据世贸组织统计,在 2002 年,75% 的全球出口来自制造业(World Trade Organization, 2003)。中国成为中等收入国家也与其扮演的"世界工厂"角色有相当大的关系。然而,在全球商品链中利润最丰厚的环节,如工程、设计和广告等,多半还是在核心区内完成的。

总而言之,核心区、边缘区和半边缘区之间的不平等交换决定了这三大区域里国家和地区之间关系的本质。也就是说,核心区生产的资本密集型产品与边缘区生产的劳动力密集型产品进行的间接交换,导致后者的经济欠发达程度日益加重。用马克思主义者的话来讲,对剩余价值的掠夺、剥削以及资本的积累,是资本主义世界体系最突出的特点。该体系内国家和地区间的不平等关系,是以资本主义社会内部典型的阶级互动和对抗形式在国际舞台上得以充分体现,而世界范围内的分工则形成了这一体系的重要经济结构。所以,要衡量核心区、边缘区和半边缘区国家和地区之间的差距,不能仅凭地理常识,更需借助政治经济学的思考方式。因而沃勒斯坦的世界体系理论使我们更清晰地看到：发展中国家的广大人民在被殖民之前有充分的能力和资源来进行自己动手、丰衣足食的生产活动，而殖民列强对体系内边缘区长达两个多世纪的强取豪夺，使其发展和滞后实际上成了同一块硬币的两面。到了20世纪中叶，大多数殖民地获得独立之后，核心区对边缘区非正式的政治和经济主宰，使前者得以继续盘剥后者的劳动力和资源。借助这一体现新殖民主义意识形态的国际等级制度，极少数发达国家占据了与其人口和面积不成比例的世界上绝大多数的资源，并试图以政治、经济和军事手段来维持现有的秩序。

与任何鸿篇巨制一样，世界体系理论绝非一部屡试不爽的全球经济发展的分析识别仪。原本处于发展中国家和地区（如新加坡、韩国、中国香港和台湾等）在极短时间内完成了符合现代化理论所说的起飞工作，并快速进入经济成熟阶段，以至发达国家很快就考虑设置贸易堡垒来保护自身在商业竞争中的利益。此外，尽管世界体系的结构性变化相当缓慢，但总有一些曾经不可一世的核心区国家或地区无法抗拒历史潮流，让位于后来者。如5世纪前意大利的威尼斯等城邦国在世界经贸活动中一度叱咤风云，但其强势不过昙花一现。此后的霸主地位分别为荷兰、英国和美国占据。如今，在经过修正的世界体系观察框架内，美国的主导地位在一个"多极世界"内受到来自不同方面的挑战，并不得不迎合与欧亚分享经济霸权的大趋势。

第二次世界大战后美国全球经济霸主地位发生的变化，与其制造业模式从福特主义转向后福特主义这一不可逆的趋势密不可分。如果我们把福特公司在20世纪上半叶的汽车生产方式作为参照标准体系的话，那么福特主义就可以理解成低技能劳动力在流水线上装配和制造相类似产品的一种规模化生产制度。在相当长的一段时间内,福特主义被视作一种既能减少汽车生产费用又可以增加盈利空间的工业创新模式。这种大规模生产制度也使消费者得以节省购车费用,使得新一代工人能买得起他们自己制造的汽车(Raushenbush,1937)。尽管在一开始受到制造商的反对和抵制,福特汽车公司的工会经过努力达到了以增加产量来换取稳定的工资和其他待遇的目标。应该说,与同时期绝大多数美国企业以低工资和延长工时来剥削外来移民的廉价劳力作为利润最大化的手段相比,作为劳工、企业和政府之间的一种社会协议,福特主义的确有其独到之处。

与开拓大众消费市场紧密相连的福特主义大规模生产模式,在美国二战后经济发展的语境中象征着劳动力关系的稳定、公司对员工福利的长期承诺以及工会在维护员工权益方面的话语权。然而,到了20世纪70年代,福特主义已经无法作为维持制造业良性循环的有效手段。其主要原因在于:福特主义比较适合有巨大市场需求并且以标准化规模生产消费品的产业。设立机械化的流水线投资巨大,而且福特主义的体系比较僵硬,设立后一旦需要对产品进行改造,还必须重新投资。与此同时,只要有足够资金设立工厂,福特主义的生产方式很容易在劳动力低廉的国家或地区进行复制。当美国顺应新信息技术快速增长的趋势,同时面临来自欧洲和日本的经济竞争压力后,开始着手完成从制造业向服务业的转型,一种被哈维(David Harvey)所称的"灵活积累的策略"(David Harvey,1989)应运而生。这种为跨国公司所广泛采用的灵活积累利润的策略,在实践中表现为离岸(off shoring)操作和外包(out sourcing)服务两个方面。跨国公司可以选择在世界上任何地方开厂,只要所在国家或地区提供包括基建、劳动力、市场营销以及优惠政策等理想条件,而公司总部不再与集中生产的设施、服务支持和生产流水线等部门直接相联。

《第二次产业分界》(*The Second Industrial Divide*)一书中对"后福特主义"时代的生产模式转变有如下的扼要概括：福特主义推崇的科层制以及垂直的商业组织结构势必被更加灵活的平行网络组织取代，量化生产为量化定制(customization)所取代，在地生产为全球性外包所替代，员工对于长期高薪职业的稳定预期被短期低薪临时性雇佣的不安全感所替代(Piore & Sabel，1984)。资本主义世界体系核心区内的制造业工作机会不断流向边缘区，与此同时，在关税减免和贸易壁垒拆除基础上建立的全球贸易网络有力促进了资本转移、商贸和生产。后福特主义生产模式的改变，为重新审视资本主义世界体系内核心区与边缘区国家和地区之间的权力关系提供了崭新语境。

资本主义世界体系的人类学解读

人类学家西敏司 1985 年出版的《甜与权力——糖在近代历史上的地位》(*Sweetness and Power: The Place of Sugar in Mordern History*)一书以历史唯物义者的眼光和引人入胜的叙事手法，重新勾画了蔗糖这一寻常食品从生产、分配、交换到消费的轨迹。西敏司通过分析蔗糖在西方人社会和文化生活中的功能、意义的演变过程，突出了蔗糖的商品化本身与殖民主义、垄断资本主义的发展和扩张之间的紧密关联性，为揭示"资本主义世界体系"中边缘区与核心区之间不平等的关系提供了极有说服力的生动案例(Mintz，1985)。早在 20 世纪 40 年代，尚在哥伦比亚大学攻读人类学博士学位的西敏司，在波多黎各进行田野研究时就发现了这样一件怪事：他在盛产甘蔗的当地购买的食糖却是在北美生产和包装的，其标价还超出同类食糖在波士顿或者纽约等的超市的零售价。这一疑惑在他数十年后为《甜与权力》一书所做的研究过程中得到了初步解答。他发现甘蔗最早是在巴布亚新几内亚广泛种植,在印度加工成蔗糖。甘蔗通过中东和地中海东部传至欧洲,又由哥伦布带到美洲大陆。由于巴西和加勒比地区的气候特别适合甘蔗的生长,欧洲殖民者便以开辟种植园的方式来满足日益增长的对蔗糖的市场需求。

西敏司尤其想知道当满载蔗糖的货轮驶离加勒比海之后,以及当蔗糖进入欧美社会的工作场所、饭店和寻常百姓家庭之后,所引起的一系列变化。直到 1650 年,英国人的饮食来源还是以产自本土的动植物为主。然而在此后的两百多年里,也就是资本主义世界体系的成熟阶段,英国人却成了进口食品不可忽视的消费者。在早期的进口食品中,蔗糖由于廉价和实用,很快从原先的宫廷奢侈物变成一种大众消费品。而这一变化离不开始于 17 世纪以单一经济作物(如甘蔗、烟草和棉花等)为主的种植园经济的蓬勃发展。国际市场对蔗糖的需求又大大地刺激了跨大西洋的奴隶贸易和以奴隶劳动为基础的新大陆种植园经济的增长。由于西敏司对于历史资料的准确把握以及其不同于一般历史学家的研究角度,他生动地阐述了蔗糖从高档物品转为无产阶级消费品的文化和政治意义。他指出,茶、蔗糖和烟叶在日常生活中的大量使用,在很大程度上改变了 18 世纪无产阶级的消费习惯(Mintz, 1985:xvi),也使得种植园、农民、市场、蔗糖和奴隶制成为导致变化产生的互为关联的因素。在书的结尾处,西敏司有这样一段意味深长的话:"英国工人所喝下的第一杯甘甜热茶,可以说是一个重要的历史事件。因为这一事件形象性地预示着整个社会的转型以及经济和社会基础的重新建构。我们不得不竭尽全力来理解一系列的类似事件,因为在此之上建立起来的,是一种对

于生产者和消费者间关系、工作的意义、对自我的定义以及食物的本质,全然不同以往的看法。"(Mintz,1985:214)

与蔗糖发展史相似的是,英国市场对原棉的渴求最终促使北美东南部殖民地的迅速扩张,从而形成了以剥削黑奴为生产手段的单一经济作物体系。蔗糖和棉花作为当时极其关键的贸易商品,可以说是资本主义世界体系成长和壮大的催化剂。在人类学和社会学的想象空间内,以廉价的蔗糖和廉价的红茶为主要配料的下午茶虽然无营养价值,却为英国纺织工人和其他产业工人在下午三四点钟提供了继续干活所需的能量,从而保证了资本家剥削剩余价值的机会。借助这一西敏司式的人类学和社会学的合理想象,我们不难看到,在资本主义世界体系内处于核心区的产业工人和处于边缘区种植园的奴隶的命运,是被何种力量联结在了一起。

尽管沃勒斯坦的世界体系理论为发展研究揭示了全球经济不均衡的结构性因素和历史根源,它还是受到了包括人类学者和社会学者在内众多学者的批评。多数人在欣赏沃勒斯坦的洞见之余,也为他忽略体系内各个区域之间的历史和文化差异性而感到不满。沃勒斯坦利用已有材料重构世界历史,在哈佛社会学家斯考普尔(Theda Skocpol)眼里不过是以后见之明来串起看来有关联的一系列事件(Skocpol,1977)。这种被目的论主导的推理思路是历史分析之大忌。另外,世界体系理论的学理背景离不开马克思主义理论的引导,然而马克思主义学者还是觉得此理论未能包含对地方层面的阶级分析。与此类似的是,人类学者尤其是发展人类学者,更加关注世界体系对生活在边缘区和半边缘区的当地民众的影响,尤其是他们的命运是如何随着其所在国或地区与核心区关系的改变而改变。世界体系理论在成功挑战了现代化理论的同时,或多或少显示了其欧洲中心论的倾向(从核心区、边缘区和半边缘区的划分就可看出)。

当然,人类学界对沃勒斯坦世界体系理论批评最为尖锐的来自西敏司的同学兼好友沃尔夫。在其名作《欧洲与没有历史的人》(*Europe and the People without History*)中,他指出世界体系论者长期忽视的那些处在体系外和边缘区的民族和国家或地区,通常都有与外部世界整合的漫长历史(Wolf,1982)。这一整合过程包括与旅行者、客商、交易商、传教士、探险家的长期交流和接触。存在数百年之久的商贸路线并不鲜见。早在 16 世纪,即所谓资本主义世界体系成型之前,穿越撒哈拉沙漠的商贸路线就已将西非、北非和阿拉伯世界联系在了一起。当然,源于中国(即 16 世纪前世界体系的核心区)的丝绸之路的历史则更为久远。

沃尔夫还在书中指出,在现代化理论和依附理论支持者的框架中,处在资本主义世界体系边缘区的人民在资本和殖民扩张面前似乎显得无能为力,只得扮演被动挨打的角色(Wolf,1982),而大量田野研究表明,边缘区的人民在被世界体系改变的同时,也以各种颇具创造力的反抗方式(见第十讲对"弱者武器"的评述)来威胁这一体系在特定区域的主导地位。当然以人类学自下而上的视角来看,与世界体系整合除了将当地社会引入工业化进程,其长远影响似乎还是以负面和消极为主。简而言之,体系内的贸易和其他经济活动的赢方总是核心国家(Shannon,1996)。

从修辞学的角度来说,本章论及的现代化理论、依附理论和世界体系理论,字里行间都透射出某种隐喻(metaphor)的微妙意义。而接受使用这种隐喻的合理性,是认可理论价值的必要前提。现代化理论的一个相关隐喻就是,国家被比作单独有机体,国家发展的动力被归结于内生的增长机制，而不是外部环境。于是西方资本主义成功发展的内因，就常常被认为是来自韦伯所说的新教伦理和自由民主传统。而依附理论是以一个性侵犯的隐喻作为其话语展开的铺垫，欧洲殖民主义被比作一场在殖民地实施的暴力强奸，曾惨遭蹂躏的国家和民族在后殖民时代还不得不通过重塑经济的方法迎合来自外部的市场力量。其结果是，在原本应该用来生产口粮以满足当地人基本消费需求的土地上，却种上了香蕉、咖啡豆和花木等用来出口的经济作物。因而"落后"的农业技术和过度增长的人口并非发展中国家温饱问题的要害，资本主义的国际经济秩序才是发展中国家经济每况愈下的症结所在。依附理论支持者似乎在暗示我们，弱国只有采取古巴式的斗争方式，争取真正意义上的解放和自主权，才有希望摆脱欠发达和依赖强国的经济状态。

沃勒斯坦的世界体系理论深受人类学功能主义理论的影响。要理解这一理论，我们就得用隐喻的方式将社会比作有机体。功能主义学者喜欢将组成社会的各类次生系统（经济和家族制度）与生命有机体内的各类系统作比较。同样，这一有机体的隐喻也特别适合沃勒斯坦力图构建的世界体系理论。的确，他笔下的世界体系如同吞噬一切的生命有机体。而且在他看来，只有世界体系（而非体系内的个别社区）才会具备生命有机体特有的整合性和自足性。正因为如此，世界体系在展示其整合力的同时，也显示出其缺少解释在特定时空发生的特定事件的灵活性。比如说，后福特主义生产模式对于全球经济发展的影响，显然无法在世界体系的既有框架内进行考察和评判。

其实，不管是现代化理论，还是依存理论和世界体系理论，对于我们辨认全球化时代的发展趋势，都存在着严重的局限。局限的根源都在于其共同的立论假设,即:在这个地球上,不同国家和区域之间的地理和文化界线是清晰可辨、不可混淆的。只有接受了这一假设,我们才有可能区分发达国家和发展中国家、核心区和边缘区,或者说本土文化与全球化。而最近20多年来世界范围内的阵阵政治、经济和技术冲击波,使得这三大理论中过于僵化的区域划分模式显得过时和陈旧。比如说,新技术革命带来的制造业、运输业和通信业领域的振荡,使得原先看来无法逾越的文化交流和人际接触障碍不复存在。哈维(David Harvey)用"时—空压缩"(Space-time Compression)一词对全球化时代的这一特征做了形象概况(Harvey,1989)。来自世界上不同角落的人们,正以前所未有的廉价和迅捷的方式进行聚散运动;这使得各种社会关系有可能超越地域和文化的界限,不断地扩张和延伸(Giddens,1990)。

从20世纪70年代以来,资本、物品、人群和思潮在世界体系内核心区和边缘区流动的规律(Appadurai,1996),人类学者仅凭沃勒斯坦的理论范畴很难进行观察、分析和判断。尽管如此,全世界80%的人口仍然居住在发展中国家和地区。在后殖民时代,如何能够找到均衡发展的上佳策略,并解决贫穷、饥饿、疾病和环境恶化这些全球不平等的首要问题,仍是世界银行等国际组织的一项未竟使命。对于人类学者来说,在全球化语境和条件下对发展进行全面反思、深刻质疑并付诸行动的时代已经来临。

第十一讲　对于发展的人类学反思

　　自 20 世纪 70 年代起,人类学者开始对发展问题进行质疑、反思和批判。在依附理论和世界体系理论的政治经济学洞见引导下,大量的批评文献将矛头直指在国际组织控制下发展机构的产业化、专业化和制度化倾向,甚至认为国际开发业不但是全球资本主义扩张的新殖民计划的延续,还是南北不平等问题悬而未决的症结之一(Lappe & Collins,1977)。人类学者从评判者角度对发展问题所做的独立研究是本讲的评述重点。与投身于发展实践的应用人类学者不同,本讲论及的几位学者不受雇于任何国际开发组织。他们的研究成果以民族志作品和专题论著为主,其评判对象包括发展本身和包括人类学者在内的发展专家在国际开发领域所扮演的角色。这批20 世纪 80 年代末和 90 年代初的人类学者以独立旁观者的身份,为研究发展问题提供了不可多得的批评文本,从而催生了一种颇具经院特色的发展人类学。与以应用实践为导向的发展人类学(参见中篇)截然不同,这是一种以学术思辨为特色的"针对发展的人类学"(the anthropology of development)。

　　这一发展人类学的批评流派在不同程度上受到了马克思主义学说的影响,在论述方式上借鉴了法国哲学家福柯的话语分析传统,以发展实践中出现的权力和知识的关系作为主要观察对象,将发展作为一套文化话语进行解析和批判,并试图凸显"发展"话语是如何塑造和定义现实的。以此框架进行研究的人类学者主张扬弃主导战后发展领域的整个政治和认识论方面的指导思想,迎接一个后发展时代的来到。这是因为,发展话语代表了一种体现西方文化霸权的世界观,使处在发展中国家的人民无法独立思考和寻求符合自己利益的发展路径(Escobar,1995;Sachs,1992)。本讲先以三位有代表性的批评家埃斯科巴、弗格森和斯科特的作品为例,展示和评析发展研究中"人类学话语"的力量和脆弱环节。随后笔者以哈佛人类学系资深教授梅伯里-路易斯(Maybury Lewis)的"文化生存"(Cultural Survival)实践为例,试图探讨人类学者是否有能力把人文情怀、学术旨趣与应用服务三者结合起来,为重新定义国际发展做出扎实的贡献。最后,笔者通过评述人类学者金墉担任世界银行行长(2012—2019)这一小概率事件,来讨论在何种程度上一位经济增长的批判者可以成为权威国际开发组织的掌门人,或者说,在政策实践中,人类学的反思精神与专业素养有无可能催生出改变现实世界的动力。

"针对发展的人类学"

在 20 世纪 90 年代的人类学界,对发展实践最有代表性的批评声音来自埃斯科巴和弗格森。他们在研究中尤为关注国际开发组织对发展中国家和地区经济建设所施加的负面影响。在《权力与可见度:发展以及发展中国家的发现和管理》("Power and Visibility: Development and the Invention and Management of the Third World")一文当中,埃斯科巴指出:所谓发展是二战之后西方大国在寻求解决世界难题和管理第三世界方法时的一大发明。发展的代理人包括世界银行和国际货币基金组织。与此紧密相关的是,发展本身在经济欠发达地区成为必要的强有力的话语体系。其结果是,发展行业高度专业化和机构化。特定知识的生产、传播和价值确认使所谓"发展经济学"应运而生,成为向发展中国家灌输古典和新古典经济学理论和指导工业化进程的工具。而且,发展话语不但是一种管理发展中国家的机制,同时还有着构建甚至制造有关第三世界真相的功能(Escobar,1988)。

埃斯科巴的观点在弗格森的代表作《反政治机器:在莱索托的"发展"、非政治化和官僚权力》(*The Anti-Politics Machine:"Development," Depoliticization, and Bureaucratic Power in Lesotho*)一书中得到了充分呼应和展开。该书可以说是在理论层面对发展过程反思最为深刻的一部民族志作品。其中心思想主要有以下四条:"发展"话语将贫穷这一错综复杂的现象纳入完全抽离政治和文化语境的技术问题范畴;由于贫穷并非简单的技术性难题,发展组织(包括世界银行等)所提供的技术方案注定行不通;试图提供技术方案的结果之一便是国家控制得以延伸,而并非地方经济状况的好转;与此同时,"发展"话语在实践中的渗透和弥漫为寻找下一步技术性方案提出了需求,也强化了贫困问题的非政治化趋势(Ferguson,1990)。在该书的序言中,弗格森罗列了一长串为莱索托提供过经济援助的国际机构、非政府和半官方组织(Ferguson,1990:6-7)。就资金、知识和技术层面而言,由近百个国际组织参与"发展"产业的实力应足以使这个非洲小国起死回生。但一个公认的事实是,在莱索托所实施的一个个接力式的发展项目,创造的只是项目不断失败或中途夭折的历史。弗格森在此书中要做的就是,通过对其中一个由世界银行和加拿大国际发展署(CIDA)资助的农业发展项目的酝酿、筹划和实施过程的探析,为理解发展机器的运行提供案例(Ferguson,1990:9)。

在该书序言的后半部分,弗格森将笔锋转向人类学和相关学科对发展问题已有研究的文献评述(Ferguson,1990:9-17)。他按意识形态取向将文献分为两种话语：第一种话语来自以应用实践为导向的发展人类学者，其关注要点在于找出项目出错的地方，并设法改进（参见中篇有关案例）；第二种话语则几乎千篇一律地将发展项目视为资本剥削的工具（如依存理论和世界体系理论所示）。两种话语都缺乏对发展这一特殊仪器功能本身的必要考察。而这正是弗格森想要填补的一项空白。

弗格森对世界银行 1975 年颁布的莱索托国家报告所做的系统解构，可能是该书最为引人注目的地方。借用福柯的话语分析手段，弗格森引用世界银行文献的相关段落，展示了莱索托被构建成一个与市场隔离的传统社会的全过程（Ferguson，1990：25-73）。100 多年来莱索托作为南非金矿的劳力储备这一事实本身，被说成一个由于人口增长过快而引发的新近事件，而且，莱索托一直是向南非出口农产品的重要邻国。在弗格森看来，问题的关键并不仅仅在于世界银行研究人员的学术水平，而且在于将莱索托描述为一个发展中国家的概念化和公式化过程中显现的典型的社会进化论思维模式（参见上篇有关论述）：作为一个国家，莱索托不仅贫穷，而且它贫穷的原因在于它处在发展的低级阶段，自足的小农经济使之缺乏与外部世界的基本联系。如此定位，自然为世界银行以经济发展的权威代理人身份进入当地社会创造了足够的空间和条件。

在该书临近结尾时，弗格森对西方国家和国际援助机构所笃信的"发展"教条进行了猛烈抨击。在他看来，出于维护和增加自身机构利益的考虑，几乎所有的援助发展的努力都未能辨明"欠发达"国家问题的根源。他一针见血地总结道："将贫穷简单地归结为一个技术性问题，丝毫不留任何的回旋余地，同时向无权无势的受压迫民众允诺以技术性的手段来解决问题，'发展'这一错综复杂而又充满霸权意识的问题群,成了当今世界将贫困议题非政治化的一个主要手段,成了一架使国家官僚权力适时地以'贫穷'为借口,加强和施展影响的机器。"(Ferguson,1990:256)

"国家视角"与"弱者武器"

与埃斯科巴和弗格森以国际组织为主要抨击目标不同,著名政治学家斯科特对于发展实践的批评则强调国家视角的致命缺陷和弱者在被逼无奈时的日常反抗方式,这产生了极大的跨学科效应。基于田野的深邃目光和跨文化、跨区域的宽广视野,使他的《弱者的武器》(*Weapons of the Weak: Everyday Forms of Peasant Resistance*)和《国家的视角》(*Seeing Like a State: How Certain Schemes to Improve the Human Condition Have Failed*)已经成为学界发展问题研究的必读书目。美国人类学学会(全球最大的人类学学会)已经为斯科特先后举办过两次年会专场讨论。在学科界限日趋分明的西方学界,如此规模的跨领域越界交流场合并不多见。

斯科特的论著成为政治人类学和发展研究的经典案例,并不仅仅是由于他采取的不同于寻常政治学研究套路的田野方法和人类学的观察视角,更在于他在讨论中将田野记述与宏大理论有机结合的能力,以及他本人对于社会巨变中普通人(尤其是弱者)命运关注的人文精神。在《弱者的武器》一书中,他对农业"绿色革命"在马来西亚乡村社会造成的传统道义经济的崩溃,地主群体和失地失势的弱小农户权力关系的失衡和由此带来的后果进行了细致考察和认真揣摩(Scott,1985)。在斯科特看来,马来西亚从世界体系的边缘区进入半边缘区这一经济成就,是以农村贫农收入大大落后于其他人群为代价的。他所在的村庄在象征农业"绿色革命"成果的大型水利灌溉工程落成之后，发生了可谓翻天覆地的变化。从这一工程中得到实惠的无非是已经占有大面积耕地的地主和有能力支付会员费和行使相关义务的农协成员。如第九讲所述，农业技术引进和升级的最终受益人多为有资格获得贷款和有偿还能力的境况富裕的农户。物质基础的改变使这一马来西亚小村庄的贫富差距进一步拉大，穷人和富人间的关系更加难以协调。

在农业"绿色革命"之前，马来西亚农村的传统水稻耕种完全依赖手工劳动，是典型的劳力密集型生产模式（包括备垦、水稻移植、收割和脱谷等多道流程）。因而无地贫农和雇农在水田进行劳动，对于地主来说是必不可少的一道环节，是秋收的基础。维系地主和农民之间互惠互利关系的是一种被学者称为"道义经济"（moral economy）的形式。农民在实践中发展出的一套旨在规范生产、分配、消费和交换过程以及强调社区合作精神的准则，是道义经济存在的文化基础。一般来说，道义经济的运行使得普通农户通过互享食物和劳力的方式得到生活的基本保障。而随着拖拉机和大型收割机出现，手工劳动顿时失去了用武之地，道义经济也随之瓦解。除了秧苗移植之外，农业"绿色革命"几乎淘汰了所有过时的人工耕种技术。而在这场经济巨变中农民失去的不仅仅是在传统社区中受人敬重的生产者角色，他们还得忍受一种由于丧尽文化尊严而带来的巨大痛苦。更重要的是，属于农业"绿色革命"既得利益者的地主、新富阶层试图以一套符合资本主义市场经济模式的霸权话语来说服和"教育"经济发展中的所谓"输家"，以使之心甘情愿地接受在社区中的从属地位。

村庄中由于贫富悬殊和阶级对立产生的社会矛盾终于到了一触

即发的程度,斯科特似乎都能闻得出空气中的火药味道。实际上,诸如焚烧收割机和妇女拒绝参加移植劳动之类的事件层出不穷。然而,由于法规和政府高压政策的限制,穷富之间的直接冲突并不多见,更多是弱势群体通过使用"弱者武器"的形式表达自身的不满和对社会正义的诉求。斯科特对日常生活中"弱者武器"的独特运用方式做了如下概括:懒散拖沓、装腔作势、擅离职守、假装顺从、小偷小摸、装聋作哑、谣言中伤、纵火和蓄意破坏等(Scott,1985:XVI)。斯科特将弱者赖以表达其抵抗情绪的样式分为"公开的文本"和"隐藏的文本"两类,前者可以理解为在强势人物前假意奉承,并认同充满和睦、兄弟情谊和传统教义等虚伪辞藻的表面说法;后者则是弱者在幕后通过闲言碎语、冷嘲热讽甚至传谣毁誉来泄愤排遣的方式,是化解"公开的文本"中的"霸权话语"(见第三讲有关评述)的"背后一套"说辞(Scott,1985:27)。"隐藏的文本"准确地反映了弱势群体对所处境遇的判断和对现状的看法及解释。

斯科特对于"弱者武器"和"隐藏的文本"的阐述和分析,使田野工作者大大加深了对日常生活中底层民众并不鲜见的抵抗行为的理解。"弱者武器"和"隐藏的文本"所昭示的抵抗动作,往往出现于农民揭竿而起的主动挑战和忍气吞声的被动状态之间。这种抵抗缺少周密计划和精心组织,与宏观层面的政治运动也没有关联,不受任何意识形态倾向的影响。它在瞬间发生,随即消逝。对斯科特来说,这种时隐时现的抵抗行动是弱者的一种策略,比单纯以血腥暴动来鸣不平的抗争要代价低得多,却有更为持久的实效性,而丰富的地方性文化资源又相当于为弱者因地制宜进行抗争提供"弹药"的库房。

如果说《弱者的武器》是融田野体验、场景描述和理论辨析于一体的发展人类学首选案例,那么《国家的视角》则是斯科特将观察方位从"自下而上"改为"自上而下"之后的另一杰作。如《国家的视角》的副标题所示,该书要回答的主要问题就是:某些旨在为人类造福的项目何以半途而废或一败涂地? 具体地说,斯科特想做的是:为未能实现预定目标的、由国家计划的社会工程找出失败原因,证明来自社会和自然界多元复杂的韧性在发展实践中往往会抵消看似简单易行的国家政策的力量,并揭示地方性知识对任何为了改善民众状况的发展项目的决定意义(Scott, 1998)。在对丰富的历史和民族学资料进行综合和比较分析之后,斯科特发现以悲剧告终的、由国家主导的发展项目多有下列四大失败因素(Scott, 1998:4-5):第一是改造自然和社会秩序的行政措施。第二是极端现代主义,一种与工业化进程紧密相关的对科学和技术进步的坚定信仰(见第一篇有关社会进化论的评述)。这种类似科学主义的意识形态使人相信技术知识可以解决来自人类活动领域所有方面的问题。第三是将极端现代主义的蓝图和设想转化为现实的威权力量。第四是对强权下的发展项目毫无抵制能力的民间社会。如将《弱者的武器》和《国家的视角》两书的观点加以重叠,我们不难看到,发展项目失败因子有执行官员缺少的不仅是必要的实践知识以及对社会和自然环境复杂情况的准确认知和判读,而且还有对弱者使用"隐藏的文本"等秘密武器进行抵制的感知和关注。

限于篇幅,本讲将省去斯科特在《国家的视角》中旁征博引的论证过程,而着重强调此书与其他批评文本的一个不同之处,那就是,在罗列了大量失败范例之后,斯科特特意在该书结论部分贡献了对发展实践改革的四点建议(Scott, 1998:345):首先,在引导社会发生变化时,要采取分小步进行的实验性步骤;其次,提倡允许走回头路的态度,因为方案的可逆性能避免不可逆转的结果(如生态遭到毁灭性破坏等);再次,对发展过程出现的未曾预料的情况要有所准备,也就是说要有应对"计划没有变化快"这一事实的承受能力;最后,对项目实施过程中参与者的发明创造能力也要有所筹划,经验和见识的积累能使项目设计日臻完美,而经验和见识的一大源头斯科特称之为"美蒂斯"(metis),来自知识体系(Scott,1998:6)。

斯科特对于"美蒂斯"(实用知识)的重视(Scott,1998:311-341),使他的宏大叙事与发展人类学者的视野成功地吻合在了一起。斯科特对于实用知识与科学解释之间的差异,以及这种源自民间(如原住民部落)的非正式知识传统在发展过程中不断瓦解的关注,使他研究的学理和应用价值都超越了一般意义上的"针对发展的人类学"(如埃斯科巴和弗格森的解构努力)。斯科特所指的"美蒂斯"可以表述为一种人类学意义上的"调适性智慧"(adaptive wisdom)。这种调适性智慧使原住民能够在农业生产中使用"土法"控制病虫害,从而避免了因盲目引进人工技术导致的化学污染和其他不良后果。而来自全球化边缘区的文化传统和生存智慧,完全有可能成为物种保护和均衡发展的关键因素。

"文化生存"与"良知人类学"的力量

作为 20 世纪哈佛大学率先践行"良知人类学"(an anthropology of conscience)理想的一位全职教授,梅伯里-路易斯与巴西原住民部落长达半个多世纪的渊源完全可以用两部专著(《野蛮与天真》[*The Savage and the Innocent*]和《沙万特社会》[*Akwē-Shavante Society*])、一个组织(以哈佛大学人类学系为单位的文化生存组织)和一部 20 集的民族志纪录片《千禧年:部落智慧与现代世界》

(*Millennium: Tribal Wisdom and the Modern World*)来总结和概括。早在 20 世纪 50 年代,还在牛津大学念本科的梅伯里-路易斯已不满足于从旅行札记(如列维-斯特劳斯的《忧郁的热带》)中来了解南美风土人情,同时也难挡希望亲身体验"他者"文化的浪漫冲动,他对几百年来逐渐变得遥不可及的殖民地"化外之民"充满难以名状的好奇心。在一位德国学者的鼓励下,梅伯里-路易斯携家带口,千里跋涉,前往位于巴西亚马孙流域的谢伦特人(Xerente)和沙万特人(Xavante)聚居区进行田野研究。那段难忘的田野经历成了他写作《野蛮与天真》和《沙万特社会》的主要素材来源。前者是轰动一时的田野散记,后者则是以牛津大学人类学博士论文为基础编辑而成的一部民族志。①

《野蛮与天真》一书中收录了不少他在 20 世纪中叶与沙万特人交往的逸闻趣事。沙万特人在当时有"最狂野的印第安人"和"吃人生番"的恶名,以残杀无数白人入侵者而著称。梅伯里-路易斯没有像早期人类学者那样以浪漫的笔调来美化沙万特人,将其提升到卢梭所称的"高尚野蛮人"(Noble Savages)的层次。他在书中刻意揭示的并不是奇风异俗,而是在西方人肆意侵占的现实面前毫无招架之力的悲惨情状。当梅伯里-路易斯一家初来乍到时,沙万特人和邻近的谢伦特人对不速之客的敌意及厌恶渐渐发展成互存疑窦。而当梅伯里-路易斯蹒跚学步的儿子很快入境随俗之后,成年人间对文化他者的揣测用心终于为一种不甚完美却极为真诚的人间普世之爱所替代。书中的黑白照片记录了一个个珍贵的田野瞬间:他妻子皮娅

---

① 笔者在 1995 年春有幸以硕士生身份修习梅伯里-路易斯教授的亲族研究讨论课程(Kinship Seminar)。在课间梅伯里-路易斯闲聊他在课上极少提及的首次田野遭遇。笔者与同学以志愿者的身份还参与过"文化生存"集市等活动。

(Pia)怀抱儿子与当地妇女热情交谈,梅伯里-路易斯本人光着背脊骑驴过河,以及他儿子和部落小伙伴裸身嬉戏等。这些影像是对《野蛮与天真》主题的辩证诠释。可以说,在后现代思潮袭击人类学之前,这本带有强烈反思民族志色彩的田野札记就已经先声夺人。

如果《野蛮与天真》让梅伯里-路易斯一举成名的话,《沙万特社会》则是他确立学术地位的成名之作。芝加哥大学人类学资深教授特纳认为此书是第一部全面研究巴西原住民的人类学著作。在书中梅伯里-路易斯以简洁优美的文字描绘和分析沙万特社会的结构形式、日常生活体验以及当地人的二元思维和社会组织的理论意境。早在19世纪中叶沙万特人就放弃了毗邻谢伦特人的聚居地,在马托格罗索州的偏远地区安营扎寨。本书试图为理解当代沙万特社会实践提供一套准则。梅伯里-路易斯探索能否以民族志的形式来展现这一准则,使之能解释沙万特社会制度的运行机制。为了佐证沙万特人二元思维和社会组织二元原则的某种普适性,梅伯里-路易斯不无调侃地指出了美国政治过程中共和党和民主党轮流执政的特点及规律。书中不乏对帮派主义、亲族关系、年龄段组和仪式的精彩记述。对当地人使用规则的智慧及其未预结局的解读,构成了梅伯里-路易斯挑战和推翻列维-斯特劳斯结构主义范式的实证基础(法国社会学家布尔迪厄在10年之后才做了类似的尝试)。

毫无疑问,《野蛮与天真》与《沙万特社会》是梅伯里-路易斯成为哈佛人类学第一位公共知识分子的标志性作品。尽管题材和格式迥异,两书在出版之后都唤起了学界内外有识之士对沙万特人未卜命运的关注。高速公路的修建使大量外来居民和商业机构涌入沙万特人的居住地,对当地社会造成空前的威胁。沙万特人即将失去的不仅是土地财产,还有维系其自尊和记忆的文化。梅伯里-路易斯和妻子皮娅已经看到巴西的工业化进程在逼迫沙万特人放弃令他们自豪的文化传统，听从传教士的教诲，并且乖乖地成为乡村贫民的一员。然而，在他们看来，沙万特人完全可以有这样的选择，即：在保留自己的土地和文化遗产的基础上，参与巴西的经济建设。梅伯里-路易斯夫妇坚信沙万特人应该能主宰自己的命运，尽管在当时绝大多数巴西国内外的白人族群倾向于听任这样的"蛮荒部落"自生自灭。

"文化生存"组织的标志

　　1972年，梅伯里-路易斯和妻子皮娅共同成立了哈佛大学人类学系第一个非政府组织——"文化生存"（Cultural Survival），也是全美人类学第一个通过学术和公共教育方式来支持和保护原住民语言、权利、习俗的网络及平台，其宗旨是尽可能减少全球化对部落社会造成的负面损失。包括高速公路的扩建、矿产开发、大型水电站建设、伐木业的大肆扩张、农业的机械化和规模化经营在内的各类工业发展项目，都在不同程度上侵犯了原住民的传统生活方式和居留地。"文化生存"组织产生了极大的示范效应，成为拉美和其他区域原住民团体争相效仿的组织模式，与此同时，包括沙万特人在内的广大原住民有可能以平等的身份参与可持续发展和环保主义的论争及实践。应用人类学者也得以通过与基于哈佛的"文化生存"组织建立联系，为原住民部落维权发声。梅伯里-路易斯多年来在学界外做出的杰出贡献为他赢得了来自巴西、瑞典等国家和美国人类学学会等组织的嘉奖。

完成于 1992 年的《千禧年：部落智慧与现代世界》民族志系列片的摄制，可以说是梅伯里-路易斯利用公共传媒，在有生之年将个人理念与部落文化生存的意义向全世界有识之士传导的大胆尝试。在这部纪录片中，进入耳顺之年的人类学家将观众带入他写作民族志《野蛮与天真》和《沙万特社会》的田野语境，探讨经过世代传承的价值理念和智慧思想是如何将如此多

《千禧年》民族志系列片海报

元繁杂的原住民社会凝结、聚合在一起，通过专业的摄影画质来呈现习俗和仪式，以及在原住民的家园展示他们的尊严。该片不但画质优美（与《国家地理》频道节目相当），诗意盎然，而且还特邀好莱坞著名配乐大师齐斯（Hans Zimmer）助阵。该片共 20 集，主题分别是：他者的冲击、奇怪的关系、身份错乱、思维的生态、生活的艺术、触摸永恒、穷人让我们所有人害臊（梅伯里-路易斯告诉本人他最喜欢这一集）、再造现实、权力的钢丝、门槛之前等。梅伯里-路易斯亲自撰写了与该片共同发行的辅助读本。他试图告诉身处现代化工业社会的人们：在原住民社会仍然保存着的古代习俗和智慧、社区共享以及接近自然的生活方式，对于深陷消费主义和环保噩梦不能自拔的文明人来说，具有不容忽视的生存教益。在 21 世纪，梅伯里-路易斯所提倡的对于西方文化的反思和批判及其产生的传播效应，已经远远超过了人类学界内部"茶壶风暴"的后现代思潮。通过对西方和非

西方社会在政治、婚姻、宗教、艺术实践方面不偏不倚的比较,该片挑战并颠覆了充满西方优越感的所谓"常识",同时展现了与"我们"一样的"他者"是如何在遭遇困境时,做出选择,享受充实生活带来的快乐。[①]

从反思发展到引领变革:哈佛人类学者担任世界银行行长的启示

2012 年 3 月,人类学者金墉接受奥巴马总统任命,成为世界银行成立以来首位非经济学专业出身的掌门人,令中外媒体一度哗然。除了专业资质和履历之外,反对者的目光都聚焦在一本由金墉主编的《为增长而死》的跨学科论文专辑(Kim, 2002)。从标题上看,此书完全符合"针对发展的人类学"(The Anthropology of Development)的基本特征,即力求通过对"发展"话语的解构和对发展过程的剖析,提供旨在对发展理论和实践进行重新思考的跨学科批评性文本。

经济"增长"是否正在杀死穷人?围绕这一议题,该书作者通过对从美国到海地的 14 个案例进行实证分析,给出了肯定的答案。《为增长而死》所抨击和揭露的是一种以新自由主义(发展主义)为信条的制度,是如何出于自身的利益,使得全世界 1/5 的人口过着每天不足 1 美元的贫病交加的生活。书中所有篇章的作者都是金墉领导的健康与社会公正研究院的成员。他们以国际经济重构战略、跨国公司对于全球健康的控制和对穷困者生活的影响为着眼点,试图戳

---

① 2012 年复旦大学人类学日特邀嘉宾麦克唐纳(MacDonald)在完成以"人类学实践:以文化生存为例"的发言后(麦克唐纳曾任"文化生存"组织项目执行官多年),专门放映了本片的第一集,以表达对梅伯里-路易斯(1929—2007)的无限敬意。

穿一系列有关全球资本主义的神话,如:对发展中国家多增贷款就可治愈贫困顽疾;改变"大政府"的格局就能提高生活水准;只有自由市场才是灵丹妙药。

在序言中,金墉和他的合作者们指出:书中的所有案例"不仅仅是用来显示政治经济政策和健康后果之间的内在关联性,并以此来衡量贫困者的健康状况"(Kim,2002:8)。更确切地说,该书所探讨的是全球化时代新自由主义与不同国家内穷人健康问题之间的关系。该书第一部分的三篇论文针对试图从宏观层面来理解地方健康问题的经济学路径,展开尖锐评述。在新自由主义者自以为是的增长设想蓝图中,企业盈利的涓滴效应所带来的社会经济和贫困者健康状况的改善。世界银行所推行的"结构性调整"政策在促进社会和健康服务私有化的同时,给全球穷人带来的却是负面的影响。作者们还解构了几个与发展话语紧密相关的关键词,如"贫困""新自由主义""自由贸易"和"增长"。

该书第二部分的议题为"增长策略、政府重构和贫困者的健康"。四位作者在各自的章节中阐述了新自由主义和结构调整政策对海地、撒哈拉以南非洲地区、秘鲁和俄国穷困人口所产生的健康影响。在以"弄权者和不良后果"为题的第三部分,作者分别探讨了跨国公司对贫穷者健康造成的伤害以及其国内外的政治影响,如1984年印度博帕尔市化学气体泄漏事故的悲剧性后果和美国、墨西哥边境外资公司开设的组装工厂内工人的健康状况。第四部分的标题为"不正当的增长:美国的毒品政策与全球不平等",其论述的焦点在于美国在国内外向毒品宣战所引发的矛盾。

与"针对发展的人类学"学者一样,该书的所有作者都以各自的方式讲述身陷"增长机器"之中痛苦挣扎的穷困者的故事,并促使读者认识到不平等的根源不是资源贫乏或者效率低下，而是权力。然而与"针对发展的人类学"学者不同的是，该书作者并不满足于在福柯式后现代反思框架下玩弄解构话语的智力游戏。全书最后一部分的主要议题就是如何寻找现有标准化模式之外的增长之道。在以"来自良好范例的威胁"为题的篇章中就客观地谈到了古巴健康和革命的经验，以"实事求是的团结：你能做什么"为题的一章则几乎就是行动计划的阐述。

该书主编金墉在就任世行行长之前，曾经担任美国常青藤盟校达特茅斯学院首位亚裔院长、哈佛医学院全球健康和社会医学研究所所长、世界卫生组织负责艾滋病防治事务的干事，也是著名的"健康伙伴"组织的创始人之一。从专业角度来讲，他是凯博文（Arthur Kleinman）领导的当代医学人类学"哈佛学派"走向公共领域的成功代表。如果他当年没有成为凯博文创立的医学人类学MD-PHD双博士学位项目的博士候选人，很难想象他会有今天的成就。

值得注意的是，金墉在就任世行行长之后，并没有忘记自己作为《为增长而死》一书主编的公共使命。将消灭疾病与扶贫帮困紧密相连来开展工作，正是金墉与其诸多前任的最大不同点。在这个意义上来说，让一个发展的批评者来当领导，应是走向变革的世行之幸。人们有理由期待，日益得到公众关注的哈佛医学人类学的教研体系及其政策实践经验，完全可以在象牙塔之外通过有效的健康服务传递，运用于全球性的疾病预防、治疗以及反贫困实践过程之中，并为决策部门提供坚实的学理基础和实证依据。

作为20世纪末"针对发展的人类学"的主要代表，埃斯科巴和弗格森通过解构世界银行和剖析文献的方法，评述发展成为所谓"反政治"机器的过程，有力地批评了国际组织以所谓非政治的"技术"手段

2013 年 5 月笔者在哈佛医学院全球健康和社会医学研究所与
时任世界银行行长金墉合影

解决贫困和饥饿问题的做法。他们对于西方大国经济和政治精英以
国际开发产业为平台,通过制造一系列用技术性和专业性字眼包装
的有关发展的霸权话语,从而建构出一个其实并不存在的受援国和
地区,为实施经济援助创造条件。公正地说,这一来自人类学界对发
展实践中出现的产业化和"非政治化"倾向(即单纯依赖技术手段解
决社会和政治问题)的批评之声,是难得的苦口良药。然而,作为后
现代主义在当代人类学界的发言人,埃斯科巴和弗格森并不珍视实
证观察和田野经验这一安身立命的原本的学科传统,而代之以为强
烈的意识形态所左右的学术态度。因而,他们的视野开始变得狭小,
只看到发展这一巨大无比的"反政治机器"以及一整套被权力牢牢掌
控的严密机构,而无视在过去一二十年间国际发展人类学界出现的
一些新的动向,如由于 NGO 和众多非官方组织的介入,在发展策略
的制定过程中,地方性知识以及来自草根民众的参与都开始受到越

来越多的关注(Olivier de Sardan，2005：5)。

另外，在钦佩像埃斯科巴和弗格森这样的发展批评家的锐利目光和独到见解的同时，我们也要意识到就其终极效果而言，他们所代表"针对发展的人类学"不过是以西方象牙塔内师生为主要交流对象的经院评论，是一种发展问题研究中的另类精英话语。在美国，以应用实践为导向的发展人类学者的确很少与大学内对发展问题高谈阔论的学者有什么实质性的互动。笔者注意到，有相当一部分"针对发展的批评家"原本来自发展中国家的精英阶层，他们在美国大学得到理想的教职之后，就以超然的态度对自己故国的经济发展说三道四。针对这种迎合欧美象牙塔教研模式、视学术为"智力体操"的态度，费孝通已经有过尖锐的批评，此处不再赘述。

同埃斯科巴和弗格森对发展话语的无情批驳一样，斯科特在《国家的视角》中也对以19世纪社会进化论为思想源头的极端现代主义做了总清算。其《弱者的武器》一书则影响了整整一代学者对发展过程中下层民众的抵制和反抗行为的研究。然而，随着斯科特著作中文版的流行，国内的一些以拆迁和强制移民为题的学术论文不加辨析地用上了"弱者武器"的惊人字眼。而这些论文对斯科特开创性成果囫囵吞枣式的引用，与当年盲目照搬亨廷顿"文明冲突"话语而不顾研究语境的不良学风，可谓"异曲同工"。在笔者看来，我们如今要做的并不是从斯科特的文本中抽取闪亮的辞藻来装点内容枯燥的论文，而是以扎实的田野经验为基础，来质疑他所构建的抵制理论是否具有放之四海而皆准的"标签"意义。至于斯科特在《国家的视角》一书结尾所提出的对于发展的四点建议，则与我国改革开放过程中所倡导的"摸着石头过河"的实事求是、循序渐进的做法有诸多平行之处,值得我们进一步玩味和思索。而两位辈分、资历不同的哈佛人类学者在不同的年代以同样的人文情怀、专业精神和批判思维,充分发挥自己的特长,以行动者的方式赋予发展以新的意涵,为填平应用实践和经院教研之间的沟壑提供了值得借鉴的哈佛经验。

第十二讲 "可持续发展"之辩

 生物和考古人类学的常识告诉我们,伴随着人类进化发展和文明产生的是一个植被消失、土壤退化和物种灭绝的过程。生活在工业社会的人们对于自然环境的依赖和需求,与史前人类和游牧民族等并没有实质性的区别。比如说在太平洋地区和史前美洲大陆,相当一部分鸟类和动物种类就由于人类活动而濒临灭绝的边缘(Diamond,1997 & 2005)。而不断加速的全球性工业化进程则已经开始威胁人类与动植物之间极为脆弱的生态平衡,使环境恶化变得更加无法逆转。早在 20 世纪 70 年代,由一群科学家和学者组成的"罗马俱乐部"就对此趋势发出了末日警讯。他们通过麻省理工学院的电脑模型,对一系列可能发生的生态灾难进行了模拟预测,做出了一个悲观的结论:人口增长、能量消费模式和环境污染将在今后的100 年内耗尽世界上所有的自然资源。

 在《寻找自然》(*In Search of Nature*)一书中,著名生物学家威尔逊(Edward O. Wilson)对地球生物多样性的前景也满怀忧虑(Wilson,1996):每年有相当于佛罗里达州一半面积的热带雨林遭到乱砍滥伐,如继续放任这类盲目开发的行为,那么到 2020 年现有近 20%的植物种类将不复存在;也就是说每年共有 3 万种植物从地球上消失(消失的速度相当于每天 74 种,每小时 3 种)。威尔逊估计在今后几十年间地球的生物多样性保护措施将成为一纸空文,而人类从此进入史上最惨烈的物种灭绝时代。在 2006 年出版的《造物:拯救地球生灵的呼吁》(*The Creation: An Appeal to Save Life on*

Earth)一书中,这位对人类未来忧心忡忡的社会生物学者,发出了也许是他此生唯一的一次"跨界"吁请:科学家和宗教权威人士应该捐弃前嫌,携手超越各自世界观的差异,为维护生物多样性各尽所能,来确保子孙万代的家园免于因过度发展而带来的灭顶之灾(Wilson,2006:3-8)。

然而,生态危机似乎没能改变那种认为依靠技术和理性便能主宰或掌控自然环境的乐观看法。即便在今天的西方社会,这种对科技进步的盲目信仰在理念上与19世纪社会进化论的要义完全是一脉相承。例如经济学家西蒙(Julian Simon)在其《终极资源》(*The Ultimate Resource*)一书中就坚称人脑作为终极资源,完全可以为振兴经济和解决环境污染问题找到出路。他提出了一个"增长逻辑模式"(logic-of-growth model),假设人类的技术创新能最终克服对资源的依赖,从而使得经济无限度地增长,并且不会对环境造成长时间的伤害(Simon,1981)。在他看来,从使用木柴到煤炭和燃油这一取暖方式的改进,就是人类创造性的完美体现。作为对西蒙观点的呼应,英国生物学家里德利(Matt Ridley)在题为《理性乐观派:一部人类经济进步史》(*The Rational Optimist: How Prosperity Evolves*)一书中声称:技术革命、经济增长和现代性所带来的物质商品和服务方式有助于消除贫困、减少污染和限制全球人口增长(Ridley,2010)。然而就目前的情况而言,人类的创意还不足以发明出用清洁能源(如风能和太阳能)替代石油的技术,西蒙和李德里的增长逻辑模式在近期内很难给人以足够的信心和希望。

在多数人类学者看来,上述两种有关全球问题的悲观和乐观预测都过于夸张。对于任何社会科学工作者来说,预测未来发展趋势是一项充满诱惑和风险的智力游戏。以增长逻辑模式为代表的乐观预测者认为自从文明诞生之日起，人类就因为技术进步而受益无穷。然而这一缺少历史眼光的看法实在经不起推敲。例如，精耕细作农业的出现只是让小部分人口获益，人口中的大部分人却不得不面对各种疾病的发生、社会阶层的不平等以及其他问题（Diamond，1987）。同样，悲观预测者倾向于低估人类运用技术来解决全球性问题的能力。

对于建立任何有操作性的可持续性发展模式，人类学者有如下共识：全球范围内的任何社会，都需要为子孙后代提供生存所依赖的环境和技术，需要通过资源管理来控制环境恶化的程度。比起持有悲观论和乐观论的预测者，人类学者的这种可持续性发展模式更接地气，更加注重根据环境和技术变化来修订已有政策，以避免或缓解由全球化引发的矛盾和冲突。包括中国在内的许多国家都通过减排、控制人口增长和清除污染来表达对可持续性发展模式的认同。

从1992年里约热内卢地球峰会到1997年京都全球气候峰会、2009年丹麦气候峰会以及2015年的巴黎气候变化大会，寻求新的经济增长模式始终是不变的全球性议题。更重要的是，"可持续发展"在首次峰会之后迅速成为流行词，被联合国等国际组织赋予强烈的权威性和学术性，几乎成为生态环保国际会议和发展论坛必不可少的装饰品。"可持续发展"原本是来自学界的一种旨在控制经济高速增长的折中之策，它描述了一种在理想状态下，以回收物质资源和最大限度控制污染为目标的经济增长模式。在国际经济开发领域，"可持续发展"很快为专家、顾问所理解和接受，成为一种足以与增长导向模式、均衡分配模式和人文发展模式分庭抗礼且令人期待的新型模式。

同"文明冲突"和"软实力"一样，"可持续发展"正成为在大众传媒中频频出现的一个抢眼词汇。而在 2010 年上海世博会期间，"可持续发展"的说法开始被更时尚和更能抓人眼球的"低碳生活方式"话语所替代。作为一种理念，"可持续发展"体现了为后代能永续发展，并对今世今人的行为作出规范和约束的远见卓识。作为一套说辞，它在环保主义者、学者、政府官员和商人中间口口相传，使用频率之高，到了词不达意的程度。但经过"众口铄金"的"可持续发展"和"低碳"话语，虽动听悦耳，却已与原意背道而驰了。对于环保主义者来说，贴上"可持续发展"和"反基因"的标签，就等于为自己拯救世界的崇高行为加上了科学的光环。对于某些学者来说，"可持续发展"和"低碳节能"的华丽辞藻能使原本索然无味的计划书变得诱人，从而也增加了获得科研资助的可能性。对于某些醉心于土地开发和各类政绩工程的地方官员来说，"可持续发展"和"低碳生活"是可以用来掩盖他们以保护"原生态"为名进行违规建设的最好借口，尤其是当这种勾当还牵涉地产商和企业主时。

　　本讲的主要目的并不在于论证"可持续发展"模式在发展实践中的可行性和必要性，而是要探讨它作为一套话语，在全球化和后现代的语境中被权力精英肆意操控乃至消解的可能性。同时，本讲希望借助具有典型意义的田野案例，寻求在当代中国社会经济转型的崭新语境中，如何通过基于实地观察的体验，来洞察横亘在高谈阔论和冷峻现实之间无法填平的沟堑，并做出独立的判析。由于学科视角和专长所带来的优势，人类学者早已清醒地体认到：无论是以高科技名义包装的农业"绿色革命"实践（见第九讲有关论述），还是以维护生态平衡为宗旨的环保论坛，一旦沦为新的逐利平台，发动和主持话语讨论的多为各类既得利益集团的代言人；而与此同时，包括普通农户、山民、渔民和原住民在内的全世界范围的普通百姓，完全有可能沦为"可持续发展"的旁观者和牺牲品。对于从事发展研究和实践的学者来说,"可持续发展"模式的提出,预示着全新挑战和契机的来临。如何摒弃来自学界内外的精英话语,尊重处在世界边缘(即"第四世界")的原住民和底层民众的文化形态和生存权利,倾听和接受后者对"发展"问题的不同看法和立场,理解后者为维护文化完整性和身份认同所做的一切努力,已经成为一项刻不容缓的公共议题。

"可持续发展":模式之争还是话语之争?

"可持续发展"作为带有官方色彩的提法,最早出现在 1987 年的一份题为《我们共同的未来》的联合国报告中。时任挪威首相的报告人布朗特兰将"可持续发展"定义为一种利用可回收的资源来促进经济增长、保护物种多样性以及维持空气、水和土地清洁度的责任和义务。在 1992 年 6 月巴西召开的里约热内卢地球峰会(Earth Summit)上,来自 178 个国家的代表在认同"可持续发展"理念的基础上,倡议通过全球范围内的合作,针对一系列影响到每一位地球居民切身利益的环境问题,设立一个讨论和交流的国际平台。该峰会所涉及的议题包括:由温室效应与全球变暖引起的气候变化、人口增长、植被消失、生物多样性缺失、空气和水污染,以及其他全球化导致的生态危机。

作为里约热内卢地球峰会的继续,由经济合作与发展组织(OECD)发起的全球气候峰会 1997 年 12 月在日本京都召开。经济合作与发展组织的一大要务就是帮助成员国逐步走上可持续发展之路。此次峰会最重要的成果是得到 110 个国家支持的《京都议定书》。该议定书呼吁各国采取措施减少温室气体排放以稳定大气变化,从而抵消全球变暖带来的负面效应。《京都议定书》为便于国际上监督温室气体排放,针对不同国家制定了不同的目标,约定到2010年前让温室气体排放总量比1990年的水平减少5.2%。其中,欧洲各国的标准是8%,美国为7%,日本为6%。英国自告奋勇,定下了在2012年之前减少20%排放量的高标准。

《京都议定书》鼓励发达国家与发展中国家建立伙伴关系,共同遏制温室气体排放。然而事与愿违的是,发达国家将造成污染问题的责任推向发展中国家,并且以受害者自居。比如说,早在起草1992年里约热内卢地球峰会的宣言时,曾有发达国家代表建议加入有关山林退化的条文,意欲以法律手段制止发展中国家焚烧热带雨林的做法。而发展中国家对此条文表示反对,认为将注意力集中在热带森林区,丝毫不管北美和欧洲成熟林区内发生的滥伐事件,有失公允。在无法达成妥协的情况之下,一些具有法律约束力的条文也就只能束之高阁了。与此同时,参与里约热内卢地球峰会的发展中国家代表多数认为,比起拯救环境,经济生存才是第一要务。发展中国家希冀以快速实现工业化的手段来促进经济发展,它们也认同发达国家的环保使命,但那是以能者多劳和富裕者多付出为前提的。而且,"可持续发展"这一提法过于笼统抽象,未能照顾到发展中国家的实际利益和需求;在关注发达国家自身需要时,却没能认识到发达国家对于能源和资源的高消费是以牺牲他人利益为代价的。比如,要求印尼严格控制开发本国的热带森林就有欠公正,因为印尼比任何发达国家都急需发展资金。

发展中国家和发达国家间的分歧导致了围绕议定书的冲突此起彼伏。各国代表对如何完成《京都议定书》定下的目标以及各自应采取的步骤和承担的义务,一时间难以达成共识。在某些议题上,包括美国在内的一些工业国明显缺乏参与解决的积极性。例如,针对全球变暖,日本和欧洲等国制定了旨在限制二氧化碳排放的标准。2001年小布什就任总统之后,美国便退出了《京都议定书》。小布什当局认为协议的签订会使美国经济受损,因为用于减排来自燃煤发电厂和汽车的温室气体的费用是额外的负担,会引起失业和利润下降等后果。美国方面对《京都议定书》目前对中国和印度所做的免除义务安排表示不满。

在2009年丹麦首都哥本哈根召开的世界气候大会上,代表们起草了一份新的《哥本哈根协议》以替代《京都议定书》。《哥本哈根协议》尽管承认气候变化为地球所面临的一个巨大挑战,但它却不具法律约束力,更没有确立减少全球温室气体排放的执行机制。2013年11月,由189个国家代表参加的波兰华沙气候峰会最终未能达成有关发达工业国支持减少二氧化碳气体排放的共识,几乎重蹈了四年前哥本哈根会议的覆辙。

值得注意的是,除了以美国为首的西方大国力图以转移责任的方法来减轻或免除自身本应担负的义务之外,来自世界体系内核心区的环保主义者也以居高临下的方式向全世界推销充满欧美人文化优越感的生态理念。比如说,亚马孙流域的生态失衡境况,现在已成为国际环保运动中的一个热点话题。对此,许多巴西的普通民众却很不以为然。在他们眼里,那些大国为了自身经济发展,早已竭尽毁林开荒之能事,直到现在才想到为了地球的明天来拯救亚马孙。难怪艾哈迈德(A. S. Ahmed)会如此评述说:对非西方社会的民众来说,西方生态道义不过是通过帝国主义的话语表达方式将自己的意愿强加于人而已;对于为了拯救臭氧层而放弃使用冰箱这类来自西方的建议,中国人自然有理由一笑置之(Ahmed, 2004:120)。

客观地说，在西方政界也有对美国政府（尤其是小布什当局）的能源政策持批评态度、正视全球变暖的有识之士，如曾获得诺贝尔和平奖的美国前副总统戈尔（Albert Arnold Gove Jr.）。作为一位资深环保人士，戈尔主持拍摄的《难以忽视的真相》（*An Inconvenient Truth*）一片，在一定程度上引起了公众对生态问题的关注。笔者在北美求学和工作期间结识的相当一部分朋友和同事中，通过改变自己的日常习惯来为减缓温室效应做出个人努力的也不乏其人。以骑自行车或滑板替代汽车、循环使用饮料用具和塑料袋，以及使用更多的节能产品等，也渐渐成为许多人生活方式的一部分。

此外，在 2000 年问世的使用混合动力的轿车，对怀有环保理念的开车族来说，不啻是一个最佳选择。这类由电动马达和汽油引擎发动的汽车能在很大程度上达到省油的目的。在环保专家的想象中，混合动力型节能车的普及，将有助于减少温室气体的排放，从而控制甚至扭转全球变暖和空气污染的局面。而事实上，混合动力型车除了在媒体上频频曝光外，并没有真正形成有规模的市场。笔者认为，个中原因除了公众对节油车种的接受度之外，更取决于经济和政治决策层面的选择。众所周知，美国人对于汽油的渴求导致了石油公司对原油输出国的严重依赖，而这种对进口石油的严重依赖是推广节油车种的重大障碍。因此，只有能源政策和市场供需关系发生根本改变，才能真正地使混合动力型车真正从概念车变成环保节能的替代车。

"公地悲剧"的傲慢偏见

著名学者哈丁（Hardin Garret）发表在《科学》杂志上的《公地悲

剧》("The Tragedy of Commons")一文,既代表了西方学术精英对如何使用公共资源的一种远见,也显示了他们在破解"可持续发展"这一世纪难题时仍旧难以摆脱那种根深蒂固的文化偏见。这种傲慢偏见在哈丁的名篇中被表述成为一种理论假设,即一旦土地和其他资源为公众所有,将面临破坏性的后果,因为出于私利,没有人会认真地保护公共资源。哈丁认为如果任意开放公地给个人放牧,那么为了经济收益,牧民们会肆意增加自己牧养的牲畜的数量,因为他们自己无须为维持生态平衡支付费用。于是,过度放牧使草原质量下降,最终成为荒漠,从而引发"公地悲剧"(Hardin, 1968)。同样,如果渔民不计后果地从海洋(尤其是公海海域)肆意捕捞,也会导致"公地悲剧"的发生。与之相反,一旦资源为私人所有,产权人就会尽力保护,并采取措施合理利用,因为如果资源的质量因遭到破坏而下降的话,长此以往,经济产出也会减少,拥有者就不得不为此后果付出代价。哈丁此文要传达的一个中心思想就是:资源的私人拥有者只有把保护资源作为一个理性的选择时,才能达到缩小支出、扩大产出的长期目标。

难道无偿享用公共资源就必定会导致竭泽而渔的行为,酿成"公地悲剧"吗?资源私有制就一定是有助于实现环保和可持续发展的良方吗?由于缺少可靠的田野数据和历史资料,发展人类学者很难给出非此即彼的答案。但有一点是肯定的,那就是,无论是西方媒体也好,学界也好,都过分强调了资源归属权的性质(公还是私)与"公地悲剧"之间的必然因果关系,而忽视了对具体的社会和自然环境的考察。比如说,在气候相似的条件下,公有共享的牧区(如埃塞俄比亚的博拉纳)在单位产出和质量(肉质和蛋白质含量)方面完全有可能超过私人牧场(如澳洲的奶牛养殖场)。而美国的广袤草原由于过度牧养,导致载畜力下降,仅200多年就变成了著名的美国大沙漠。显然,资源私有制并没能起到阻止农场主缺乏理性的经营行为和遏制荒漠化的作用。

哈丁的"公地悲剧"视角在相当程度上揭示了人类在分享有限资源时所显现的理性极限。正如新自由主义经济学者所笃信的那样,利用已有资源将自身利益最大化就是个体最为理性的行为方式。以研究地方社区见长的人类学者对不同文化语境中的群体和个人如何学会在有限资源的条件下不逾规矩地"非理性"生活,有着不同于经济学者的见识和心得。田野经验告诉我们,资源的公有和共享并不等同于允许人们可以随时随地肆意畜牧和渔猎。代表社区或氏族利益的地方团体(如部落组织等)通常会对其辖区内的草地和江河湖海的使用权做出限定。一般来说,只有团体成员才有权在限定范围内的公地上放牧或捕捞作业。像巴塞里人(Basseri)这样以畜牧为生的民族,不但按照代代相传的路线进行季节迁徙,还根据不同物候条件随时调整放牧形式(Barth,1961)。游牧民族极强的流动性,在很大程度上缓解了过度牧养对草原的生态影响。同样,为了维护有限的资源,以渔业为生的一些部落也对捕捞区域颁布了严格的规定。居住在密克罗尼西亚群岛上的帕劳人就不让外人随意进入邻近的珊瑚礁海域,只有某几个村庄的居民才有捕鱼作业的资格(Johannes,1981)。在这样的传统社会,人们从不过度捕捞,而且对于在什么时节捕捞哪一种鱼类都有专门的规矩。对公有财产使用的限令,可能是游牧和渔猎民族防止环境质量恶化的有效手段。尽管如此,并不是所有的原住民都像帕劳人那样明令禁止外人占有自己领地的资源。有些原住民也会过度捕捞,将多余的海产品当作惠赠宾客的礼物,以显示自己的慷慨大度。

与后工业化社会中环保精英一厢情愿的想象相反,刀耕火种、密集种植、游牧和渔猎这些通常被误认为"原生态"的生活方式,不但与严格意义上的环保相去甚远,还会给生态平衡造成不同程度的破坏。其实,改变环境的负面因素除了污染河流和大气的工业排放物,还有人类获取和制造食物的传统方式和过程。以农业灌溉为例,从理论上讲,在干旱地区获得灌溉用水有多种途径:可以从河流中抽取河水;可以通过梯田收集雨水;还可以从巨大的蓄水层抽取地下水。但并非所有的灌溉用水都会渗入地表,有相当一部分会蒸发掉,留给土壤的是矿物质和盐分。一般来说,灌溉时间越久,土壤盐碱化程度就越高,到最后多半会成为不适合种庄稼的盐沼地。土壤盐碱化不但导致许多聚居群落失去富饶的家园,也使历史上一些璀璨文明走向衰弱乃至湮灭,如位于美索不达米亚(今天的伊拉克南部和伊朗西南部)的那些城邦故国。曾经居住在美国亚利桑那的霍霍坎人(Hohokam)用于农业灌溉的河渠长达 150 英里,有几处深及 15 英尺,宽至 25 英尺。就规模而言,这些沟渠类似于古代美洲阿兹特克人使用的灌溉网络。公元 1400 年以后,霍霍坎人已经踪影难寻。人类学家认为,由于过度灌溉导致的土壤盐碱化使良田变为盐沼地,霍霍坎人赖以生存的条件也就不复存在了(Reisner, 1993)。

原生态:神话还是现实?

人类学家米尔顿(Kay Milton)在她的《环保主义:来自人类学的观点》(*Environmentalism: The View from Anthropology*)一书中指出,对于处在远离工业化大都市的偏远地区的原住民来说,环保并非闻所未闻的新鲜事:为了确保他们有不间断的猎物来源而举行仪式,澳大利亚的原住民会在圣地禁猎,如同绿色环保组织成员履行环保职责一样;亚马孙流域的橡胶农民和印度北部的自耕农一样,面对大范围商业掠夺的毁灭性后果,义无反顾地捍卫本民族资源使用的传统模式(Milton,1993:3)。如今充斥国内媒体的所谓"原生态"的说法,那些夺人眼球的字眼并不能掩盖其缺乏科学性和历史常识的致命弱点。"原生态"的美妙措辞除了体现娱乐大众的商业价值外,还传达出一种极为有害的错误信息,即在"原生态"环境中的少数民族或原住民部落是民俗和历史博物馆的活教材(说得更直白一点是"活化石")。而人类学最基本的田野经验告诉我们,原住民并不是生活在绝对"自然"状态中的蛮荒之人,他们的一举一动都会对当地的生态产生不小的影响。在最理想的情况下,原住民应该有充分的自主权来选择以何种方式应对发展实践中遇到的政治、经济和生态层面的变化。可以说,从第一次与欧洲殖民者打交道到今天,原住民在所有决定自己命运的关键事件中都是失败者。因而,西方社会的环保精英要真正取得原住民的理解和支持,绝非易事。

如在发展实践中刻意提倡和保护"原生态"的生活方式,可能会使环保的原则大打折扣。因为环保主义者的精英意识,在多数时候并不能得到原住民的认同和理解。比如说,二者对动物权和基本人权的保障就存在着不可调和的矛盾。60年前签订的《联合国人权宪章》是特定历史条件的产物。由于意识形态的分歧,对于人权的普适性一直没能达成世界范围内的真正共识。人类学意义上的人权应该包括人作为文化群体的一员享有的权利,不能狭隘地理解为政治选举权和公民言论自由权。人权应该涵盖包括医疗保健、个人安全以及为满足最基本需求所从事的生产活动等一系列权利。对于近来不断引起西方传媒关注的各类原住民团体来说,人权还包括保留传统习俗的权利,也就是说,像屠牲祭祀、割礼、围猎捕杀和头戴面纱入学等都应被视为神圣不可侵犯的权利。在全球化语境中,围绕着原住民的生产和生活方式,在主张保护文化生存权利的人权活动家和主张保护动物福利权的环保主义者之间展开了激烈的论争。双方都认为自己占有绝对的道德优势,因而在环保和生存问题之间双方很难达成具体的共识。

1999 年春,居住在美国华盛顿州的马卡族人经过内部讨论和协商,决定恢复中断多年的捕猎灰鲸的传统活动(Winthrop, 2000)。与其他生活在美加太平洋沿岸的北美印第安人一样,马卡族人的生计方式以捕捞贝类、鱼虾海鲜和猎杀海洋哺乳动物为主。根据他们与当局在 1855 年签署的一份协议,马卡族人有权在规定海域内捕猎鲸鱼和海豹。到了 20 世纪,愈演愈烈的商业渔猎活动导致海洋哺乳动物数量锐减,马卡族人的猎鲸传统也因此暂时告一段落。在 1982 年,国际捕鲸委员会(IWC)颁布禁令,严格禁止商业猎鲸,但允许为满足生存需求而进行捕鲸活动。到了 1994 年,灰鲸的数量开始回升到原有水平,已经不属于濒危动物。国际捕鲸委员会终于允许马卡族人在 1998 至 2002 年间捕杀鲸鱼,但数量不得超过 20 头。

马卡族人自在 1999 年 5 月起恢复了捕鲸传统。当捕捉到第一头鲸鱼时,族内不分男女老幼都情不自禁地欢呼起来。而在场的环保组织成员则抗辩道:这不是值得庆贺的时刻,你们应该为这种虐杀生灵的行径感到悲伤才对。马卡族人将捕鲸看成文化复苏的一个信号,而环保主义者(尤其是其中的动物保护主义者)指出马卡族人并没有严格遵照传统作业方式,猎鲸时使用的是长枪而不是鱼叉,因而这些原住民并没有合法地行使纯粹意义上的文化权利(Winthrop, 2000)。在抗议捕鲸行为的环保主义者当中,有些是出于对海洋资源

马卡族人捕鲸

日益枯竭的担忧,有些是为了保护哺乳类动物生命权利。不管怎么说,这一事件已使他们觉得原住民未必是环保事业的天然盟友。"原生态"神话的事实基础实在是很脆弱。

马卡族人的遭遇绝非个别情况。亚马孙流域的原住民在全球化语境中面临的生态失衡与维持生存的两难困境也许更有典型意义。在亚马孙河流域世代生息的各个部落,由于伐木者、牧场经营人和矿山开发商的进入和渗透,被"反客为主",自己的传统活动领域不断缩小。然而,如果一厢情愿地将原住民想象成为"原生态"生活方式的坚决捍卫者,将是一种天真可笑的精英式揣测,就如同19世纪社会进化论者所依赖的来自"扶手椅人类学"经验的直觉和灵感。事实上,失地的原住民往往以向伐木者和矿业经营者出售使用权来获得现金,满足自己和家人的日常生活消费需求。发展人类学者正在尝试与环保组织不同的劝诫方式,希望通过鼓励原住民采集坚果、含有天然橡胶成分的乳胶、棕榈心和中草药等野生可再生资源,并向跨国医药和生化企业出售，来达到维持生态平衡和促进经济发展的双赢效果。与国际论坛上慷慨激昂的陈词相比，这种可持续发展的模式是对原住民生计影响最小、最为符合实际情况的一条出路。

由"可持续发展"带来的一系列挑战，从表面上看是为了找寻更为合理和科学的发展模式而发生的论争，实质上是一场发达国家与发展中国家以及环保精英人士与原住民之间抢夺话语权的争斗。二者间权力关系的失衡，必然导致政治和文化精英的道德优越感与普通民众的尊严之间的鸿沟。从这个意义上来说，社会进化论、经济增长阶段论、世界体系理论以及为"可持续发展观"提供学理的"公地悲剧"论，都是西方话语霸权的代表。对于发展人类学者来说，本章论及的马卡族人猎鲸这一类案例所凸显的不仅是人权和动物生存权的伦理之争，更是以发展和环保为核心思想的干涉哲学在实践中所遭遇的困境和无奈。在本书上篇和中篇中，我们谈到由于经济发展而引发的极端涵化给原住民和他们的生存环境带来的不可逆的影响。然而，外部力量（如各类环保 NGO）以"可持续发展"的名义进行的各类善行，同样会给当地民众带来惊扰和忧虑。环保精英们在要求原住民放弃传统的经济和文化活动（如猎鲸和伐木）的同时，并没有指明可行的替代出路。与发展项目决策者一样，资源保护计划的执行者也喜欢将自己的意愿强加于人。历史经验告诉我们，一旦当地人的基本生计受到了威胁，奋起反抗也就是情理之中的结果。而原住民在全球环保运动中的"失语"，极有可能使"可持续发展"成为一纸空文。

在全球化的语境中，"可持续发展"似乎已经成了能让发展实践的积极推动者和批判者在同一桌面上相互理论的神奇话语。围绕印度纳马达河筑坝而引发的环保问题，在各方势力博弈下成为国际学界和传媒的焦点，最终迫使世界银行在1990年做出决定停止对纳马达河上最宏大的"萨达尔萨罗瓦项目"（Sardar Sarovar Project）的资助。针对这一发展人类学的经典案例，哈佛大学人类学系和社会研究系的费希尔（William Fisher）教授专门组织了一次论坛，邀请包括该工程的支持者、反对者和观察者在内的有关人士，让各方心平气和地阐述自己的观点。费希尔随后将发言整理成一本《走向可持续发展》（*Toward Sustainable Development: Struggling Over India's Narmada River*）论文集。笔者注意到，以"可持续发展"为主题的学术著作可谓汗牛充栋，但只有此书的书名当中带有问号，而且只有此书真正做到了把代表印度政府、世界银行、技术专家和非政府环保组织的不同声音等量放大，让读者来评判。在书中，费希尔本人针对"可持续发展"的说法，在结尾发出了尤为精辟和尖锐的质疑之声（Fisher，1995：447）："作为一种可能的发展新范式，'可持续发展'的说法在使用时产生的问题，要比它能提供的答案多得多。'可持续发展'中'持续'的含义到底是什么？什么是'持续性'？要持续的都是些什么东西？持续的时间需要有多长呢？持续性是在哪一层次上进行操作的？是个人还是特定的文化群体？物种吗？农场吗？家庭吗？地区吗？国家吗？地球吗？能够衡量持续性吗？如何衡量？它（可持续发展）是个生态概念还是个社会概念？都是？都不是？'持续性'是个新玩意还是源于有关发展、进步和转型这些概念本身的一个说法？持续性到底是指面对变化的情况进行调适、维护和通过灵活处理得以'持续'的能力，还是指以压制变化的手段维持各方关系？它的意识形态基础究竟是保守还是进步的？"

作为曾经的世界银行顾问，费希尔提出的这些问题足以令学界内外的发展研究专家反复咀嚼和深思。① 对发展实践和生态环保之间的关联性，在今天的世界没有人能作任何价值中立的判断，然而费希尔对"可持续发展"所进行的颇具后现代风格而又不失实证精神的探索，无疑为我们观察怒江开发和其他有争议的环保案例，提供了宝贵的"他山之石"。用费希尔的问题来结束本讲讨论是最恰当不过了。只有当发展研究者开始思考他所提的这些问题时，才能使"可持续发展"发挥出比话语更有力的效应。

---

① 笔者曾于 1995 年春有幸成为费希尔在哈佛人类学系所授"人类学与发展遭遇"（Anthropology and Development Encounter）课程的修课学生，受益匪浅。

写在最后：发展"为人民服务的人类学"

　　我常常喜欢置身于前辈的处境来设想他们所苦恼的隐情，试问：尽管当时(20世纪二三十年代)有些人类学者已经摆脱了那种高人一等的民族优越偏见，满怀着对土著民族的同情和善意，他所做的这些民族调查对这些被调查的民族究竟有什么意义呢？究竟这些调查给当地居民会带来什么后果呢？那些把调查者当作是实验室里被观察的对象的人固然可以把这些问题作为自寻烦恼而有意识地抛在脑后，但对一个重视人的尊严的学者来说，应当清楚这些问题所引起的烦恼并非出于自寻，而是来自客观存在的当时当地的社会制度。我有时在读完了我这位老师的著作(马林诺夫斯基的《西太平洋的航海者》)后，突然会发生这些问题：这些可爱的特罗布里恩德岛民现在怎么样了呢？他们自己有没有读到过这些关于他们社会生活的分析呢？他们读了之后对他们的生活会发生什么想法呢？他们对自己的社会会采取什么行动呢？我这些遐想带给我的是一种怅惘和失望，因为许多人类学者所关心的似乎只是我们这位老师所写下的关于这些人的文章，而不是这些人的本身。这些活生生的人似乎早已被人类学者所遗忘了，记着的，甚至滔滔不绝地谈论着的，是不是可以说，只是他们留在我这位老师笔下的影子罢了？我有时也不免有一点为我的前辈抱屈。他们辛辛苦苦从当地居民得来的知识，却总是难于还到当地居民中去为改善他们的生活服务。我有时也这样想，这种在我看来令人惋惜的情况现在是不是已经改变了呢?

——费孝通①

　　本章章首的这段文字引自费孝通1980年3月在美国丹佛接受应用人类学学会马林诺夫斯基奖时所做的演讲。笔者认为,这篇题为"迈向人民的人类学"的发言绝非应景之作。在21世纪的今天,我们完全有理由以一种对待《江村经济》和《乡土中国》的恭敬心态,来认真释读这篇具有超越时空意义的讲稿。它不仅是30年前费孝通在重获学术生命之时对自己早年学术经历的谦逊回顾,更是一篇建设有中国特色的发展人类学的宣言。由于众所周知的原因,费孝通在国际应用人类学界缺席达30年之久。也就是说,若无历史变故,费孝通和他的同事们完全有可能在半个多世纪前就在田野研究的基础上,创立和完善发展人类学这一门打通象牙塔和现实社会的桥梁学科。如果这一合理猜想成真的话,那么困扰国际发展人类学多年的两大阵营以应用为导向的发展人类学和以批评为手段的"针对发展的人类学"之间的巨大沟壑,将为来自中国学界的经验和智慧所填平,合二为一。

　　中国目前正在进行的精准扶贫和乡村振兴历史性实践,已成为实现费孝通30年前所倡导的"为人民服务的人类学"理念的最佳契机。笔者在复旦大学社会发展与公共政策学院正在从事的以发展人类学为核心、以医学人类学和商业与技术人类学为导向的学科构建工作,从某种意义上来说,就是在日常教学和科研活动中创造出能真正体现费孝通"迈向人民的人类学"的思想精髓、并融学理思索与应用实践为一炉的人类学学科的一次尝试。在本书的最后,笔者愿意

---

① 费孝通:《迈向人民的人类学》(1980年3月费孝通在美国丹佛接受应用人类学学会马林诺夫斯基奖的大会讲话),载《费孝通散文》,第263、264页。

与读者分享一点有关学科发展的抛砖引玉之见。

让我们先回到开篇引文,看一眼费孝通对包括他的导师(马林诺夫斯基)在内的人类学者的善意批评。可以说,费孝通对自己重返国际发展人类学界,既有阔别重逢的喜悦,也有对当时正在为后现代话语所主宰的学术氛围的不解和疑惑。对于人类学者是否介入经济发展实践及以何种方式介入和反思自身介入等问题,费孝通可能在 20世纪 30 年代就已经有了较为明确的答案。1983 年钱伯斯提出了在农业发展中"末者优先"(Chambers,1983)的说法,极有可能是受到了费孝通"为人民服务的人类学"发展理念的影响。至于在 2001 年"9·11"恐怖袭击事件发生后,国际学界出现的公共人类学和公共社会学转向,在费孝通的视界里就一种顺应学科发展的必然趋势。

在国际人类学界,医学人类学是发展最为迅猛和最深入人心的一门文化人类学分支学科。医学人类学作为后起之秀,在打通应用实践与理论探索方面比发展人类学更为成功和有效。除了社会各界对于人类健康和疾病预防日益关注这一客观因素以外,医学人类学能在较短时间内崭露头角成为一门桥梁学科,将人类学和心理学理论以及公共卫生和社会医学实践加以有机连接,离不开该领域的领军人物凯博文([Arthur Kleinman]一译阿瑟·克莱曼)及其团队的勤奋耕耘。[①] 以曾经担任过哈佛医学院社会医学系主任和人类学系主任的凯博文为例,我们可以看出:医学人类学从学科形成到完善,有着与发展人类学不尽相同的轨迹。医学人类学的发轫动力,并非完全来自运用人类学理论和方法解决诊疗问题的需求。从 20 世纪70 年代开始,以凯博文为代表的一批毕业于欧美顶尖医学院的医学

[①] 凯博文于 2007 年 10 月任复旦大学名誉教授和复旦-哈佛医学人类学合作研究中心名誉主任。笔者担任该中心主任。

工作者,从担任住院医生起,就开始以其丰富的社会和人文科学素养,通过临床医学、精神病学和人类学三重视角对医患理念和病痛体验进行跨文化讨论和系统阐述,对西方医疗体制和医学院教育进行质疑和反思。由凯博文主导的这场针对学科范式的"克莱曼革命",使哈佛大学的医学人类学从成型之初就具备了一种人文情怀和批评精神(而这正是发展人类学的不足)。

在近50年的行医和学术实践中,凯博文以一种对人类苦痛经历的体恤心态和对文化差异的敏感度,借助综合人类学、社会学、历史学、宗教、艺术、精神医学、心理治疗和伦理学理论的全观视野,对不同语境和条件下的不同人群的疾痛经验深刻体察,用心领会人生中无所不在的病痛和苦难。值得一提的是,凯博文对华人世界的身心健康研究也做出过卓著的贡献。早在20世纪70年代,他就在中国台北地区使用人类学的田野观察手段,对日常生活中的中西医诊治实践进行过深度研究(Kleinman,1980)。从1980年起,他与我国北京、上海、湖南、广东和香港等地的医学科研人员和社会学家展开了近30年的学术合作和交流。他是改革开放之后首位以批判的态度将"抑郁症"概念推介给中国同行的西方学者。与绝大多数欧美的中国问题专家或汉学家形成鲜明对照,凯博文可能是唯一一名以中国经验对西方的传统学科进行改造并获得成功的西方学者。作为同时具备外科和精神医科行医资格的医学博士(MD),他首倡以人类学方法重构心理医学体系(Kleinman,1988b),反思西方语境中的医患关系(Kleinman,1988a),探索以病人为主体的研究和诊疗手段。他力主借鉴非西方文化中医治病痛的经验来改革纯粹依赖科技仪器("缺乏人情和道德感")的治疗制度,缓和由于"社会过度医疗化"(the medicalization of society)带来的未预结局。

人类学不但为凯博文重新审视西方医疗体系提供了认识论和方法论的工具，也是他将人文和伦理全面引入哈佛医学院社会医学部教研体系的动力。凯博文创设的横跨医学和人类学的双博士训练体系（MD－PHD），也使他阐发的医患理念在象牙塔内外都得到更为充分的表达和弘扬。与一般的 MD－PHD 项目不同的是，凯博文主持的医学和人类学双轨制培养计划，要求修课学生穿梭于文理研究院、医学院和实习医院之间，在不同的专业语境里运用不同的思维方式和"跨界"工作手段完成不同的任务。作为凯博文双博士训练体系培养的最富传奇色彩的学生，法默（Paul Farmer）与金墉于 1987 年成立了"健康伙伴"（Partners in Health）组织。这个以社区为基础的非营利健康组织的服务对象是在美国、海地、秘鲁和墨西哥的缺医少药的穷人。在凯博文的引导之下，法默和金墉不但对医学实践的文化层面以及西方医疗范式进行质疑和反思，而且还尝试将医学人类学的观念应用于全球性的疾病预防和治疗，为许多发达国家和发展中国家卫生政策的制定提供了坚实的学理基础和实证依据。作为融学术探索与医药服务于一体的平台，"健康伙伴"将凯博文的医患理念从精神病和慢性病引入急性流行病领域，同时也为长期以来困扰当代人类学者的理论—应用二元论困境展示了一种出路。作为"健康伙伴"创始人之一，金墉在不到 20 年的时间内从住院医生、讲师成为哈佛医学院全球健康和社会医学研究所所长、世界卫生组织艾滋病防治事务干事、著名常青藤盟校达特茅斯学院首位亚裔院长和世界银行行长（参见第十一讲）。他和法默是凯博文领导的当代医学人类学"哈佛学派"走向公共领域的成功代表。凯博文及其弟子的成功经验，在一定程度上使得医学人类学避免了发展人类学领域学术探索与应用实践脱节的"后现代尴尬"。

作为当代医学人类学和社会医学的主要代表,凯博文的足迹遍布全球。在他的启发和引领之下,无数医生、公共卫生专家、精神医师和社会科学学者开始尝试将医学人类学的观念应用于全球性的疾病预防和治疗,为许多发达国家和发展中国家卫生政策的制定提供了坚实的学理基础和实证依据。凯博文著作等身,编著和独立著述的学术作品有 40 种之多,同时他还在人类学、医学和公共卫生等学科的权威期刊上发表 300 篇左右的论文。他的研究主题包括神经衰弱、抑郁症、疾患体验、求医行为、临床交流、医疗伦理、慢性周期疾病诊治的社会过程、跨文化视野中的自杀、社会性苦痛及其隐含的道德意义(Kleinman, 2006)。可以想象,假如没有凯博文发动的"克莱曼革命"(Kleinmanian Revolution),医学人类学在今天很可能还只是一门传统民族医学(ethno-medicine)、一门服务于医学实践的应用人类学分支学科,或者是一部后现代人类学知识生产的纯学术机器。

显然,与凯博文的合作将使医学人类学有望成为复旦大学人类学研究的有力增长点。同时,笔者通过与哈佛大学、乔治城大学和霍普金斯大学师友的切磋交流,以及 2006 年回复旦大学任教之后的尝试研究,认为:依托上海独特的地理、人文环境,以及复旦大学现有的系科配置,发展商业与技术人类学将是复旦大学的人类学研究走向国际化和专业化的一大动力。而医学人类学和发展人类学不同的学科发展轨迹,则为笔者如何在理论和方法论上重构商业与技术人类学提供了极有价值的参照点。

早在 20 世纪 30 年代,应用人类学者就以企业雇员身份,运用人类学的研究方法和技能在产品开发、市场调查和塑造公司核心理念等方面扮演了不可或缺的角色。在实践过程中,应用人类学者渐渐形成了一套有别于经院体系、与实践紧密结合的研究方法。这套脱胎于田野研究方法、以服务于应用为主要目的实地调研工作法,已成为当代商业与技术人类学者获得"消费者洞见"(consumer insights)的首要手段。在笔者看来,所谓"消费者洞见",不过是马林诺夫斯基的"当地人的观点"的另一种表达方式而已。如今,文化和社会人类学的视野、理论、方法早已被变通性地运用到对商业、市场、资本、消费等相关领域的研究之中。近年来世界经济重心正向以中国为核心的亚太地区快速转移,可谓全球化进程中最为引人注目的现象。从施乐到通用汽车、尼桑等跨国企业的主管人员,对于文化在营销和决策过程中的功能和作用的认识日益增强。在 21 世纪的中国,通过整合商业与技术人类学的知识、信息,创造性、系统性地运用人类学的分析方法来研究全球化背景下经济发展与文化社会实践的关系,无论是在理论还是实践层面都具有极大的开拓和创新意义。

在深度全球化和地方转型加速的语境之中,商业与技术人类学势必成为国际应用人类学界最具发展潜力的分支学科。随着包括广大发展中国家在内的新兴市场(emerging market)的崛起,以各种形式进行的交易、买卖和协商行为将各色人等以前所未有的速度联结在了一起。而中国在世界政治和经济格局中的举足轻重的角色,也使得笔者和同道们在复旦大学有可能通过不断的田野实践和理论探讨,拓宽商业与技术人类学的外延、内涵,使其成为一种既能服务于变革和创新目标,又具有实际应用价值和学理洞见的研究方法、模式。

从 2006 年春笔者结束旅美学习生活回归复旦大学社会发展与公共政策学院起,就将商业与技术人类学定为学科发展的一个着力点,并通过结合以往的田野经验,在教研实践中和同事们一起逐步确立了以下路径:首先,从经济人类学经典理论起步,整合现有人类学者在交换、分配、消费文化、全球化和地方主义上的研究成果；同时，通过在田野实践中寻找新的微型民族志案例加以分析，为进一步的系统研究提供新的分析框架和视点；并在此基础上对经济人类学有关交换、市场、分配、货物交易及崇拜等经典研究重新思考和阐释，结合当代中国实际，对工业社会中企业文化研究代表作尤其是应用人类学的典型案例进行研讨和分析。

上海作为国际大都市的独特地理和人文环境，使笔者在构建复旦大学商业与技术人类学学科发展的过程中开始重新思考理论和应用二元论存在的合理性。首先，笔者在哈佛攻读博士和毕业后于华府任教的十年间，逐渐意识到：自然科学内普遍存在的纯理论和应用之间那种泾渭分明的界限，在人类学和社会科学内部或许会变得模糊不清。比如说，像马克思这样思维敏捷和充满想象力的"扶手椅人类学家"，完全有可能对异化劳动等现象做出精准的分析和开创性的研究。同时，应用实践的主要目标虽然不是建构理论，但理论始终是应用过程中一个不可或缺的组成部分。无论是作为一种工具还是产品，人类学理论不但为田野观察的实施提供了机制，而且是认识现实世界的基点。其次，应用人类学者通常是在跨学科的条件下进行实际工作，因而有更多的机会来验证已有的理论假设，并且在研究过程中根据解决问题的需要选择合适的理论框架。

2008年的全球性金融危机在相当程度上催生了欧美顶级商业学院课程改革，对企业伦理、商业道德、社会责任感进行反思和批判的教学需求更为突出。与此同时，包括哈佛商学院在内的许多一流专业院校的MBA课程已经无法适应全球化时代商业实践中发生的变化，尤其是中国崛起这一足以改变世界经济格局的现实挑战。无论是对学者还是商界人士，商业实践的文化维度正在显现出其不容忽视的重要意义。人类学和社会学的视角、研究手段正在重构常规的商业调查路径、方法和思路。从 2008 年秋季学年开始,笔者在复旦大学开设以国际学生为授课对象的全英文课程,使面向本科学生的商业与技术人类学教学实践有机会接受实战考验。因应学生多元化的现实,笔者在课程教学过程中力图保持多样化和生动化的特色,通过启发性讲解、问答互动、小组讨论、田野情景模拟、学生项目展示、市场观察、课程报告以及"商业与技术人类学与中国演讲"嘉宾讲演系列等方式,使复旦大学商业与技术人类学课程教学在全球化和地方转型的新时代获得了新的助推动力。

在 2006 到 2009 年期间笔者有机会主导复旦大学人类学跨学科团队,先后与英特尔(Intel)公司产品定义平台(Product Definition Platform)和微软中国研究院合作进行了"中国农村信息交流技术(ICT)与日常生活"项目和青年文化田野研究项目。这两次短暂的跨界合作,使笔者有机会在特定的地方语境中,逐步积累起适用于不同场域的调查、数据收集和分析手段,如快速研究法、全天影随式观察、深度访谈、个人生活史,以及经过变通的焦点小组和社区参与式调查等不同于常规商业调查方法的田野工作方法。在此基础上,笔者在 2009 到 2010 年期间与研究生洪浩瀚(毕业后曾在阿里巴巴公司担任用户体验资深研究员)合作,对上海从事麦当劳快餐业的员工("麦工")进行了田野调研。[①] 在 2010 年上海世博会期间,笔者通过与美国密苏里大学资深人类学者包苏珊(Susan Brownell)以团队研究方式在世博场馆和不同园区进行的综合短时段定点观察、即兴闲聊、访谈文本分析等数据采集方法,力图呈现包括义工、工作人员、实

---

① 潘天舒、洪浩瀚:《上海"麦工"意义世界的人类学解读:基于田野体验的视角与洞见》,《社会》2011 年第 5 期。

习人员、官员、游客和记者等的声音和观点。这一多维度的实验性探索,为实地调研上海城市转型发展中出现的新的场所和社区,预想可能遭遇的困境和挑战,甚至设计兼具趣味性和实用性的课题,提供了可资借鉴和解析的田野案例,同时也使笔者所在团队日臻完善的一整套定性研究方法和技巧,得到了在不同场景中移植和变通的机会。

以笔者之见,就其定位、功用和价值而言,带有公共性、前瞻性和植根性特质的商业与技术人类学在当代中国的教研实践中应该涵盖以下三个具有想象力和跨界可能性的领域:一是纯粹从学术关注点出发,在人类学和相关学科视角内进行"针对商业的人类学"(the anthropology of business)研究,如以市场、资本、技术和消费文化为专题的民族志文本创作和理论探讨;二是立足于应用实践,将人类学理论视角和以参与式观察为特征的方法技能运用于商业领域之中,在市场研究、产品设计和用户体验等方面找到应用型商业人类学者的用武之地;三是摆脱理论探索和应用实践二元论的束缚,在跨界和跨学科的新型环境中因地制宜,寻求在产业和经院教研实践中搭建桥梁的带有实验色彩的商业与技术人类学,这也是笔者所在的复旦大学人类学教研团队多年来孜孜以求的学科发展愿景。这三大领域为全面认识 21 世纪商业人类学的学理价值和适用范围,提供了必要的实践基点和丰富的想象空间。

最后,以费孝通接受美国应用人类学学会奖项时,在讲演《迈向人民的人类学》中批评传统人类学者只重田野考察、忽视关注其研究对象福祉和当地经济发展为引子,通过评述国际医学人类学的成功经验和探讨发展商业与技术人类学的可能性,力图印证费孝通的历史洞见的现实意义。请允许笔者借用《迈向人民的人类学》的最后一段文字作为本书的结束语吧。

> ……当前世界上的各族人民，确实需要真正反映客观事实的社会科学知识来为他们实现一个和平、平等、繁荣的社会而服务，以人类社会文化为其研究对象的人类学者就有责任满足广大人们的这种迫切要求，建立起这样一门为人民服务的人类学。这门学科的目的——请允许我瞩望着不应当太遥远的将来——应当是使广大人民对自己的社会具有充分的知识，能按照客观存在的社会规律来安排他们的集体生活，去实现他们不断发展的主观愿望。我愿意和在座的许多志同道合的朋友们一起，竭尽我的余生，向建立这一门人民的人类学而迈步前进。[1]

---

① 费孝通：《迈向人民的人类学》(1980年3月费孝通在美国丹佛接受应用人类学学会马林诺夫斯基奖的大会上的讲话)，载《费孝通散文》，第271页。

参考文献

Appadurai, Arjun. *Modernity at Large: Cultural Dimensions of Globalization*. Minneapolis: University of Minnesota Press, 1996.

Appelbaum, Richard P. and Christerson Bard. "Cheap Labor Strategies and Export-oriented Industrializations." *International Journal of Urban and Regional Research* 12, No. 2(1997).

Ahmed, A. S.. *Postmodernism and Islam: Predicament and Promise*. New York: Routledge, 2004.

Asad, Talal. *Anthropology and the Colonial Encounter*. Ithaca Press, 1973.

Barth, Frederik. *Nomads of South Persia*. Boston: Little, Brown, 1961.

Benedict, Ruth. *The Chrysanthemum and the Sword: Patterns of Japanese Culture*. Houghton Mifflin Company, 1989[1946]. 见中译本《菊与刀》,杭州: 浙江人民出版社,1987 年.

Bodley, J. H.. *Anthropology and Contemporary Human Problems*, 3rd ed. Mountain View, CA: Mayfield. 1999. *Victims of Progress*, 4th ed. Mountain View, CA: Mayfield, 1991.

Boserup, Ester. *Women's Role in Economic Development*. New York: St. Martin Press, 1970.

Bourgois, Philippe. *In Search of Respect: Selling Crack in El Barrio*. Cambridge University Press, 1996.

Bourdieu, Pierre. *Distinction: A Social Critique of the Judgement of Taste*. Richard Nice, trans, Cambridge: Harvard University Press, 1984.

Brown, Judith K.. "A Note on the Division of Labor by Sex." *American Anthropologist* 72(1970): 1073 - 1078.

Bryant, Carol A., and Doraine F. C. Bailey. "The Use of Focus Group Research in Program Development." In J. van Willigen and T. L. Finan, eds., *Soundings*. NAPA Bulletin no. 10. Washington, DC: American Anthropological Association, 1990, 24 - 39.

Cernea, Michael M.. "Sociological Knowledge for Development Projects." In *Putting People First: Sociological Variables and Rural Development*, New

York: Oxford University Press, 1985, 3 - 22.

Chambers, Erve. *Applied Anthropology: A Practical Guide*. Waveland Press, 1985.

Chambers, Robert. *Rural Development: Putting the Last First*. UK: Longman, 1983.

Chang, Leslie. T.. *Factory Girls: From Village to City in a Changing China*. Spiegel & Grau.

Chatty, Dawn. *Mobile Pastoralists: Development Planning and Social Change in Oman*. New York: Columbia University Press, 1996.

Clark, Gracia. Flexibility Equals Survival. *Cultural Survival Quarterly* 16 (1992): 21 - 24.

Cobbi, J.. *Preface to Le Chrysantheme et le sabre*, Arles: Philippe Picquier, 1987.

Cronk, Lee. "Strings Attached." *The Sciences May-June*, no.3(1989): 2 - 4.

Dewalt, Bille R. , Martha W. Rees, and Arthur D. Murphy. *End of Agrarian Reform in Mexico: Past Lessons Future Prospects (Transformation of Rural Mexico)*. University of California Press, 1994.

Diamond, Jared. The Worst Mistake in the History of the Human Race. *Discover Magazine*, 1997.

——*Guns, Germs, and Steel: The Fates of Human Societies*. W. W. Norton. 见中译本《枪炮、病菌与钢铁：人类社会的命运》，上海：上海译文出版社，2006 年。

——*Collapse: How Societies Choose to Fail or Survive*. Penguin Books, 2005.

Dunham, S Ann. *Surviving Against the Odds: Village Industry in Indonesia*. Duke University Press, 2009.

Escobar, Arturo. "Power and Visibility: Development and the Invention and Management of the Third World." *Cultural Anthropology* 3, No. 4(1988): 428 - 443.

Escobar, Arturo. *Encountering development: The Making and Unmaking of the Third World*. Princeton NJ: Princeton University Press, 1995.

Evenson, Robert E. , and Douglas Green. "Assessing the Impact of the Green Revolution, 1960 to 2000." *Science* 300, No.5620(2003): 758 - 762.

Fernandez, Kelly and Patricia Maria. "Technology and employment along the U. S.-Mexico border." in Cathryn L. Thorup (ed.), *The United States and Mexico: Face to Face with the New Technology. New Brunswick*, NJ:

Transaction Books, 1987.

Ferguson, James. *The Anti-Politics Machine: "Development," Depoliticization, and Bureaucratic Power in Lesotho*." University of Minnesota Press, 1990.

Fisher, William. *Toward Sustainable Development: Struggling Over India's Narmada River*. M. E. Sharpe, 1995.

Fleuret, Patrick. "Development Assistance in Uganda: An Anthropological Perspective." in Brokensha, David W and Peter D. Little (eds). *Anthropology of Development and Change in East Africa*. Westview Press, 1988.

Foner, Nancy. *Jamaica Farewell: Jamaican Migrants in London*. Berkeley: University of California Press, 1978.

Foster, George M. "Peasant Society and the Image of Limited Good." *American Anthropologist* 67(1965): 293 – 314.

——*Applied Anthropology*. Boston: Little, Brown, 1969.

Fortes, M. and E. E. Evans-Pritchard. *African Political Systems*. Oxford University Press, 1940.

Frank, Andre Gunder. "The Development of Underdevelopment." *Monthly Review* 28(1966): 17 – 31.

——*Reorient: Global Economy in the Asian Age*. University of California Press, 1998.

Franke, R. "Miracle Seeds and Shattered Dreams Among the Subanun of Mindanao." In *Readings in Anthropology*, 1977: 197 – 201. Guilford, CT: Dushkin, 1993. *Life is a Little Better: Redistribution as a Development Strategy in Nadur Village, Kerala*. Boulder: Westview Press, 1977.

Frankel, Francine R. *India's Green Revolution: Economic Gains and Political Costs*. Princeton: Princeton University Press, 1971.

Furst, Peter T. "The Water of Life: Symbolism and Natural History on the Northwest Coast." *Dialectical Anthropology* 14(1989): 95 – 115.

Gereffi, Gary. "Commodity Chains and Regional Divisions of Labor in East Asia." *Journal of Asian Business* 12, No.1, 1996.

Geertz, Clifford. *Agricultural Involution: The Processes of Ecological Change in Indonesia*. University of California Press, 1963.

——*Peddlers and Princes: Social Development and Economic Change in Two Indonesian Towns*. University of Chicago Press, 1963.

——*The Interpretation of Cultures*. New York: Basic Books, 1973. 见中译本

《文化的解释》,南京：译林出版社,1999 年.

Giddens, Anthony. *The Consequences of Modernity*. Cambridge, UK: Polity Press, 1990. 见中译本《现代性的后果》,南京：译林出版社,2000 年.

Gramsci, A. *Selections from the Prison Notebooks*. Edited and Translated by Hoare and Smith. London: Wishart, 1971. 见中译本《狱中札记》,北京：中国社会科学出版社,2000 年.

Hancok, Graham. *Lords of Poverty: The Power, Prestige, and Corruption of International Aid Business*. New York: The Atlantic Monthly Press, 1989.

Harris, Marvin. *Cultural Materialism: The Struggle for a Science of Culture*. Walnut Creek, CA: AltaMira, 1979.

——*Good to Eat: Riddles of Food and Culture*. Waveland Press, 1985.

——"Distinguished lecture: Anthropology and the theoretical and paradigmatic significance of the collapse of Soviet and East European communism." *American Anthropologist* 94(1992): 295 – 305.

Harvey, David. *The Condition of Postmodernity*. Oxford, UK: Blackwell, 1989.

Hatch, Elvin. *Culture and Morality: The Relativity of Values in Anthropology*. Columbia University Press, 1983.

Hardin, Garret. "The Tragedy of the Commons." *Science*, 162(1968): 1243 – 1248.

Heelas, Paul. *The New Age Movement: Religion, Culture, and Society in the Age of Post Modernity*. Oxford: Blackwell, 1996.

Herzfeld, Michael. *Anthropology: Theoretical Practice in Culture and Society*. Blackwell. Hendry, Joy, 2001.

——"The Chrysanthemum Continues to Flower: Ruth Benedict and Some Perils in Popular Anthropology." in Jeremy MacClancy and Chris McDonaugh (eds.), *Popularizing Anthropology*. London: Routledge, 1996: 106 – 121.

Holmberg, Allan. "Experimental Intervention in the Field." in H. Dobyns, P. Doughty, and H. Lasswell (eds.), *Peasants, Power, and Applied Social Change: Vicos as a model*. Beverly Hills, London: Sage Publications, 1971.

Hornbein, George and Maire Hornbein. *Salamanders: A Night at the Phi Delt House*. Video. College Park: Documentary Resource Center, 1992.

Huntington, Samuel P. *The Clash of Civilizations and the Remaking of World Order*. New York: Simon and Schuster, 1996. 见中译本《文明的冲突

与世界秩序的重建》,北京：新华出版社,1998 年.

——The Hispanic Challenge. *Foreign Policy*, March/April, 2004: 30 – 45.

Johannes, R. E. *Words of the Lagoon: Fishing and Marine Lore in the Palau District of Micronesia*. Berkeley: University of California Press, 1981.

Kabutha, Charity, Barbara P. Thomas-Slaytor, and Richard Ford. "Participatory Rural Appraisal: A Case Study from Kenya." in Krishna Kumar (ed.), *Rapid Appraisal Methods*. Washington, DC: The World Bank, 1993: 176 – 211.

Kim, Yong Jim. *Dying for Growth: Global Inequality and the Health of the Poor*. Common Courage Press, 2002.

Kleinman, Arthur. *Patients and Healers in the Context of Culture: An Exploration of the Borderland between Anthropology, Medicine, and Psychiatry*. University of California Press, 1980.

——*The Illness Narrative*. New York: Basic Books, 1988a.

——*Rethinking Psychiatry*. Free Press, 1988b.

——*What Really Matters*. Oxford University Press, 2006. 见中译本《道德的重量》,上海：上海译文出版社,2008 年.

Kottak, Conrad. "Culture and Economic Development." *American Anthropologist* 92, No. 3(1990): 723 – 731.

Kluckhohn, Clyde. *Mirror for Man: A Survey of Human Behavior and Social Attitudes*. McGraw-Hill, 1967.

Krober, A. L. and Clyde Kluckhohn. *Culture: A Critical Review of Concepts and Definitions*. New York: Vintage Books, 1952.

Kuper, Adam. *Culture: the Anthropologists' Account*. Harvard University Press, 1999.

Lappe, Frances Moore and Joseph Collins. *Food first: Beyond the Myth of Food Scarcity*. New York: Balantine Books, 1977.

Leaf, Murray J. *Song of Hope: The Green Revolution in a Punjab Village*. Rutgers University Press, 1984.

Lewis, Oscar. "The Culture of Poverty." in Daniel P. Moynihan (ed.), *On Understanding Poverty: Perspectives from the Social Sciences*. New York: Basic Books, 1968.

Lieberman, Leonard. *Race and Other Misadventures: Essays in Honor of Ashley Montagu in His Ninetieth Year*. AltaMira Press, 1996.

Malinowski, Bronislaw. *Argonauts of the Western Pacific*. E. P. Dutton &

Co, 1961［1922］. 见中译本《西太平洋的航海者》, 北京: 华夏出版社, 2002 年.

——*The Dynamics of Culture Change*. New Haven: Yale University Press, 1945.

Maybury-Lewis, David. *The Savage and the Innocent*. Boston: Beacon Press, 1965.

——*Akwē-Shavante Society*. Oxford: Clarendon Press, 1967.

——*Millennium: Tribal Wisdom and the Modern World*. Penguin Books, 1992.

Mead, Margaret. *Coming of Age in Samoa*. Dell Publishing Company, 1961 ［1928］. 见中译本《萨摩亚人的成年》, 杭州: 浙江人民出版社, 1988 年.

Mills, C. Wright. *The Sociological Imagination*. New York: Oxford University, 1959. 见中译本《社会学的想象力》, 北京: 生活·读书·新知三联书店出版社, 2005 年.

Milton, Kay（ed.）, *Environmentalism: The View from Anthropology*. London: Routledge, 1993.

Mintz, Sidney. "Canamelar: The Subculture of a Rural Sugar Plantation Proletariat." In J. H. Steward et al., *The People of Puerto Rica*. Urbana: University of Illinois Press, 1956.

——*Sweetness and Power*. Penguin Books, 1985.

Mitchell, Bruce. Sustainable Development at the Village Level in Bali, Indonesia. *Human Ecology* 22, No. 2(1994): 189 - 211.

Moore, Wilbert. *World Modernization*. New York: Elsevier, 1979.

Murdock, George P., and Caterina Provost. "Factors in the Division of Labor by Sex: A Cross-Cultural Analysis." *Ethnology* 12(1973): 203 - 225.

Murrary, Charles A. *Losing Ground: American Social Policy, 1950 - 1980*. New York: Basic Books, 1984.

Murray, Gerald F. "The Domestication of Wood in Haiti: A Case Study of Applied Evolution." In *Anthropological Praxis: Translating Knowledge into Action*. Robert M Wuff and Shirley J. Fiske, eds. pp. 233 - 240. Boulders: Westview Press, 1987.

Nye, Jr., Joseph S. *Bound to Lead: The Changing Nature of American Power*. New York: Basic Books, 1990.

——*Soft Power: The Means to Success in World Politics*. New York: Public Affairs, 2004.

Oliver de Sardan, Jean-Pierre. *Anthropology and Development: Understanding Contemporary Change* (translated by Antoinette Tidjani Alou). London & New York: Zed Books, 2005.

Ong, Aihwa. *Spirits of Resistance and Capitalist Discipline: Factory Women in Malaysia*. State University of New York Press, 1987.

Pelto, P. *The Snowmobile Revolution: Technology and Social Change in the Arctic*. Cummings, 1973.

Piore, Michael and Charles Sabel. *The Second Industrial Divide: Possibilities for Prosperity*. New York: Basic Books, 1984.

Raushenbush, Carl. *Fordism: Ford and the Workers, Ford and the Community*. League for Industrial Democracy, 1937.

Reeves, Edward C., Billie R. Dewalt and Kathleen M. Dewalt. "The International Sorghum/Millet Research Project." in Robert M Wuff and Shirley J. Fiske (eds.), *Anthropological Praxis: Translating Knowledge into Action*. pp. 72–83. Boulders: Westview Press, 1987.

Reisner, Marc. *Cadillac Desert: The American West and Its Disappearing Water*. New York: Penguin, 1993.

Rich, Bruce. *Mortgaging the Earth: The World Bank, Environmental Impoverishment, and the Crisis of Development*. Boston: Beacon Press, 1994.

Ridley, Matt. *The Rational Optimist: How Prosperity Evolves*. New York: Harper Collins, 2010.

Rogers, Barbara. *The Domestication of Women: Discrimination in Developing Societies*. New York: St. Martin's Press, 1979.

Rosaldo, Michelle Z., and Louise Lamphere (eds.), *Women, Culture, and Society*. Stanford University Press, 1974.

Rostow, W. W. *The Stages of Economic Growth: A Non-Communist Manifesto*. Cambridge: Cambridge University Press, 1960.

Ryan, William. *Blaming the Victim*. New York: Vintage, 1976.

Sachs, Wolfgang (ed.), *The Development Dictionary: A Guide to Knowledge as Power*. London: Zed Books, 1992.

Sahlins, Marshall. *Stone Age Economics*. Aldine, 1972.

Scheper-Hughes, Nancy. *Death Without Weeping: the Violence of Everyday Life in Brazil*. University of California Press, 1992.

Scott, James C. *Weapons of the Weak: Everyday Forms of Peasant*

Resistance. New Haven: Yale University Press, 1985. 见中译本《弱者的武器》,南京: 译林出版社,2007 年.

——*Seeing Like a State: How Certain Schemes to Improve the Human Condition Have Failed*. New Haven and London: Yale University Press, 1998. 见中译本《国家的视角》,北京: 社会科学文献出版社,2004 年.

Scudder, Thayer, Elizabeth Colson, and Robert V. Kemper. *Long Term Field Research in Social Anthropology*. Academic Press, 1979.

Schuler, Sidney Ruth and Syed M. Hashemi. "Family Planning Outreach and Credit Programs in Rural Bangladesh." *Human Organization* 54, no.4 (1995): 455 – 461.

Sen, Amartya. *Poverty and Famine: An Essay on Entitlement and Deprivation*. Oxford University Press, 1981.

——*Resources, Values, and Development*. Harvard University Press, 1984.

——*The Standard of Living*. Cambridge University, 1987.

Shannon, T. R. *An Introduction to the World-System Perspective*. Westview.

Sheper-Hughes, Nancy. 1992. *Death Without Weeping: the Violence of Everyday Life in Brazil*. University of California Press, 1996.

Shiva, Vandana. *The Violence of the Green Revolution: Third World Agriculture, Ecology and Politics*. University Press of Kentucky, 1992.

Simon, Julian. *The Ultimate Resource*. Princeton University Press, 1981.

Simon, Rita James, and Caroline B. Brettell (eds.), *International Migration: The Female Experience*. Totowa, NJ: Rowman and Allenheld, 1986.

Skocpol, Theda. "Wallerstein's World Capitalist System: A Theoretical and Historical Critique." *American Journal of Sociology* 82, 1977: 1075 – 1090.

Solinger, Dorothy. *Contesting Citizenship in Urban China: Peasant Migrants, the State, and the Logic of the Market*. Berkeley: University of California Press, 1999.

Spencer, Herbert. *The Study of Sociology*. New York: Appleton, 1891.

Sperber, Dan. *On Anthropological Knowledge: Three Essays*. New York: Cambridge University Press, 1985.

Spring, Anita. *Agricultural Development and Gender Issues in Malawi*. University Press of America, 1995.

Striffler, Steve. *Chicken: the Dangerous Transformation of America's Favorite Food*. Yale University Press, 2005.

Stull, Donald D. and Michael J. Broadway. *Slaughterhouse Blues: The Meat and Poultry Industry in North America*. Wadsworth, 2003.

Tiano, Susan. *Patriarchy on the Line: Labor, Gender, and Ideology in the Mexican Maquila Industry*. Philadelphia: Temple University Press, 1994.

Tinker, Irene. "The Adverse Impact of Development on Women." in Irene Tinker and Michele Bo Bramsen (eds.), *Women and Development*. Washington, DC: Overseas Development Council, 1976: 22 - 34.

Tooker, Elizabeth. "Lewis H. Morgan and His Contemporaries." *American Anthropologist* 94, No. 2(1992): 359 - 375.

Tylor, E. B. *Primitive Culture*. New York: Harper Torchbooks, 1958 (orig. 1871).

Van Esterik, P. "Confronting advocacy confronting anthropology." in R. Paine, St. John's (eds.), *Advocacy and Anthropology*. Newfoundland: Institute for Social and Economic Research, 1986: 59 - 77.

Van Willigen, John. *Applied Anthropology: An Introduction*. Westport, CT: Bergin & Garvey, 1993.

Vincent, Joan. *Anthropology and Politics: Visions, Traditions, Trends*. Tuscon: University of Arizona Press, 1993.

Vogel, Ezra F. *Japan as Number One: Lessons for America*. Harvard University Press, 1979.

——"Foreword." in *The Chrysanthemum and the Sword: Patterns of Japanese Culture*. Ruth Benedict, Houghton Mifflin Company, 1989: ix - xii.

——*The Four Little Dragons: The Spread of Industrialization in East Asia*. Harvard University Press, 1992.

Wallerstein, I. M. *The Modern World-System: Capitalist Agriculture and the Origins of the European World-Economy in the Sixteenth Century*. New York: Academic Press, 1974. 见中译本《现代世界体系》(第 1—3 卷),北京: 高等教育出版社,1998 年.

Weber, M. *The Protestant Ethic and the Spirit of Capitalism*. London and New York: Routledge, 2002 (orig. 1992).

Weiner, Annette B. *Women of Value, Men of Renown*. University of Texas Press, 1976.

——*The Trobrianders of Papua New Guinea*. New York: Holt, Rinehart and Winston, 1988.

White, Douglas R. , Michael L. Burton, and Lilyan A. Brudner. "Entailment

Theory and Method: A Cross-Cultural Analysis of the Sexual Division of Labor." *Behavior Science Research* 12(1977): 1 - 24.

White, Leslie. *The Evolution of Culture*. New York: McGraw-Hill, 1959.

Williams, Raymond. *Keywords: A Vocabulary of Culture and Society*. Oxford University Press, 1983.

Wilson, E. O. *In Search of Nature*. Island Press, 1996.

——*The Creation: An Appeal to Save Life on Earth*. W. W. Norton & Company, 2006.

Winthrop, Rob. "The Real World: Cultural Rights / Animal Rights." *Practicing Anthropology* 22, 2000: 44 - 45.

Wolf, Eric. "San Jose: Subcultures of a 'Traditional' Coffee Municipality." in J. H. Steward et al., *The People of Puerto Rica*. Urbana: University of Illinois Press, 1956.

——*Europe and the People without History*. University of California Press, 1982.

——*Envisioning Power: Ideologies of Dominance and Crisis*. University of California Press, 1999.

World Trade Organization. "International Trade Statistics." http://www.wto. org/english/res_e/statistis_e/its2003_e/section4_iv20. xls, 2003.

Yunus, Muhammad. *Creating a World Without Poverty: Social Business and the Future of Capitalism*. Public Affairs, 2008.

图书在版编目（CIP）数据

发展人类学十二讲/潘天舒著. — 上海：上海教育出版社，2019.11（2024.4重印）
ISBN 978-7-5444-9271-3

Ⅰ.①发… Ⅱ.①潘… Ⅲ.①社会人类学－研究 Ⅳ.①C912.4

中国版本图书馆CIP数据核字(2019)第244817号

责任编辑　储德天
责任校对　宋海云
封面设计　夏艺堂

FAZHANRENLEIXUE SHIERJIANG
发展人类学十二讲
潘天舒　著

出版发行　上海教育出版社有限公司
官　　网　www.seph.com.cn
地　　址　上海市闵行区号景路159弄C座
邮　　编　201101
印　　刷　三河市华东印刷有限公司
开　　本　890×1240　1/32　印张 8.5
字　　数　195 千字
版　　次　2020年1月第1版
印　　次　2024年4月第2次印刷
书　　号　ISBN 978-7-5444-9271-3/C·0023
定　　价　78.00 元

如发现质量问题，读者可向本社调换　电话：021-64373213